Kochen ohne FLEISCH

Schritt-für-Schritt-Anleitungen, Techniken und Rezepte

Kochen ohne FLEISCH

Schritt-für-Schritt-Anleitungen, Techniken und Rezepte

EDITION XXL

Inhalt

8 Einleitung

16 Grundtechniken

50 Gemüse der Saison

54 Grüne Garmethoden

64 Nützliche Küchengeräte

76 Vorspeisen

136 Suppen und Pastagerichte

200 Hauptgerichte

240 Sättigende Salate

268 Gerichte mit Tofu

282 Gemüse

342 Gemüse ... selbst gezogen

366 Kräuter, Gewürze und Blüten

384 Glossar

392 Register

Was meinen wir, wenn wir von „grüner" Küche sprechen? Beginnen wir gleich mit einer Klarstellung: Es geht nicht um eine kalorienarme Küche oder um eine Kochweise, die zwischen „guten" und „schlechten" Nahrungsmitteln unterscheidet und letztere komplett verbannen möchte. Vielmehr hatten wir die Küche derer im Visier, die sich vollwertig und gesund ernähren möchten, ohne auf Geschmack und Genuss zu verzichten. Die überwiegend vegetarische Ernährung ist aber nicht nur eine ethische und gesundheitsbewusste Wahl: Viele Sterneköche in aller Welt experimentieren mit neuen Techniken und überraschen mit kulinarischen Interpretationen, indem sie ausschließlich mit „grünen" Produkten arbeiten.

Der größte Teil unserer Nahrung ist zunächst einmal unschädlich für unsere Gesundheit. Was sie schädlich macht, ist die Art und Weise ihrer Verarbeitung, etwa die Verwendung von Zusatzstoffen, sowie die Menge, in der wir sie zu uns nehmen.

Dieses Buch stellt Ihnen ausschließlich mit Gemüse zubereitete Gerichte vor, die mit Eiern und Käse angereichert sind. Im ersten Teil finden Sie Tipps und Ratschläge, wie man mit den verschiedenen Gemüsesorten umgeht, wie man sie putzt, vorbereitet und gart. Ein weiterer Teil widmet sich den vielen Küchengeräten, die als nützliche Helfer in der Gemüseküche dienen. Neben den Rezepten bietet das Buch darüber hinaus detaillierte Info-Seiten über Gemüse, Obst, Hülsenfrüchte und Getreide.

Bei der Auswahl der Gerichte haben wir auf eine einfache Zubereitung Wert gelegt, welche die Natur der Ausgangsprodukte respektiert. Beim Kauf von Gemüse sollten Sie darauf achten, dass die Ware aus biologischem Anbau und möglichst aus der Region stammt und nicht aus fernen Ländern eingeflogen wurde. Am Ende des Buches finden Sie schließlich noch einige Tipps zum Anbau von Gemüse im eigenen Garten.

Kochen ohne Fleisch ist ein Kochbuch für jedermann, nicht nur für Vegetarier. Es richtet sich an alle, die eine gute Küche lieben und einen „grünen" beziehungsweise umweltbewussten Lebensstil pflegen. Ebenso ist es für all diejenigen gedacht, die sich gesund ernähren möchten und am heimischen Herd gern ein wenig experimentieren.

Kochen ohne Fleisch – Einleitung

Umgang mit Gemüse Schritt für Schritt; welches Gemüse zu welchen Jahreszeiten; die besten Garmethoden; unverzichtbare Utensilien in der Gemüseküche.

✔ Die tägliche Ernährung

Eine leichte und ausgewogene Ernährung wirkt sich positiv auf die Gesundheit aus. Sie stärkt das Immunsystem, hilft den Organen, sich zu regenerieren, und versorgt Körper und Geist mit der täglich benötigten Energie. Dabei gibt es keine guten oder schlechten, keine verbotenen oder erlaubten Nahrungsmittel – vorausgesetzt, man leidet nicht an einer Krankheit oder einer Allergie, hervorgerufen durch bestimmte Produkte. Eine ausgewogene Ernährung umfasst **Kohlenhydrate** (etwa 55 Prozent der zugeführten Kalorien), die zu etwa 35 Prozent aus komplexen Kohlenhydraten oder Polysacchariden (Brot, Nudeln, Gemüse und Kartoffeln) bestehen sollten. Der Rest darf sich aus Mono- und Disacchariden (Traubenzucker, Fruktose und Milchzucker sowie Saccharose und Maltose) zusammensetzen. Sie finden sich in Süßigkeiten, Marmeladen, Limonaden, Fruchtsäften und Milch. Allerdings sollte man dabei beachten,

dass der reine Einfachzucker „leere" Kalorien ohne Nährstoffe liefert. Zwar ist die in Milchprodukten enthaltene Laktose ebenfalls ein Einfachzucker und auch Früchte enthalten nur den geringerwertigen Zweifachzucker, doch beide versorgen den Körper zugleich mit wichtigen Nährstoffen wie Kalzium, Eiweiß und Vitaminen, weshalb ein Frühstück aus Milch, Getreideflocken (Zerealien) und Früchten empfehlenswert ist.

Die **Proteine** (Eiweiß) sollten 15 Prozent der täglich zugeführten Kalorien ausmachen. Fisch und Eier sind eine wichtige tierische Eiweißquelle, die zudem Vitamine der B-Gruppe, vor allem Vitamin B12, enthalten, das in pflanzlichen Produkten fehlt. Weitere wichtige tierische Eiweißquellen sind Milch und Milchprodukte wie Quark, Joghurt und Käse, die zudem Kalzium enthalten. Um eine ausreichende Versorgung mit Proteinen zu gewährleisten, sollte man sich möglichst abwechslungsreich ernähren. Die im Fisch enthaltenen Fette beispielsweise sind ungesättigt oder mehrfach ungesättigt und folglich weniger schädlich als die Fette im Fleisch. Eier enthalten komplexere Proteine als Milch und Fisch. Trotzdem sollte man sie nicht öfter als 2 bis 3 Mal pro Woche zu sich nehmen, da das Eigelb einen hohen Cholesteringehalt aufweist. Pflanzliche Proteine sind ein guter Ersatz für Fisch, Fleisch und Eier. Hülsenfrüchte wie Erbsen, Bohnen, Kichererbsen und Linsen liefern nicht nur hochwertiges Eiweiß, sie sind auch reich an Eisen, Stärke, Vitaminen der B-Gruppe und Ballaststoffen. Darüber hinaus enthalten sie wenig Fett.

Obwohl viel gescholten, sind auch die **Fette** ein unverzichtbarer Baustein unserer täglichen Nahrung. Allerdings sollte man auf die Qualität und die Art der zugeführten Fette achten. Gesättigte Fette (zumeist tierischer Herkunft und in Butter, Eiern, Milch und Milchprodukten enthalten) sollten nur ein Drittel der Fettzufuhr ausmachen. Der Rest sollte von pflanzlichen Fetten wie Oliven- und Keimöl stammen. Die von Ernährungswissenschaftlern empfohlenen **5 Portionen Obst und Gemüse** (vorzugsweise frisch und aus der Region) bilden das Fundament einer ausgewogenen Ernährung, denn sie enthalten kaum Lipide (Fette), bestehen dafür aber bis zu 90 Prozent aus Wasser, das unverzichtbar für den Körper ist. Doch auch bei der Wahl von Obst und Gemüse ist Abwechslung gefragt. Man kann Früchte und Gemüse grob in Farbgruppen unterteilen: Gelbe und orangefarbene (Karotte, Melone, Aprikose, Kürbis, Paprika) enthalten ebenso wie die dunkelgrünen (Spinat, Brokkoli) viel Provitamin A (Karotin). Vitamin C findet sich vor allem in Tomaten, Paprika und Frühkartoffeln, in allen Zitrusfrüchten, in Kiwis, Ananas und Waldbeeren. Zu einer gesunden Ernährung gehört neben den festen Nahrungsmitteln auch eine ausreichende Menge Flüssigkeit. Als ideal gelten 2 Liter pro Tag, die man zur Hälfte direkt in Form von Wasser, als verdünnte Fruchtsäfte und andere Getränke, etwa Tee, zu sich nehmen sollte. Die andere Hälfte sollte von wasserreichen Nahrungsmitteln wie Obst und Gemüse kommen.

Einleitung

✔ Leichte Küche – von Butter bis Tofu

Wenn es um die sogenannte leichte Küche geht, gilt es, zunächst mit ein paar weitverbreiteten Irrtümern aufzuräumen. Das wohl hartnäckigste Vorurteil ist die Behauptung, leichte Küche bedeute den Verzicht auf Fett. Doch nichts könnte falscher sein, denn gerade die Fette werden dringend zur Verdauung benötigt. Am bekömmlichsten ist die Nahrung, wenn sie nicht erhitzte hochwertige Öle und keine Röststoffe enthält (durch das Kochen verändert sich die Chemie der Fette, was auf lange Sicht ungesund ist). Das heißt: Keine fetten gekochten Soßen. So ist zum Beispiel ein traditionell mit Butter und Käse zubereiteter Risotto alles andere als leicht. Deutlich besser verdaulich ist da Reis oder Pasta mit einer Tomatensoße, abgerundet mit einem Faden frischem Olivenöl, den man zum Schluss über das Gericht laufen lässt.

Hier noch ein paar Hinweise, wie Sie durch die richtigen Zutaten und Zubereitungstechniken zur wirklich leichten Küche kommen:

Butter Arg verteufelt, ist Butter längst kein so schlimmer Feind der Gesundheit, wie oft behauptet – vorausgesetzt, man verwendet nicht zu viel und brät sie nicht. Sie ist der Margarine vorzuziehen, da sie Vitamin D liefert, das der Körper braucht, um Kalzium in den Knochen einzulagern, und uns mit schnell verfügbarer Energie versorgt. Eine dünn mit Butter bestrichene Scheibe Brot mit Marmelade stellt ebenfalls ein empfehlenswertes Frühstück dar.

Desserts Eine leichte Ernährung schließt die gelegentliche kleine Sünde nicht aus. Auch ein Dessert – meist das Erste, was vom Speiseplan gestrichen wird, wenn man Kalorien sparen möchte – kann häufig in einer leichteren Version zubereitet werden. Man muss nicht unbedingt raffinierten Zucker und tierische Fette (Butter, Sahne, Eier) sowie chemische Produkte (Konservierungs- und Farbstoffe) dafür verwenden. Vielmehr kann man auf einfache, gesunde Zutaten zurückgreifen, etwa auf Früchte der Saison oder Trockenobst, und zum Süßen Honig oder Maltose verwenden. Butter kann man durch Oliven- oder Maiskeimöl ersetzen, statt reinem Eigelb kann man

das ganze Ei verwenden. Sieht das Rezept Konfitüre vor, nimmt man eine mit reduziertem Zuckergehalt. Wird Sahne gebraucht, greift man auf eine aus Sojamilch zurück oder mischt sie zur Hälfte mit geschlagenem Eiweiß und statt fettem Mascarpone verwendet man Quark oder Joghurt.

Frittiertes Instinktiv denkt man hier an Fett und schwer Verdauliches, doch manche Gerichte setzen nun einmal das Frittieren voraus. Empfehlenswert ist, in reichlich Öl (am besten in einer speziellen Fritteuse) zu frittieren, das unbedingt bereits die erforderliche Temperatur haben muss. Durch die Hitze schließen sich die Poren des Frittierguts sofort und es kann sich nicht mit Fett vollsaugen. Als Frittieröl eignet sich reines Keimöl am besten; das gegarte Frittiergut lässt man auf Küchenpapier abtropfen. Als Beilage zu Frittiertem empfiehlt sich ein frischer, mit Essig, Zitronensaft oder einem Joghurtdressing angemachter Salat, der möglichst ein paar Radieschen enthalten sollte, denn sie regen die Verdauung an.

Früchte Sie gehören zu den Grundbausteinen der leichten und gesunden Küche, da sie reich an Vitaminen, frisch und vielseitig sind und in pikante Salate ebenso passen wie in Desserts. Kleine Früchte (Erdbeeren, Heidelbeeren, Himbeeren) enthalten wenig Kalorien (30 bis 40 pro 100 Gramm), dafür aber viele Ballaststoffe. Die gleiche Menge Zitrusfrüchte enthält etwa 50 Kalorien – Pfirsiche, Birnen, Ananas, Äpfel und Nektarinen noch etwas mehr. Mit Zurückhaltung verzehren sollte man Bananen, Kirschen, Trauben, Feigen und Datteln, da sie einen hohen Zuckergehalt aufweisen. Generell gilt: Wählen Sie frische Früchte der Saison aus der heimischen Region. Eingemachte und getrocknete Früchte haben nicht nur einen geringeren Vitamingehalt, sie sind meist auch reich an Zucker, weshalb man sie seltener verzehren sollte.

Füllungen Auch Füllungen können ohne Verlust an Geschmack „leichter" zubereitet werden: Statt Eiern und Käse, den klassischen Bindemitteln, kann man eine geriebene Kartoffel oder gekochten Reis verwenden. Kräuter sorgen für die feine Note.

Garmethoden Die besten Garmethoden setzen das Lebensmittel möglichst kurz einer nicht zu großen Hitze aus und vermeiden die Bildung von ungesunden Röststoffen. Je kürzer die Garzeit, desto mehr Vitamine bleiben erhalten. Empfehlenswert ist das Garen im Dampf (Schnellkochtopf oder Dämpfkorb chinesischer Art), das Dünsten in sehr wenig Wasser und das rasche Schmoren unter Rühren im beschichteten Wok. Ebenfalls schonend ist, das Gargut in Alufolie oder einen Bratschlauch gewickelt im Backofen zuzubereiten.

Käse Dass die meisten Käsesorten viel Fett enthalten, lässt sich nicht leugnen. Doch muss man wissen, dass jeweils der Fettgehalt der Trockenmasse („Fett i. Tr.") angegeben wird, also die Fettmenge, die der Käse hätte, wäre ihm das Wasser entzogen. Je weicher ein Käse ist, desto mehr Wasser enthält er und desto geringer ist somit sein tatsächlicher Fettgehalt. Als Faustregel gilt: Die Angabe Fett i. Tr. entspricht etwa dem doppelten Fettgehalt eines weichen Käses.

Kräuter Frische Kräuter sind in der leichten Küche unverzichtbar. Doch sollte man nicht nur an das Allerweltskraut Petersilie denken, sondern auch an Kräuter wie Dill, Schnittlauch und Borretsch, die gut zu grünem Salat passen, sowie an duftende Kräuter wie Basilikum, Salbei, Thymian, Majoran, Rosmarin, Koriander (Cilantro), Kerbel, Minze, Melisse und andere. Nicht zu vergessen die Würzgemüse wie Zwiebel, Schalotte, Knoblauch und Staudensellerie, durch die man Salz sparen kann. Natürlich muss man die Kräuter mit Verstand verwenden: Majoran beispielsweise passt nicht zu Fisch, wohl aber zu einer deftigen Kartoffelsuppe; Fisch wiederum verträgt sich gut mit Fenchelgrün oder Dill.

Salz Man sollte es so wenig wie möglich verwenden. Weniger Salz dient nicht nur der Gesundheit, man kann auch den Eigengeschmack der Grundzutaten besser wahrnehmen und genießen. Ein gesunder Mensch benötigt nicht unbedingt zusätzliches Salz, denn bereits der natürliche Salzgehalt von

Lebensmitteln wie Gemüse, Früchten, Hülsenfrüchten, Zerealien, Käse und Joghurt reicht aus, um den Tagesbedarf (0,5 bis 1 Gramm) zu decken. Gegebenenfalls kann man auf Meersalz in geringer Dosis zurückgreifen oder den Geschmack der Speisen mit Kräutern verfeinern.

Soja Aus Sicht der Ernährungswissenschaft ist Soja aufgrund seines hohen Gehalts an Proteinen, Mineralien, Vitaminen und „guten" (cholesterinarmen) Fetten ein hervorragender Ersatz für Fleisch, Eier und Käse.

Soßen „Grüne" Ernährung bedeutet nicht den Verzicht auf Soßen, doch sollte man auch hier umsichtig sein. Es ist besser, Gemüse in wenig Wasser oder im Dampf zu garen als in heißem Öl (lieber etwas kaltes Öl über das gegarte Gemüse geben). Statt Sahne, dem beliebten Bindemittel vieler Soßen, sollte man

die pflanzliche Sojasahne bevorzugen. Auch die klassische weiße Soße (Béchamel) wird durch die Verwendung von Sojamilch leichter. Sie eignet sich gut zum Gratinieren und ist besser als die Mischung aus Paniermehl und Öl.

Tofu Der aus gelben Sojabohnen hergestellte Tofu zählt zu den eiweißreichsten pflanzlichen Nahrungsmitteln. Er ist außerdem reich an Mineralstoffen sowie Vitaminen der B-Gruppe und Vitamin E. Darüber hinaus enthält er wenig Kalorien und kaum Cholesterin. Da reiner Tofu geschmacksneutral ist, kann man ihn nach Belieben würzen, also auch süß zubereiten. Man kann ihn kochen, braten, dünsten, grillen, marinieren oder mit Sesam panieren und zu Soßen, Cremes und Füllungen verarbeiten. Zusammen mit Getreide verzehrt, ist Tofu ein hochwertigeres Eiweißprodukt als Fleisch oder Fisch.

Kochen ohne Fleisch – Grundtechniken

Wie putzt man eine Artischocke? Wie bereitet man eine Kichererbsensuppe zu? Wie häutet man eine Paprikaschote? Hier bekommen Sie Antwort auf diese und andere Küchenfragen.

Artischocken

1-2. Die unteren strohigen Blätter der Artischocken entfernen. Die Stängel mit einem scharfen Gemüsemesser abschälen, sodass nur der weiche Teil übrig bleibt.

3-4. Die Artischocke halbieren. Das obere Drittel mit den harten Blattspitzen wegschneiden und das Heu in der Mitte entfernen. Artischocken in feine Streifen schneiden.

5. Zum Füllen die inneren Blätter der Artischocke herauszupfen und das Heu mit einem Löffel oder einem speziellen Messer mit V-förmiger Klinge entfernen.

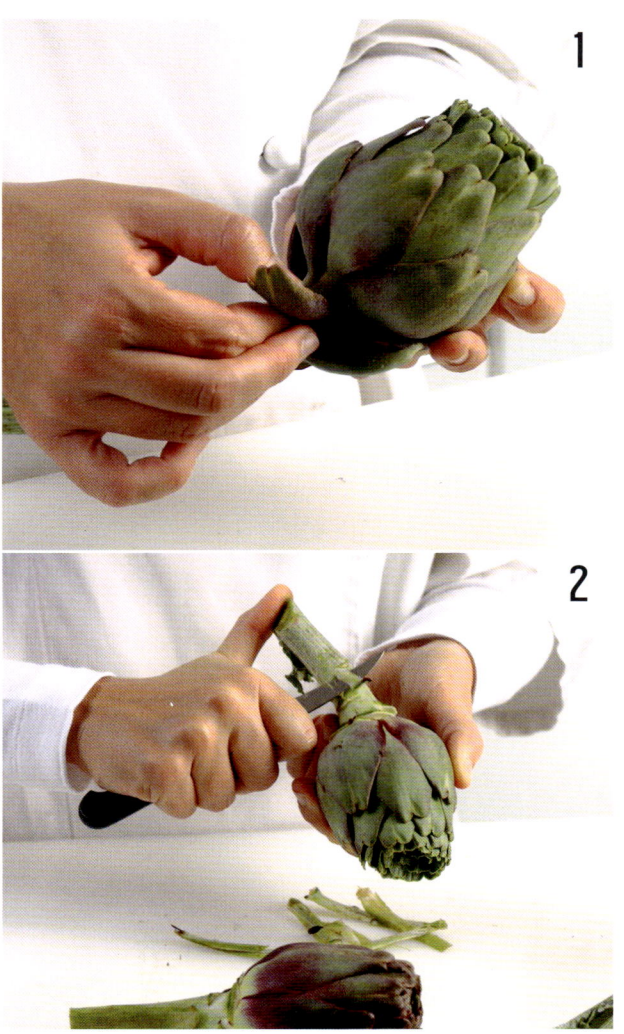

Auberginen

1. Den Blütenansatz abschneiden, die Aubergine halbieren.

2. Das Fruchtfleisch mehrfach über Kreuz tief einschneiden.

3. Die eingeschnittene Oberfläche großzügig mit grobem Salz bestreuen (es entzieht der Frucht das Wasser). 1 Stunde stehen lassen, das Salz mit Küchenpapier abtupfen, Aubergine nach Rezept weiterverarbeiten.

Frische Auberginen haben eine pralle, glatte Haut. Will man Scheiben verarbeiten, sollte man diese mit Salz bestreuen, anschließend abtupfen und dann grillen oder für einen Auflauf verwenden.

Auberginenauflauf

ZUTATEN FÜR 4 PERSONEN

1 kg Auberginen; Mehl; Öl zum Ausbacken; 800 g geschälte Tomaten (Dose), püriert;
200 g Mozzarella; 120 g geriebener Parmesan

1. Die Auberginenscheiben in Mehl wenden und in sehr heißem Öl ausbacken.
2-3. Den Boden einer Auflaufform mit einer Schicht pürierten
Tomaten bedecken. Die auf Küchenpapier abgetropften
Auberginenscheiben darauflegen. Weiteres Tomatenpüree darübergeben.
4-5-6. Mozzarellastückchen darauf verteilen und mit Parmesan bestreuen. Danach Schichtfolge
wiederholen. Auflauf im vorgeheizten Ofen bei 180 °C etwa 30 Minuten überbacken.

Um Kalorien zu sparen, behandelt man die Auberginenscheiben mit Salz
vor (S. 18) und brät sie ohne Fett auf dem Grill oder in der Grillpfanne.

Dicke Bohnen

1-2. Die Spitze der auch Sau- oder Ackerbohnen genannten Schoten abbrechen, den Faden abziehen. Die Schote öffnen, die Kerne herauslösen und in kochendem Salzwasser 10 Sekunden blanchieren. Mit der Schaumkelle herausheben.

3-4. Die Bohnenkerne in Eiswasser abschrecken. Ist die Schale zu hart, die grünen Kerne herauslösen (man kann sie aber auch mitessen).

Getrocknete Bohnen

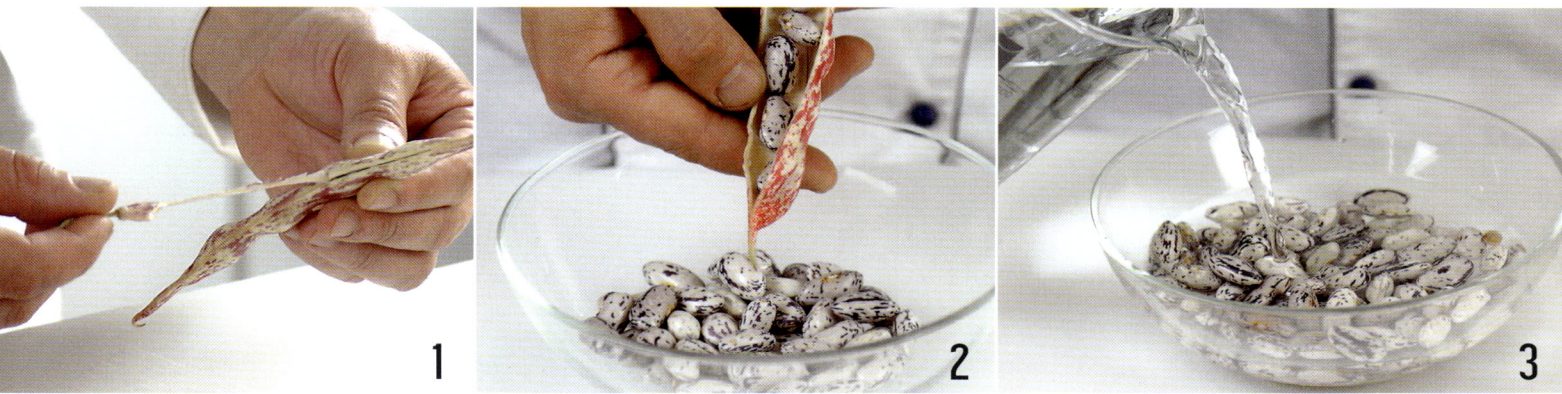

1. Die Spitze der Schote entfernen und den Faden abziehen.
2-3. Die Bohnen über einer Schüssel aus der Schote lösen. Mit Wasser bedecken
und vor der Weiterverarbeitung 1 Stunde einweichen.

Frisch ausgepalte Bohnen kann man direkt zubereiten. Dazu 1 bis 2 Lorbeerblätter und 1 Knoblauchzehe
an das ungesalzene (!) Wasser geben und die Bohnen etwa 1 Stunde kochen.
Getrocknete Kerne weicht man erst 12 Stunden ein und kocht sie anschließend 2 Stunden.

Grüne Bohnen

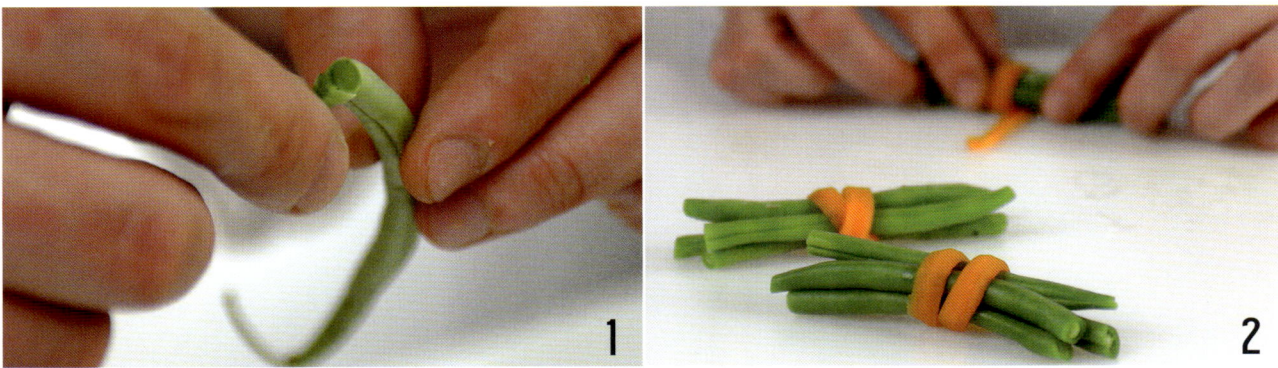

1-2. Enden und Stielansätze der Bohnen abschneiden, dabei den über die ganze Länge laufenden
Faden abziehen. Die Bohnen waschen und in gesalzenem Wasser etwa 15 Minuten kochen. Aus
Prinzessbohnen kann man mit rohen Karottenstreifen Päckchen formen, die als Ganzes gegart werden.

Damit grüne Bohnen nach dem Kochen ihre kräftige Farbe behalten, gibt man sie kurz in Eiswasser.

Brokkoli

1-2. Den harten Strunk entfernen. Den weicheren Teil unterhalb der Röschen abschälen. Dann erst unter kaltem Wasser waschen. In leicht gesalzenem Wasser (oder im Dampf) in etwa 10 Minuten bissfest garen.

3-4. Brokkoliröschen mit einer Schaumkelle herausheben und gut abtropfen lassen. Möchte man sie für einen Salat verwenden, gibt man sie in eine Schüssel mit Eiswasser. So behalten sie ihre tiefgrüne Farbe.

Champignons

1-2. Pilze nicht waschen. Den sandigen Fuß abschneiden, Pilz mit Küchenpapier abreiben – ist er stark verschmutzt, die obere Haut abziehen.
3. Köpfe in Scheiben oder Stücke schneiden.

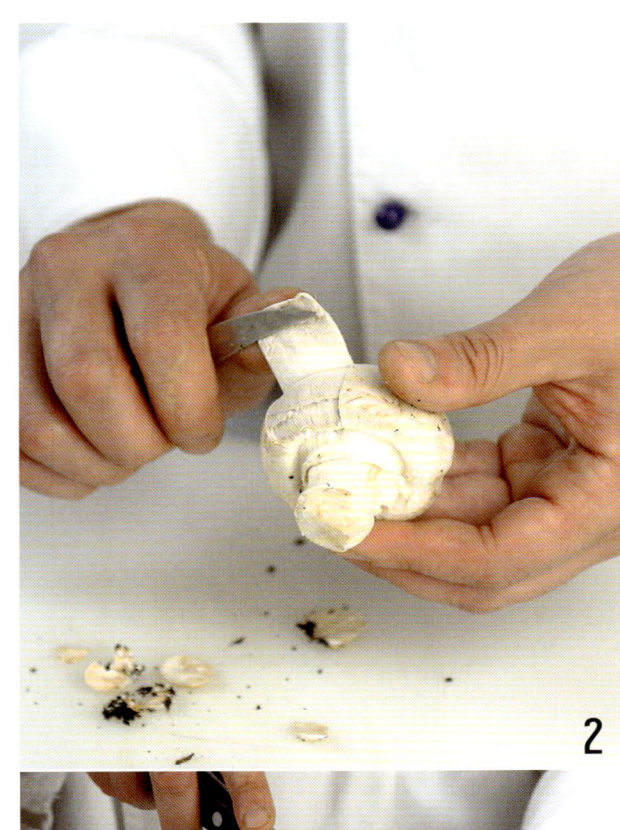

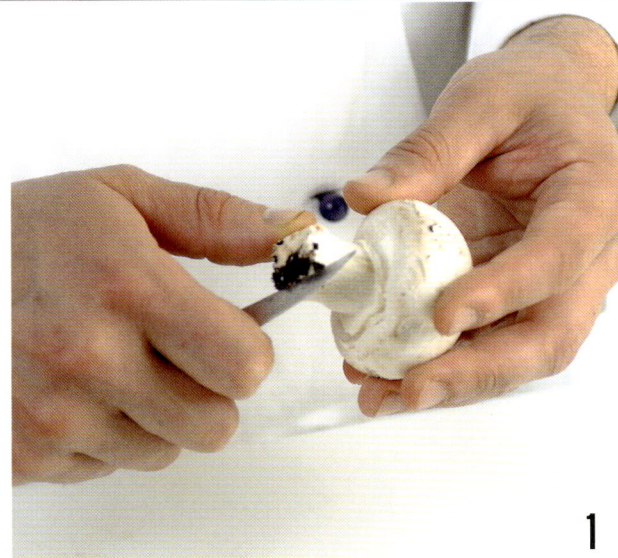

Erbsen

1-2-3. Die Spitzen der Schote abbrechen, Faden abziehen, Schote öffnen und Erbsen herauslösen. Junge Erbsen kann man roh verzehren; Schoten für eine Gemüsebrühe auskochen.

Fenchel

1-2. Den unteren und oberen Teil der Knolle abschneiden.

3-4. Eventuell auch die äußere Blattschicht entfernen, die Knolle vierteln. Alle nicht holzigen Teile – auch das zarte Grün – sind essbar.

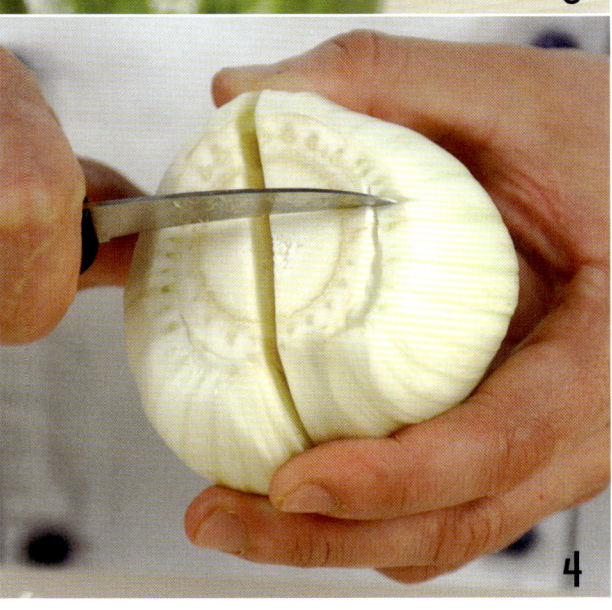

1

Gurken

1-2. Um einen hübschen Effekt zu erzielen, die Gurken mit einem Spezialschäler streifig abschälen, dann in dünne Scheiben schneiden.

3. Um sie zu füllen, die Gurken in große Stücke schneiden. Mit dem Kugelausstecher eine Höhlung für die Füllung bilden.

2

3

Karotten

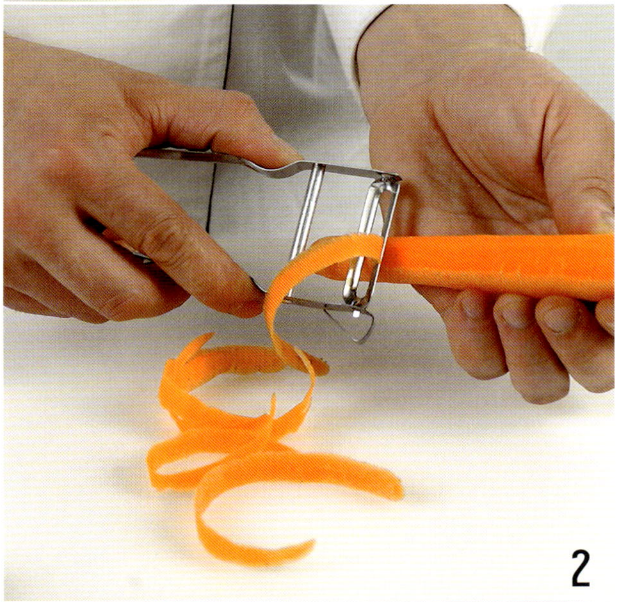

1-2. Den Stängelansatz abschneiden. Karotte mit dem Sparschäler schälen oder mit dem Messer schaben.

3. Karotte halbieren und längs in dünne Scheiben schneiden.

4-5. Die Scheiben entweder in sehr feine, längliche Julienne oder in streichholzdicke Streifen schneiden und diese wiederum in feine Würfel, wie man sie für ein Mirepoix verwendet.

1

2

3

4

5

Kartoffeln

Gemüse

1-2. Oben und unten eine Kappe abscheiden und die Kartoffel mit dem Sparschäler schälen.
3-4-5. Je nach Verwendung die Kartoffel längs oder quer in dickere oder dünne Scheiben beziehungsweise in Julienne schneiden.
6. Unter Kartoffeln, die man in Julienne geschnitten hat, kann man etwas doppelt konzentriertes Tomatenmark mischen, ehe man sie zu Strohkartoffeln frittiert.

Herzoginkartoffeln

Das auf Seite 30 beschriebene Püree mit etwas weniger Milch und ohne Butter zubereiten. 3 Eigelb einarbeiten, nur salzen und pfeffern.

1. Den Kartoffelteig nicht mit Muskat, sondern nur mit Salz und frischem schwarzem Pfeffer würzen. Dann in einen Spritzbeutel mit Sterntülle füllen.

2. In eine gebutterte Auflaufform gleichmäßig große Rosetten spritzen.

3. Die Kartoffelrosetten im vorgeheizten Backofen bei 170 °C 15-20 Minuten goldbraun backen.

Kartoffelpüree

ZUTATEN FÜR 4 PERSONEN

500 g geschälte, mehligkochende Kartoffeln
200 ml heiße Milch, 50 g Butter in Stückchen
Salz, Muskatnuss
40 g Parmesan nach Geschmack

1. Die Kartoffeln in gesalzenem Wasser garkochen, abdämpfen und durch die Presse drücken.

2. Die Kartoffelmasse mit heißer Milch und Butter mit einem Kochlöffel (nicht mit dem Elektroquirl) verrühren, bis das Püree glatt ist.

3-4. Mit Salz und Muskat würzen. Nach Geschmack geriebenen Parmesan dazugeben und nochmals gründlich durchrühren.

Kichererbsensuppe

ZUTATEN FÜR 4 PERSONEN

250 g getrocknete Kichererbsen; je 50 g Karotte, Sellerie und Zwiebel, fein gehackt; 2 Kartoffeln, klein gewürfelt; 1 Knoblauchzehe, gehackt; 1 Zweig Rosmarin; 2 EL Olivenöl; 1,5 l Brühe

1. Die Kichererbsen über Nacht einweichen.

2-3. Gehacktes Gemüse, Kartoffeln, Knoblauch und Rosmarin im heißen Öl andünsten. Die abgegossenen Kichererbsen dazugeben.

4. Die heiße Gemüsebrühe angießen, 2 Stunden kochen lassen.

5-6. Rosmarin entfernen. Einige Kichererbsen herausnehmen, die restliche Suppe pürieren. Mit den ganzen Kichererbsen garnieren und heiß servieren.

Kürbis

Statt wie in der Bildfolge beschrieben kann man den halbierten, ausgekratzten Kürbis auch auf ein Blech setzen und bei 180 °C im Backofen garen, bis das Fruchtfleisch weich ist und die Schale sich leicht entfernen lässt.

1-2. Den Kürbis mit einem schweren Küchenmesser teilen. Die Kerne und das faserige Mark mit einem Löffel entfernen.

3. Größere Stücke vom Kürbis schneiden und mit einem kleinen, scharfen Küchenmesser schälen.

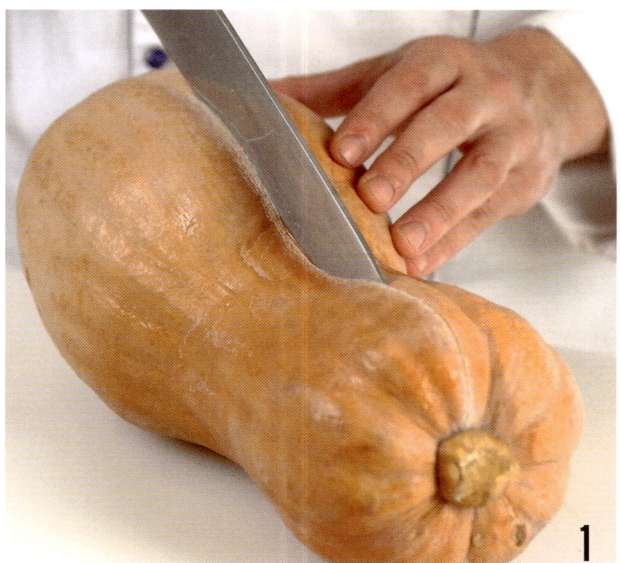

Paprikaschoten

1-2. Die Schoten waschen, halbieren, den Stiel ausbrechen. Die weißen Innenhäute und die Kerne entfernen. Fruchtfleisch in Streifen oder Stücke schneiden.

1

2

Paprika häuten

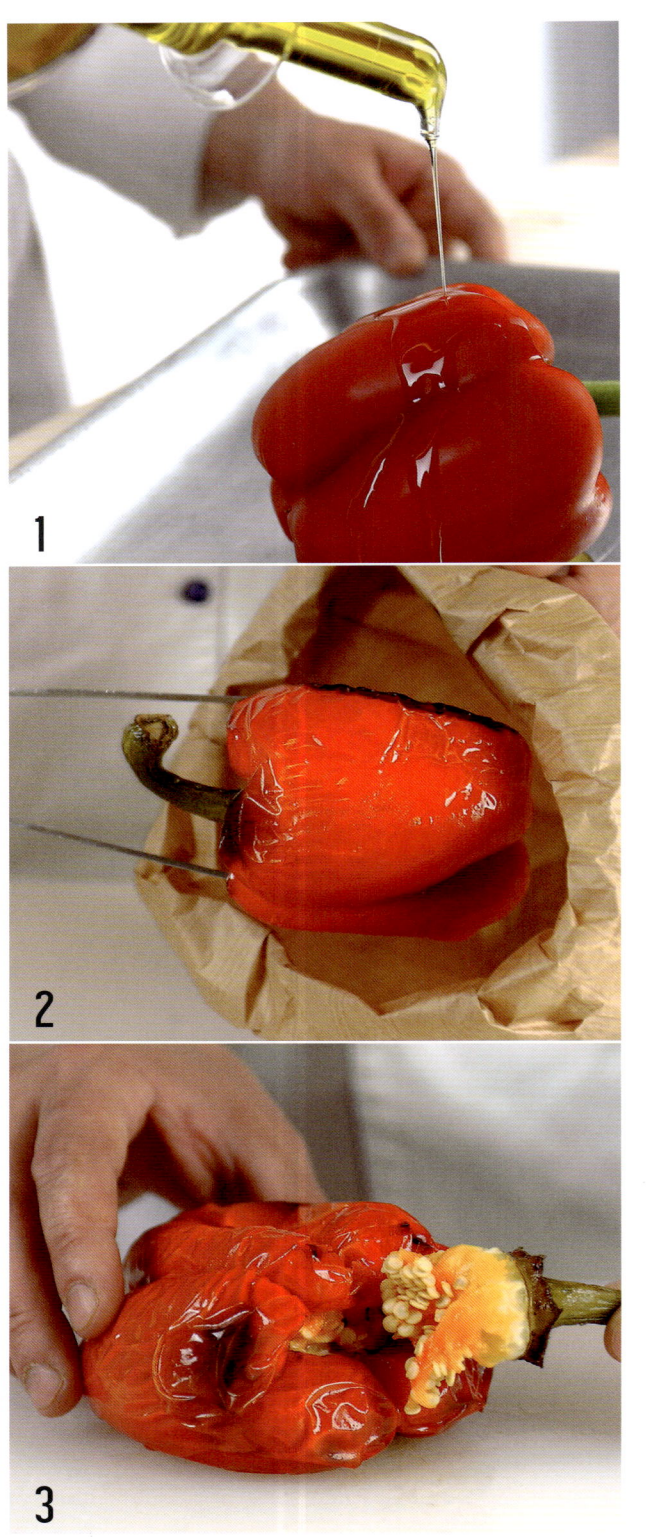

1-2. Den Backofen auf 180 °C vorheizen. Die gewaschene, abgetrocknete ganze Schote auf ein Backblech legen, mit Öl beträufeln und in den Ofen schieben. Sobald die Haut Blasen wirft und schwarz wird, die Schote mit einer Zange herausnehmen und in eine Papiertüte stecken.

3-4. Aus der abgekühlten Schote den Stiel entfernen. Die Haut mit den Fingern abziehen.

Peperonata

ZUTATEN FÜR 4 PERSONEN

1 kleine Zwiebel; 1 Knoblauchzehe; 2 Sardellenfilets; Olivenöl; 800 g gemischter Paprika; 400 g passierte Tomaten; Salz; Pfeffer; gehacktes Basilikum

1-2. Die in Ringe geschnittene Zwiebel, den gehackten Knoblauch und die Sardellenfilets im Öl andünsten. Die in Stücke geschnittenen Paprikaschoten dazugeben und nach einiger Zeit die passierten Tomaten.

3-4. Bei geschlossenem Deckel etwa 30 Minuten schmoren lassen. Mit Salz, Pfeffer und Basilikum abschmecken.

Porree

1-2. Das Wurzelende abschneiden. Die Lauchstange der Länge nach einschneiden, die äußere
Blatthülle entfernen. Sandige Stangen gründlich
waschen.

3-4. Den Porree vom weißen Ende her in hauchfeine Ringe schneiden oder die Stange halbieren
und den Porree bis zum dunkelgrünen Blattan-
satz in Julienne schneiden.

Radieschen

1-2-3. Die Radieschen 30 Minuten in Eiswasser legen, damit sie fest und prall werden, dann halbieren und in hauchfeine Scheiben schneiden.

4-5. Zur Dekoration gedachte Radieschen mit einem spitzen, scharfen Messer V-förmig einschneiden. Die jeweils eingeschnittenen Teile dann leicht nach oben schieben.

Grüner Spargel

1-2-3. Holzige Enden der Spargelstangen abschneiden. Spargel – nur falls nötig – vom Kopf zum Fuß hin mit dem Sparschäler abschälen. (Enden und Schalen kann man für eine Soße auskochen, vorher waschen.) Spargel waschen und die Stangen mit Küchengarn zu Päckchen zusammenbinden.

4. Spargel in kochendem Salzwasser in etwa 10 Minuten bissfest garen.

5. Zur Wahrung der Farbe die Spargelstangen kurz in Eiswasser abschrecken.

Spinat

1-2. Den Spinat erst verlesen und putzen. Dazu die Stiele abschneiden, nur die Blätter verwenden. Diese gründlich waschen, besonders wenn sie sandig sind.

3. Die Blätter 10 Minuten über Dampf oder 5 Minuten in Salzwasser garen. Will man sie hacken, vorher gut ausdrücken.

1

2

3

Staudensellerie

1-2-3. Das Wurzelende abschneiden, die einzelnen Stangen lösen. Füße der abgelösten Stangen von der gerundeten Seite her abschneiden und die Fäden auf der Rückseite abziehen. Stangen nach Bedarf klein schneiden.

Tomaten

1-2-3. Die gewaschenen Tomaten an der Oberseite kreuzweise einschneiden und mit einer Schaumkelle in kochendes Wasser halten, bis sich die Haut löst. Sofort in eine Schüssel mit Eiswasser geben. Die Tomaten vierteln und die Haut abziehen.
4-5. Das wässrige Innere mit den Kernen herausschneiden. Das Fruchtfleisch in Streifen oder weiter in Würfel schneiden.

Geschmorte Kirschtomaten

ZUTATEN FÜR 4 PERSONEN

600 g Kirschtomaten
einige Zweige Thymian
2 Knoblauchzehen
natives Olivenöl extra, Salz, Pfeffer

1-2. Die Kirschtomaten halbieren und in eine Auflaufform setzen. Von den Stängeln gezupfte Thymianblättchen darauf verteilen.
3-4. Knoblauchscheiben darauflegen, mit Öl beträufeln, salzen und pfeffern. Bei 100 °C etwa 1 Stunde im Backofen schmoren.

Weißkraut

1-2. Den Kohlkopf halbieren und den harten Strunk keilförmig ausschneiden.
Kohl auf die Schnittfläche legen, mit einem scharfen Messer in feine Streifen schneiden.

Wirsing

1-2-3. Den harten Strunk abschneiden, die Blätter einzeln vom Kohl lösen.
Die harte Mittelrippe herausschneiden.

4. Damit die Blätter zum Füllen geschmeidig werden,
blanchiert man sie 30 Sekunden in kochendem Salzwasser; dann kalt abschrecken.
5-6-7. Eine beliebige Füllung auf die vorbereiteten Blätter geben. Die Blätter so aufrollen, dass keine
Füllung austreten kann. Die Kohlröllchen über Dampf 15 Minuten garen.

Zucchini

1-2-3. Stiel- und Blütenansatz abschneiden. Den Zucchino halbieren und – je nach Verwendung – das weiche Mark mit den Kernen herausschneiden. Jede Hälfte in 3 Teile teilen und diese in feine Stifte schneiden.

4-5. Für gefüllte Zucchini das Mark mit dem Apfelausstecher herauslösen. In den entstandenen Hohlraum eine Füllung (im Bild eine Masse auf Ricottabasis mit Kräutern) spritzen. Die Zucchinistücke aufrecht in eine gefettete Form setzen, etwas Brühe angießen und im Ofen bei 160 °C etwa 10 Minuten garen.

Weiße und rote Zwiebeln

1-2. Die braune Haut abziehen. Zwiebel halbieren und wie gezeigt ein-, aber nicht durchschneiden.

3-4. Von beiden Seiten bis zur Mitte einschneiden, dann in feine Würfel schneiden.

5. Die äußere Hautschicht der roten Zwiebel entfernen; Zwiebel längs halbieren.

6. Die Zwiebelhälften in hauchdünne Scheiben schneiden.

Lauchzwiebeln

1-2-3. Das Wurzelende abschneiden. Die Lauchzwiebel der Länge nach einschneiden, die äußere Blatthülle entfernen (gewaschen zum Auskochen für Gemüsebrühe verwenden).

4-5. Die halbierte Lauchzwiebel in Streifen (oder Ringe) schneiden.

1

2

3

4

5

Zwiebelsuppe

ZUTATEN FÜR 4 PERSONEN
300 g weiße Zwiebeln
2 EL Olivenöl
250 g Weizenmehl, Salz
160 g Toma, 40 g Parmesan

1. Die geschnittenen Zwiebeln im heißen Öl unter Rühren schmoren lassen,
bis sie weich, aber nicht gebräunt sind.

2. Das Mehl ohne Zusatz in einer Pfanne unter ständigem Rühren anrösten, bis es hellbraun ist.

3-4. Das Mehl zu den Zwiebeln geben, gut durchrühren. Wasser angießen, bis die Masse bedeckt ist,
salzen und alles vermengen. Zugedeckt 3 Stunden köcheln lassen, gelegentlich umrühren.

5-6-7. Die Suppe in feuerfeste Portionsschalen füllen, mit dünnen Scheiben Toma (oder einem anderen pikanten Hartkäse) belegen, mit Parmesan bestreuen und etwas Öl darüberträufeln.

8. Unter dem Backofengrill einige Minuten überbacken und sofort heiß servieren.

49

Gemüse der Saison

Viele Gemüsesorten, wie Tomaten, Paprika und Auberginen, findet man heute das ganze Jahr über in den Supermärkten. Der Anbau in Gewächshäusern und die zunehmende Globalisierung haben dazu geführt, dass die traditionelle Einteilung nach den Jahreszeiten nahezu hinfällig und alles jederzeit verfügbar ist. Das hat jedoch auch Nachteile: Viele Gemüse werden in fernen Ländern unreif geerntet und reifen auf der Reise nach, was sich negativ auf den Geschmack auswirkt. Oft enthalten sie auch Rückstände von chemischen Düngemitteln und Pestiziden. Sich für heimische Ware zu entscheiden, die in „ihrer" Jahreszeit gewachsen ist, heißt daher, eine kluge, gesundheitsbewusste, auf Qualität bedachte, umweltfreundliche Wahl zu treffen. Im Folgenden finden Sie die wichtigsten Gemüsesorten der vier Jahreszeiten alphabetisch aufgelistet sowie Hinweise, worauf Sie jeweils achten sollten.

✔ Frühjahr

Chicorée

Der leicht bittere Chicorée ist der zweite Austrieb der Zichorie (die ersten Blätter dienen als Viehfutter) und mit dem roten Radicchio verwandt. Die hellen Stauden sollten fest geschlossen sein und nur gelbe, keine grünlichen, Spitzen haben. Man verzehrt Chicorée roh als Salat oder gedünstet als Gemüse – entweder allein oder gemischt mit anderem Gemüse. Siehe auch Seite 250–251.

Erbsen

Ausgepalte grüne Erbsen sind reich an Vitaminen, hochwertigen Proteinen und Mineralstoffen. Sie eignen sich als Gemüsebeilage sowie als Zutat für Salate und Gemüsesuppen. Zuckerschoten kann man kochen, dämpfen oder im Wok unter Rühren braten. Siehe Seite 98–99.

Karotten

Die als Bundmöhren mit Grün angebotenen Frühkarotten haben einen hohen Zuckergehalt. Man verzehrt sie roh als Salat, gedünstet als Beilage, in Eintöpfen, Aufläufen und Gemüsesuppen, püriert und in Soufflés. Sie sollten erst unmittelbar vor der Zubereitung geputzt und geschnitten werden.

Kopfsalat

Man unterscheidet drei Sorten: den Römersalat mit länglichen grünen Blättern und fester Mittelrippe, den Eisbergsalat mit sehr festem Kopf, knackigen Blättern und dicken Blattrippen sowie den runden Kopfsalat mit weicheren Blättern. Man verzehrt sie allesamt roh als Salat. Siehe auch Seite 258–259.

Radieschen

Die kleinen roten Wurzeln mit ihrem pikant scharfen Geschmack werden üblicherweise roh verzehrt, doch kann man sie durchaus auch dünsten. Sie verlieren dann die Schärfe, aber leider auch die Farbe.

Spargel

Der weiße Spargel wächst unter-, der grüne oberirdisch. Die Stangen sollten eine matt glänzende Schale, geschlossene Köpfe und keinen allzu holzigen Fuß haben. Man gart Spargel in einem hohen Topf stehend, damit die Köpfe aus dem Kochwasser ragen und nicht zu weich werden, oder über Dampf. Siehe Seite 184–185.

Spinat

Frischer Spinat ist ein guter Eisenlieferant und reich an Vitamin A und C. Sehr junge, glatte Blätter kann man roh als Salat anrichten. Die derberen krausen Blätter werden in wenig Wasser gedünstet oder im Dampf gegart und dann als Blattgemüse gereicht oder püriert. Darüber hinaus ist Spinat sehr gut als Zutat für Füllungen geeignet. Siehe auch Seite 188–189.

Zwiebeln

Aus der großen Familie der Zwiebeln eignen sich besonders die Frühlings- oder Lauchzwiebeln zum rohen Verzehr, die sich aber auch sehr gut dünsten lassen. Die großen Gemüsezwiebeln sind mild im Geschmack und können gefüllt und dann gegrillt, gebacken oder geschmort werden. Siehe auch Seite 156–157.

✔ Sommer

Auberginen

Die am häufigsten angebotene Sorte ist keulenförmig und hat eine dunkelviolett glänzende, glatte Schale. Da die wichtigsten Nährstoffe in der Schale stecken, sollte man Auberginen nicht schälen. Auch sollten sie nicht roh verzehrt werden. Man kann sie füllen und im Ofen backen, in Scheiben schneiden und diese braten oder grillen, zu Püree verarbeiten oder in Aufläufe oder Gemüseeintöpfe geben. Siehe auch Seite 334–335.

Grüne Bohnen

Man unterscheidet zwischen Busch- und den selteneren Stangenbohnen. Beide liefern die flachen, breiten Schnitt- sowie die runden Brechbohnen, zu denen auch die gelben Wachsbohnen gehören. Frische Bohnen sind straff und brechen; lassen sie sich wie Gummi biegen, liegt die Ernte bereits einige Zeit zurück. Bohnen dürfen niemals roh verzehrt werden. Man gart sie in wenig Salzwasser oder kocht sie in Suppen oder Eintöpfen.

Gurken

Die besonders im Sommer gern verzehrten Salatgurken sind wasserreich und erfrischend. Man braucht sie nicht zu schälen. Schmorgurken sollte man möglichst dünn abschälen, denn die Nährstoffe sitzen direkt unter der Schale.

Paprikaschoten

Alle Sorten sollten glänzend und festfleischig sein. Die grünen Schoten sind herb im Geschmack, die gelben saftiger und süßlich, die roten süß und fruchtig. Die vollreifen roten und gelben Schoten kann man roh verzehren, die grünen sind roh weniger bekömmlich. Siehe auch Seite 234–235.

Staudensellerie

Das auch Bleich- oder Stangensellerie genannte Gemüse ist mit dem Knollensellerie verwandt, doch sind die Stangen nicht das Grün der Knollen – es handelt sich um zwei eigenständige Sorten. Die hellgelben Stangen sind besonders zart und können roh als Salat verzehrt werden oder zum Dippen dienen. Von den etwas derberen grünen Stangen muss man beim Putzen die äußeren Fäden abziehen. Man verzehrt sie gekocht in Suppen und Eintöpfen.

Tomaten

Sie sind die beliebteste Gemüsefrucht, weil sie sehr vielseitig sind. Zum Schneiden verwendet man am besten ein Tomatenmesser mit gesägter Klinge. Siehe auch Seite 300–301.

Zucchini

Meist werden nur grüne Zucchini angeboten, es gibt aber auch besonders zarte mit gelber Schale. Zucchini können ungeschält roh verzehrt werden. Sie lassen sich aber auch gut dünsten, grillen und gefüllt schmoren. Darüber hinaus findet man sie oft in Aufläufen und Suppen. Siehe auch Seite 86–87.

✔ Herbst

Fenchel

Der nach Anis schmeckende Fenchel ist eine fleischige Knolle mit hohem Gehalt an Ballaststoffen. Außerdem enthält er Vitamin C und A sowie Mineralstoffe. Roh in feine Streifen geschnitten passt Fenchel zu Salaten, als Gemüse zubereitet bildet er eine gute Beilage zu Fisch. Das zarte Grün kann man wie Dill als Würzkraut verwenden. Siehe auch Seite 338–339.

Kürbis

Der klassische große Speisekürbis bietet ein weniger aromatisches Fruchtfleisch als die kleineren Sorten (beispielsweise Hokkaido oder der ganz kleine Pâtisson), doch sind alle kalorienarm und reich an Vitamin A. Kürbis lässt sich variationsreich verarbeiten, vor allem zu Füllungen und zu Kuchen. Siehe auch Seite 118–119.

Mangold

Man unterscheidet zwischen Stiel- und Blattmangold, die beide gegart verzehrt werden. Zudem sind beide kalorienarm, reich an Vitamin A und C sowie an Mineralstoffen. Siehe auch Seite 189.

Pilze

Pilze sind kalorienarm, sehr schmackhaft und gute Eiweißlieferanten. Einige – zum Beispiel den ganzjährig angebotenen Champignon – kann man fein geschnitten in Salaten roh verzehren. Die meisten sollten jedoch schonend gegart werden. Zu den beliebtesten Sorten gehören Pfifferlinge und Steinpilze. Viele Pilze werden auch getrocknet angeboten, dienen dann aber eher als Gewürz. Pilze nie waschen, sondern immer nur gründlich putzen. Siehe auch Seite 128–129.

Rote Bete

Die stark färbende (beim Verarbeiten Einweghandschuhe tragen), auch rote Rübe oder Rande genannte Wurzelknolle enthält viele Mineralstoffe. Man verzehrt sie roh geraspelt als Salat, gegart als Gemüse oder gekocht als Suppe. Menschen, die zu Nierensteinen neigen, sollten sie meiden.

✔ Winter

Artischocken

Es gibt große grüne Artischocken mit fleischigen Blättern und dickem Boden und sehr kleine mit spitzen violetten Blättern, die so zart sind, dass man sie im Ganzen garen und essen kann. Die Zubereitungsarten sind vielfältig. Siehe auch Seite 216–217.

Endivie

Mit ihren typisch krausen, stark geschlitzten Blättern ist diese Zichorienpflanze ein aromatischer Wintersalat, der vor allem seiner entwässernden Wirkung wegen geschätzt wird. Er ist reich an Vitamin A, Eisen und Kalzium. Siehe auch Seite 251.

Eskariol

Wie die Endivie ist auch der Eskariol mit der Zichorie verwandt, doch seine Blätter sind breit und glatt und der große Kopf ist kompakter. Er wird – wie der ebenfalls verwandte Chicorée – nicht nur als Salat zubereitet, sondern auch gegart, in Gemüsesuppen gegeben oder klein geschnitten unter Füllungen gemischt, wobei die Außenblätter jeweils entfernt werden. Siehe auch Seite 251.

Kopfkohl

Unter diesem Oberbegriff vereint sich eine Vielfalt verschiedener Gemüse, vom kleinen Rosenkohl über den großen glattblättrigen Weiß-, Spitz- und Rotkohl bis zum krausblättrigen Wirsing. Alle Sorten sind reich an Vitamin A und C, Kalzium, Kalium sowie Ballaststoffen. Zarte Kohlblätter kann man fein geschnitten zu Rohkostsalaten verarbeiten, beliebt sind aber auch (vor allem im Winter) deftige Eintopfgerichte mit Kohl oder gefüllte Kohlblätter. Der keinen Kopf bildende, ebenfalls krausblättrige und sehr nährstoffhaltige Grünkohl ist zum rohen Verzehr nicht geeignet. Er sollte den ersten Frost erlebt haben (die späte Ernte und die kühlen Temperaturen sorgen für einen höheren Zuckergehalt). Siehe auch Seite 194–195.

Kartoffeln

Kartoffeln sind das ganze Jahr über im Angebot und die Sortenvielfalt ist groß. Man unterscheidet sie nach Kochtypen – festkochend, vorwiegend festkochend und mehligkochend – und nach der Reifezeit. Die früh im Jahr angebotenen Kartoffeln, zumeist festkochende, länglichere Sorten, sollte man möglichst frisch verarbeiten. Die späten, eher mehligen und runderen Kartoffelsorten lassen sich bei niedrigen

Temperaturen (etwa 4 °C) an einem luftigen, dunklen Ort längere Zeit lagern. Für Kartoffelsalat eignen sich nur die festkochenden jungen Sorten. Siehe auch Seite 324–325.

Porree

Dieses auch als Lauch bekannte Gemüse hat ein herbes Aroma, welches an das von Zwiebeln erinnert. Es wird deshalb gern zum Würzen verwendet, lässt sich aber genauso gut als eigenständiges Gemüse zubereiten. Porree sollte immer sehr gründlich gewaschen werden, da er leicht sandig ist.

Radicchio

Der violette, weißgeäderte Radicchio – auch Rote Endivie und Roter Chicorée genannt – ist ein Verwandter der Zichorie und dementsprechend leicht bitter im Geschmack. Während die runden Köpfe meist für Salate verwendet werden, dienen die länglichen (Radicchio di Treviso) in der Regel zur warmen Zubereitung. Man schmort sie geteilt beziehungsweise geviertelt oder dünstet sie allein oder gemischt mit anderen Gemüsearten. Siehe auch Seite 250–251.

Grüne Garmethoden

Die Abkehr vom Verzehr roher Nahrung gehört zu den typischen Merkmalen der Menschheit. Schon unsere Ahnen der Vorzeit haben viele ihrer Nahrungsmittel auf unterschiedliche Weise gegart. Allerdings ging es dabei weniger um den besseren Geschmack. Vielmehr hatte man entdeckt, dass sich gegarte Nahrung besser kauen lässt und bekömmlicher ist. Im Folgenden stellen wir Ihnen einige Garmethoden vor, die besonders schonend sind und sich deshalb hervorragend für die grüne Küche eignen.

✔ Blanchieren

Blanchieren (wörtlich „weiß machen") heißt, das Nahrungsmittel – in unserem Fall das geputzte, verzehrfertige Gemüse – für höchstens 2 Minuten in kochendes Wasser zu tauchen. Danach wird es abgegossen beziehungsweise mit einem Schaumlöffel wieder herausgehoben und in Eiswasser abgeschreckt. Man verwendet diese Methode bei Gemüse, das man einfrieren möchte, aber auch zum Häuten – zum Beispiel von Tomaten – oder um Zwiebeln oder Rettich etwas von ihrer Schärfe zu nehmen. Grünes Gemüse, beispielsweise Brokkoliröschen oder Erbsen, bewahren durch das Blanchieren ihre Farbe. **Zudem werden durch das Blanchieren viele schädliche Mikroorganismen auf der Oberfläche des Gemüses abgetötet.** Soll es danach unter einen Salat gemischt werden, empfiehlt es sich, dem Blanchierwasser etwas Essig oder Zitronensaft zuzusetzen. Für sehr empfindliches Gemüse (zarte Spinatblätter, junge Erbsen, Zuckerschoten) stellt das Blanchieren bereits eine hinreichende Garmethode dar.

✔ Kochen

Ob man Gemüse in wenig oder viel Wasser kocht, hängt von der Zubereitungsweise ab. Grundsätzlich bleiben beim **Kochen in wenig Wasser** mehr Vitamine und Mineralien sowie mehr Geschmack erhalten. Es ist die Methode der Wahl für Gemüse, das man vor dem Kochen in kleine Stücke geschnitten hat oder das ohnehin – wie Erbsen – sehr klein ist. **In viel kochendem Wasser** gart man großes Gemüse am Stück (Spargel, Kartoffeln, Blumenkohl, Brokkoli), um eine

gleichmäßige Garung zu erreichen. Das gebrauchte Kochwasser sollte man nicht gleich weggießen. Hat man sauberes Gemüse – etwa Spargel – darin gekocht, kann man es einfrieren und für die nächste Portion erneut verwenden.

✔ Garen im Dampf

Das Garen im Dampf ist in unseren Breiten eine relativ junge Gartechnik und auch in der Geschichte der Menschheit ist es eine der zuletzt entwickelten Methoden, Nahrungsmittel zuzubereiten. „Entdecker" des Dampfgarens sind die erfindungsreichen Chinesen. Hinweise darauf, dass sie das Dampfgaren oder Dämpfen beherrschten, gehen bis in die Zeit um 1000 v. Chr. zurück. Allerdings dürften ökonomische Gründe für die Entwicklung dieser Methode wichtiger gewesen sein als ästhetische oder geschmackliche – obwohl auch diese beiden Aspekte für das Dämpfen sprechen. Große Öfen waren im alten China sehr teuer und aufgrund dessen nicht sehr verbreitet. Es wurde fast immer über kleinem, halboffenem Feuer gekocht.

Das Dämpfen weist ein paar Besonderheiten auf, die es von den meisten anderen Garmethoden positiv unterscheidet. Es ist eine ausgesprochen gesunde, weil schonende Zubereitungsart, deren erster großer Vorteil unmittelbar ins Auge springt: **Es kann gänzlich auf Fett verzichtet werden.** Das ist zwar auch beim Kochen der Fall, dennoch geht das Dämpfen im direkten Vergleich als Sieger hervor, da der Eigengeschmack der gegarten Nahrungsmittel besser erhalten bleibt und auch die wertvollen Nährstoffe mehr geschont werden. Studien haben gezeigt, dass beispielsweise der Gehalt an Vitamin C eines Nahrungsmittels durch das Kochen um rund 70 Prozent reduziert wird. Wird dasselbe Nahrungsmittel über Dampf gegart, ist nur ein Verlust von 40 Prozent zu verzeichnen. Das hängt vor allem damit zusammen, dass das Kochgut nicht direkt mit dem Wasser in Kontakt kommt, das die Nährstoffe regelrecht auswäscht. Ein weiterer Vorteil besteht darin, dass der Dampf eine relativ niedrige Temperatur hat (etwa 100 °C) und die Hitze

während des gesamten Garprozesses nahezu gleich bleibt. Natürlich braucht man zum Dampfgaren eine Flüssigkeit, die den Dampf entwickelt, was in den meisten Fällen Wasser sein wird, doch bieten sich genauso Brühe oder Wein an. Doch auch das Wasser lässt sich auf vielfältige Weise mit Kräutern und Gewürzen aller Art mehr oder weniger stark aromatisieren.

Die Grundausstattung, die nötig ist, um über Dampf garen zu können, ist denkbar einfach: Man braucht **einen Topf mit Deckel und ein feinmaschiges Sieb**. „Ist das alles?", werden Sie fragen. Nun, es liegt auf der Hand, dass auch das Garen über Dampf – wie alle Garmethoden – verschiedene Stufen der technischen Vervollkommnung kennt. Je ausgeklügelter die Methode, desto besser die Ergebnisse. Doch bereits mit der erwähnten simplen Ausstattung erzielt man recht gute Resultate. Und haben Sie die Methode erst einmal beim Nachkochen unserer Rezepte ausprobiert und dabei ihre Vorteile entdeckt, werden Sie sich gewiss bald auf die Suche nach ausgeklügelteren Gerätschaften machen, mit denen sich bessere Erfolge erzielen lassen.

Zunächst sei aber noch darauf hingewiesen, dass **das Sieb einen Griff und einen Haken haben muss, damit man es über den Topf hängen kann** (aber damit sind die meisten Siebe ohnehin ausgestattet), und dass es **groß genug sein muss, das gesamte Gargut zu fassen**. Der Nachteil dabei: Der aufgelegte Deckel kann den Topf nicht vollständig schließen; es tritt jede Menge ungenutzter Dampf aus. Besser als ein normales Haushaltssieb ist deshalb ein **Drahtkorb oder Siebeinsatz**, den man vollständig in den Topf hineinstellen kann. Dieser Korb oder Einsatz muss unten Füßchen haben, damit genügend Abstand vom Topfboden vorhanden ist und das Wasser nicht mit dem Gargut in Kontakt kommt (denn dann würde es ja gekocht und nicht gedämpft). Eine kluge Variante des starren Siebeinsatzes ist die **faltbare Variante**, deren fächerförmig im Kreis angeordneten Siebblätter sich der jeweiligen Größe des Topfes anpassen. Eine weitere Verbesserung besteht darin, einen Topf aus feuerfestem Glas zu wählen. So lässt sich der Wasserstand im Topf problemlos

von außen erkennen und während des Garvorgangs kontrollieren. Es kann also nicht passieren, dass unbemerkt alles Wasser verdampft.

Zum Schluss sei auf eine Methode verwiesen, die aus dem Ursprungsland des Dämpfens zu uns gelangt ist und sich bei Freunden der asiatischen Küche bereits durchgesetzt hat: Das Dämpfen **in Bambuskörben im Wok**. Hierbei ersetzt der Wok den normalen Kochtopf. Der Bambusdämpfkorb wird hineingestellt und der Wok mit einem Deckel geschlossen. Es funktioniert, ist aber nicht sehr überzeugend. Im Grunde ist der Wok zum effektiven schnellen Braten unter Rühren erheblich besser geeignet als zum Dämpfen. Das haben auch die Chinesen längst erkannt, weshalb es billige hohe Aluminiumtöpfe gibt, in die man sogar einen ganzen Turm von übereinandergestapelten Bambuskörben setzen kann. Was freilich die Bambuskörbe selbst angeht, so haben sie unbestreitbar positive Seiten. Die Böden der Körbe bestehen aus einem Geflecht von dünnen, hitzebeständigen Bambusstreifen, die hohen Ränder aus starken, breiten Bambusstreifen. Das Gargut in den Körben wird überall vom heißen Dampf erreicht, sodass ein gleichmäßiges Garen garantiert ist. Und man kann mehrere Körbe übereinanderstapeln, also verschiedene Zutaten eines Gerichts, etwa Gemüse und Fisch, gleichzeitig garen. Allerdings sollte man bei mehreren Körben darauf achten, dass im obersten das Gargut liegt, das mit der geringsten Hitze auskommt, denn der Dampf kühlt sich beim Aufsteigen etwas ab. Bedenken Sie auch, dass manche Lebensmittel beim Garen Saft absondern. Diese sollten Sie entweder ganz unten platzieren, damit sie nicht auf das andere Gargut tropfen, oder separat dämpfen.

Bevor Sie nun beginnen, mit dem Dämpfen zu experimentieren, sollten Sie ein paar Regeln kennen:

- Der eigentliche Garvorgang beginnt erst, wenn das Wasser sprudelnd kocht und dadurch Dampf entwickelt, und nicht schon dann, wenn man das Gargut über das nur heiße, aber noch nicht kochende Wasser gestellt hat.
- Damit der aufsteigende Dampf das Gargut wirklich gart und nicht nur erhitzt, sollte man sicherstellen,

dass der Deckel den Topf gut verschließt. Beim Öffnen des Deckels muss man sehr vorsichtig sein, denn der austretende Dampf ist so heiß, dass man sich leicht verbrühen kann. Die Hand, die den Deckel hebt, also immer gut mit einem Topflappen oder – besser noch – einem Kochhandschuh schützen und auch mit dem Gesicht nicht zu nahe an den Topf herangehen.

- Was die Menge des Wassers angeht, das man in den Topf füllt, ist ebenfalls Augenmaß geboten. Wenig Wasser, das gerade den Topfboden benetzt, kann vollständig verdampfen, was nicht nur den Garvorgang unterbricht; es schadet auch dem Topf, wenn er trocken auf der heißen Herdplatte steht. Füllt man dagegen zu viel Wasser ein, bekommt der eingestellte Einsatz ein Fußbad. Als Faustregel gilt: **2 Tassen (250 Milliliter) kaltes Wasser in einen mittelgroßen Topf** (20 Zentimeter Durchmesser). Am besten probiert man dann mit dem noch ungefüllten Siebeinsatz aus, ob das Wasser ihn erreicht.

- Damit man sich am Wasserdampf nicht verbrüht, stellt man den gefüllten Siebeinsatz in den Topf, ehe das Wasser kocht. Dann schließt man den Deckel und bringt das Wasser bei hoher Temperatur zum Kochen. Wenn es kocht, reduziert man die Hitze wieder etwas.

- Wie bei anderen Garmethoden gilt auch hier: Achten Sie auf möglichst gleich große Stücke gleichartiger Nahrungsmittel. Eine faustgroße Kartoffel kann unmöglich genauso schnell vollständig durchgaren wie eine walnussgroße. Ebenfalls ist zu beachten, dass manche Lebensmittel sehr schnell garen, während andere länger brauchen. Wenn Sie solche Lebensmittel gleichzeitig garen wollen, geben Sie das schneller garende erst später dazu.

Sehr wasserreiches Gemüse wie Tomaten und Auberginen eignen sich nicht für das Garen im Dampf. Festes Gemüse, wie Karotten, Zucchini, Blumenkohl, Brokkoli, Kohlrabi, Rote Beten, Kürbis und andere,

ist dagegen wie gemacht für diese Methode. Kartoffeln können in der Schale gedämpft werden, was besonders schmackhafte Pellkartoffeln ergibt.

Eine Regel gilt es immer zu beachten: „Übergaren" Sie das Gemüse nicht (es sei denn, Sie möchten es pürieren), sondern lassen Sie es nur bissfest werden, damit möglichst viele Nährstoffe erhalten bleiben.

Auch Fisch, gleich welcher Art, ist zum Dämpfen hervorragend geeignet, obwohl manche Köche meinen, die besten Ergebnisse erziele man mit festem, weißfleischigem Fisch wie Kabeljau und Heilbutt. Doch auch Lachs und Schwertfisch sowie Krustentiere gelingen gut. Alle Fische bewahren beim Dämpfen besonders viel von ihrem typischen Eigengeschmack.

Eine wichtige Frage ist natürlich: Wie lange brauchen die einzelnen Gemüsesorten, bis sie bissfest oder gänzlich durchgegart sind? Auch hier kann man nur ungefähre Richtwerte angeben. Wie erwähnt gart manches Gemüse schneller, anderes braucht länger. Ein Stück Zucchini (weich und wasserhaltig) ist schneller gar als ein entsprechendes Stück Karotte.

- Sehr festes Gemüse braucht je nach Größe eine Garzeit von 15 bis 25 oder gar 30 Minuten (zum Beispiel mittelgroße, unzerteilte Kartoffeln). Große Artischocken, die beim Kochen im Wasser ebenfalls eine lange Garzeit haben, brauchen auch über Dampf durchaus 45 Minuten.

- Bei Fisch sind genaue Angaben noch schwieriger zu machen, da es nicht nur auf die Grundkonsistenz ankommt, sondern auch auf die Dicke der Portion. Ein flaches Seezungenfilet ist deutlich schneller gar als ein gefülltes, aufgerolltes Seezungenfilet. Im Schnitt kann man sagen, dass ein Fischfilet mittlerer Dicke von etwa 150 Gramm maximal 10 Minuten braucht, um im Dampf zu garen.

Wer diese gesunde Methode häufiger anwendet, wird jedoch bald genügend Erfahrungen gesammelt haben, um abschätzen zu können, wie lange der Garvorgang bei den verschiedenen Gemüsesorten und Nahrungsmitteln jeweils dauert.

✔ Frittieren

Bei dieser Gartechnik handelt es sich um das schnelle Ausbacken und Bräunen des Garguts in einer großen Menge heißem Öl. Dafür braucht man einen tiefen Topf oder – besser – eine Fritteuse mit einem absenkbaren Drahtkorb. Sobald das Nahrungsmittel in das heiße Öl kommt, bilden sich auf seiner Oberfläche Röststoffe und es bekommt eine knusprige Hülle. Nur unempfindliches Gemüse wie Kartoffeln und junge Artischocken kann man direkt in das heiße Öl geben. Zarteres Gemüse, aber auch Fisch, braucht eine Panade oder dünne Teighülle, damit es/er nicht sofort verbrennt. Öle ohne Eigengeschmack (Maiskeim- oder Erdnussöl) sind besser geeignet als Olivenöl. **Das Öl wird auf mindestens 170 °C erhitzt.** (Es hat die erforderliche Temperatur, wenn sich am Stiel eines hineingehaltenen Holzkochlöffels Bläschen bilden.) Ein besonders für Gemüse geeigneter **Grundteig** besteht aus Weizenmehl, das man mit eiskaltem Mineralwasser zu einem dünnen Brei verrührt und 1 Stunde quellen lässt (kein Salz zugeben, der Teig wird sonst nicht kross). Das Frittiergut durch den Teig ziehen und sofort im heißen Öl ausbacken, bis es an die Oberfläche steigt. Dann herausheben und auf Küchenkrepp abtropfen lassen, erst jetzt salzen.

✔ Grillen

Beim Stichwort Grillen, also dem direkten Garen auf dem Rost, der über Holzkohle oder über beziehungsweise unter einer elektrischen Hitzequelle liegt, denkt man zunächst eher an Fleisch und Würstchen. Doch diese Garmethode eignet sich ebenso gut für Gemüse. Sehr wasserhaltiges Gemüse, zum Beispiel Tomaten, hüllt man vor dem Grillen in Alufolie. Zutaten wie Zitruszesten oder Kräuter und ein paar Tropfen Öl verleihen dem Grillgut zusätzlichen Geschmack. Gemüse wie Zucchini und Auberginen, aber auch große Champignons kann man in Scheiben schneiden und direkt auf den Grillrost legen, genauso wie halbierte Paprikaschoten. **Bei den meisten Gemüsesorten empfiehlt es sich aber, sie in grobe Stücke zu schneiden, die man auf Spieße aus Holz oder Metall steckt.** Man kann sie dann leichter wenden und sie fallen nicht so schnell durch den Rost auf die Glut. Dabei sollte man darauf achten, dass man das Grillgut nicht zu fest zusammendrückt, weil es sonst an den Kontaktstellen nicht richtig gart. Metallspieße haben den Vorteil, dass sie kein Feuer fangen können, sie werden aber extrem heiß. Die Enden der Holzspieße kann man zum Schutz mit Alufolie umwickeln oder man legt sie vor der Verwendung 15 Minuten in Wasser. Das verhindert, dass sie sich entzünden. Die festen Stängel von Rosmarin ergeben besonders aromatische „Grillspieße". Ganz hervorragend schmecken auf dem Grill zubereitete Zwiebeln, da sie einen hohen Gehalt an Zucker haben, der beim Grillen bräunt und karamellisiert. Eine beliebte Beilage sind große, in der Alufolie gegarte Kartoffeln. Mehligkochende Sorten sind für diese Art der Zubereitung besonders geeignet; man genießt sie gern mit frischer Butter und Salz oder mit saurer Sahne. Kleine Frühkartoffeln hingegen kann man gut gewaschen in der Schale auf Spieße gesteckt grillen. Wie lange es jeweils dauert, bis das Gemüse auf dem Grill gar ist, lässt sich nur überschlägig sagen: Spieße brauchen insgesamt etwa 15 Minuten, wobei man sie mindestens einmal zwischendurch wendet.

✔ Garen in der Mikrowelle

Eine Mikrowelle findet sich heute fast in allen Küchen. Die **hochfrequenten elektromagnetischen Wellen**, mit denen diese Geräte arbeiten, dienen nicht nur zum Erhitzen und Aufwärmen bereits gegarter Speisen oder zum Auftauen von Tiefkühlkost, man kann

WUSSTEN SIE, DASS ...

... sich die Innenwände der Mikrowelle während des Betriebs nicht erhitzen? Man kann die Mikrowelle also direkt nach Gebrauch auswischen. Eventuelle Spritzer auf den Innenwänden kleben nicht fest und brennen nicht ein. Man kann sie mit einem feuchten Tuch leicht entfernen. Auch braucht man keine Putzmittel, im Gegenteil, sie sind eher schädlich für die Mikrowelle.

auch ganz normal damit garen, **ohne Wasser oder Fett zugeben zu müssen**. Dadurch bleiben die Nährstoffe und der Eigengeschmack der zubereiteten Lebensmittel besonders gut erhalten. Der Nachteil dieser Methode ist, dass Mikrowellen keine Bräunung bewirken, was aber bei den meisten Gemüsesorten ohnehin nicht angestrebt wird. Dafür garen die Lebensmittel besonders schnell. Man kann weit **über die Hälfte der Garzeit einsparen**, bei sehr wässrigen Lebensmitteln sogar bis zu 90 Prozent. Das hilft auch beim Stromsparen.

Der Garvorgang wird dadurch bewirkt, dass die elektromagnetischen Wellen in die Lebensmittel eindringen und die darin enthaltenen Wassermoleküle in so heftige Schwingung versetzen, dass dadurch Hitze entsteht. Die nicht organischen Geschirre, in denen man gart, bleiben grundsätzlich kalt, sie erwärmen sich lediglich durch die Hitze, die das Gargut entwickelt. Ein kleiner Nachteil ist, dass man spezielles Kochgeschirr braucht. Da Metalle die Mikrowellen reflektieren, kommt nur Geschirr aus Porzellan, Glas, Steingut, Keramik oder geeignetem Kunststoff infrage. Bei Steingut und Keramik muss man darauf achten, dass die Glasuren kein Metall enthalten. Auch bei Folien und Papier ist Vorsicht geboten. Papier kann Feuer fangen und Recyclingpapier enthält Metallpartikel, die Funkenschlag auslösen können. Gart man ganze Kartoffeln in der Schale, so muss man die Schale vorher anstechen, es kommt sonst zum Hitzestau und die Kartoffeln platzen; ganze Eier in der Schale können regelrecht explodieren. Andererseits hat das Garen in der Mikrowelle den Vorteil, dass unangenehme Küchengerüche, wie sie beispielsweise bei der Zubereitung von Blumenkohl

entstehen können, fast gänzlich vermieden werden. Die Mikrowelle hilft also, „grün" zu kochen – gesund, schnell, mit wenig Nährstoffverlust und maximalem Erhalt des Eigengeschmacks.

✔ Garen im Dampfkochtopf

Bei dieser Garmethode werden die Lebensmittel bei einer **Temperatur von bis zu 120 °C bei einem Druck von 0,5 bis 0,9 bar** gegart. Das verkürzt die Garzeit bei Gemüse um bis zu 35 Prozent, bei Hülsenfrüchten, die eine lange Garzeit haben, sogar um bis zu 70 Prozent. Die **Nahrungsmittel bewahren dadurch mehr von ihren Aromen und ihrem Geschmack**, weshalb man weniger Salz und andere Würzmittel braucht – und auch die in den Nahrungsmitteln enthaltenen **wertvollen Nährstoffe bleiben besser erhalten**. Der hermetisch geschlossene Topf baut im Inneren deutlich mehr Druck auf als der, den man beim normalen Dampfgaren nur mit einem lose aufgelegten Deckel verschließt. Der Dampf wird dadurch heißer und die Garzeit verkürzt sich. Ehe man den Deckel abnehmen kann, muss man durch Öffnen der Verriegelung das Ventil öffnen und den Dampf entweichen lassen. Dabei ist höchste Vorsicht geboten, denn der austretende Dampf ist sehr heiß. Auch darf der Topf erst geöffnet werden, wenn der gesamte Dampf entwichen ist. Der Nachteil dieser Methode liegt damit auf der Hand: Da man den Topf nicht beliebig öffnen kann, passiert es leicht, dass man die Garzeit falsch einschätzt. Gerade bei Gemüse ist diese sehr kurz und das Gemüse gart nach, bis der Topf geöffnet wird. Das heißt, die Gefahr ist groß, dass das Gemüse übergart oder gar völlig zerkocht. Achtung: Den Topf zu öffnen, ehe der Dampf vollständig ausgetreten ist, kann sehr gefährlich sein. In jedem Fall sollte man **beim Verwenden eines Dampfkochtopfs** (auch Schnellkochtopf genannt) **die in der Gebrauchsanleitung gegebenen Anweisungen des Herstellers aufmerksam lesen und auf jeden Fall beachten.**

Wie beim normalen Dämpfen kann man auch beim Garen im Dampfkochtopf verschiedene Einsätze – auch mehrere übereinander – in den Topf stellen, was sich aber nur empfiehlt, wenn man Zutaten mit

---

WUSSTEN SIE, DASS . . .
. . . sowohl die Garzeiten als auch der Flüssigkeitsbedarf beim Garen im Dampfdrucktopf sehr gering sind? 1 Kilogramm Spargel gart in knapp 250 Milliliter Wasser in etwa 5 Minuten. Für die gleiche Menge Zucchini braucht man nur 125 Milliliter Wasser oder Brühe und 2 bis 3 Minuten Garzeit.

gleichen oder stark voneinander abweichenden Garzeiten gleichzeitig zubereiten will. Bei Zutaten, deren Garzeiten nur Minuten auseinanderliegen, etwa Brokkoliröschen und Kartoffeln, ist die Verwendung des Topfes nicht ratsam, denn entweder zerfällt der Brokkoli oder die Kartoffeln werden nicht ganz gar (es sei denn, man schneidet sie in sehr kleine Stücke). Bei deutlich unterschiedlichen Garzeiten muss man den Topf zwar zwischendurch öffnen, also einmal den Dampf ablassen und dann

warten, bis sich neuer gebildet hat, doch hier lohnt sich der Aufwand.

Gut geeignet ist der Dampfkochtopf also für **Suppen und Eintöpfe**, die Zutaten mit langen Garzeiten, etwa Hülsenfrüchte, enthalten. Man lässt sie fast gar werden und gibt dann die empfindlicheren Gemüsesorten dazu. Da nur wenig Wasser verdunstet, sollte man Suppen nicht mit zu viel Flüssigkeit garen und erst zum Schluss mit Wasser oder Brühe auf die gewünschte Konsistenz bringen.

Kochen ohne Fleisch – Nützliche Küchengeräte

Ein paar der hier vorgestellten Geräte sind unverzichtbare, andere ausgesprochen nützliche Helfer in einer Küche, in der regelmäßig selbst gekocht wird – egal ob nun mit oder ohne Fleisch.

Nützliche Küchengeräte

[1] Wetzstahl Ein Stahlstift, an dem man die Schneiden glatter Messerklingen nachschärft. Es gibt auch Messerschärfer in Blockform, durch die man die Klinge hindurchzieht.

[2] Käsehobel Der Hobel wird benutzt, um von am Stück gekauftem Schnitt- und Hartkäse gleichmäßige dünne Scheiben abzuschneiden.

[3] Eierschneider oder Eiharfe Mit seinen feinen Drähten dient das Gerät dazu, hart gekochte Eier in gleichmäßige Scheiben zu schneiden.

[4] Gemüseschneider Man schneidet mit ihm nicht wie mit einem Messer, sondern indem man das Gerät auf das Schneidgut aufsetzt und durch Druck von oben teilt. Da die Klinge gewellt ist, entsteht eine gewellte Schnittfläche, wie sie bei Zucchini- und Karottenscheiben beliebt ist.

[5] Tomatenschneider Ein Gerät mit sehr scharfen Klingen, um Tomaten – aber auch Mozzarella oder Auberginen – in gleichmäßig dicke Scheiben zu schneiden.

[6] Metallschüsseln Da sie einen leicht gerundeten Boden haben, kann man in ihnen Eiweiß und Sahne schlagen, aber auch gut Zutaten miteinander vermischen.

[7] Papiere und Folien Ob Alufolie oder Backpapier, Frischhalte- oder Bratfolie, alle haben ihren Zweck und sollten in keiner Küche fehlen.

[8] Dämpfkorb aus Bambus Ein nützliches Utensil zum Dampfgaren nach chinesischer Art, da man mehrere gleich große Körbe übereinanderstapeln kann.

[9] Bain-marie oder Wasserbadtopf Dieses Utensil besteht aus zwei Töpfen, die ineinander passen. Im inneren, meist aus Steingut bestehenden Topf werden empfindliche Speisen durch das heiße Wasser im äußeren Topf erwärmt. Sehr gut geeignet, um Schokolade oder Butter zu schmelzen.

[10] Spitzsieb Es dient dazu, stückige Bestandteile wie ausgekochtes Gemüse, Schalen und Kerne aus Soßen und Suppen herauszufiltern, die sich anschließend mit dem Kochlöffel fest ausdrücken lassen.

1

2

3

4

5

6

7

8

9

10

[11] Spezialmesser Mithilfe ihrer besonders geformten Klingen kann man Gemüse und Obst in unterschiedlichste dekorative Formen schneiden.

[12] Spezialschäler Vor allem von Zitrusfrüchten, aber auch von Zucchini oder Gurken kann man mit diesen Spezialschälern dekorative Schalenstreifen abschälen.

[13] Mehrzweckmesser Mit seiner schmalen, etwa 20 Zentimeter langen Klinge ist es besonders zum Schneiden härterer Gemüsearten geeignet.

[14] Großes Kochmesser und Schneidbrett Ein schweres Messer mit breiter, kräftiger, langer Klinge ist auch zum Hacken von Kräutern hervorragend geeignet. Und eine gute Schneidunterlage wie dieses Holzbrett ist ebenfalls unverzichtbar.

[15] Käsemesser Die Klinge ist leicht gebogen. Mit den Spitzen kann man den geschnittenen Käse aufspießen, man muss ihn nicht mit den Fingern anfassen.

[16] Schälmesser Mit seiner leicht gekrümmten kleinen Klinge ist es nicht nur zum Schälen, sondern auch zum Schaben und Tournieren verschiedenster Gemüsearten geeignet.

[17] Ausstecher Es gibt sie in unterschiedlichen Formen und Größen – mit geradem, gewelltem und gezacktem Rand. Sie dienen zum Ausstechen von süßen und salzigen Teigen für Plätzchen und Torteletts, aber auch um diverse andere Lebensmittel für Dekorationszwecke auszustechen.

[18] Antihaftbeschichtete Pfanne Mit ihrem glatten Innenboden und dem flachen Rand ist sie besonders zum Backen von Pfannkuchen, Crêpes und Omeletts geeignet.

[19] Fritteuse Neben dieser schlichten Variante, die nur aus einem offenen, hohen Topf und einem Drahtkorb mit Griff besteht – was aber ausreicht, wenn man selten frittiert –, gibt es auch elektrische Fritteusen mit Thermometer und absenkbarem Frittierkorb.

[20] Schneebesen Er dient zum Steifschlagen von Sahne und Eiweiß per Hand und um Soßen und Flüssigkeiten gleichmäßig zu verrühren. Die Schlaufen sollten aus Metall und gut im Stiehl befestigt sein.

[21] Tellerbesen Mit seinen flach gebogenen Schlaufen ist er besonders geeignet, kleine Mengen in einem flachen Gefäß – etwa ein rohes Ei in einem Suppenteller – aufzuschlagen.

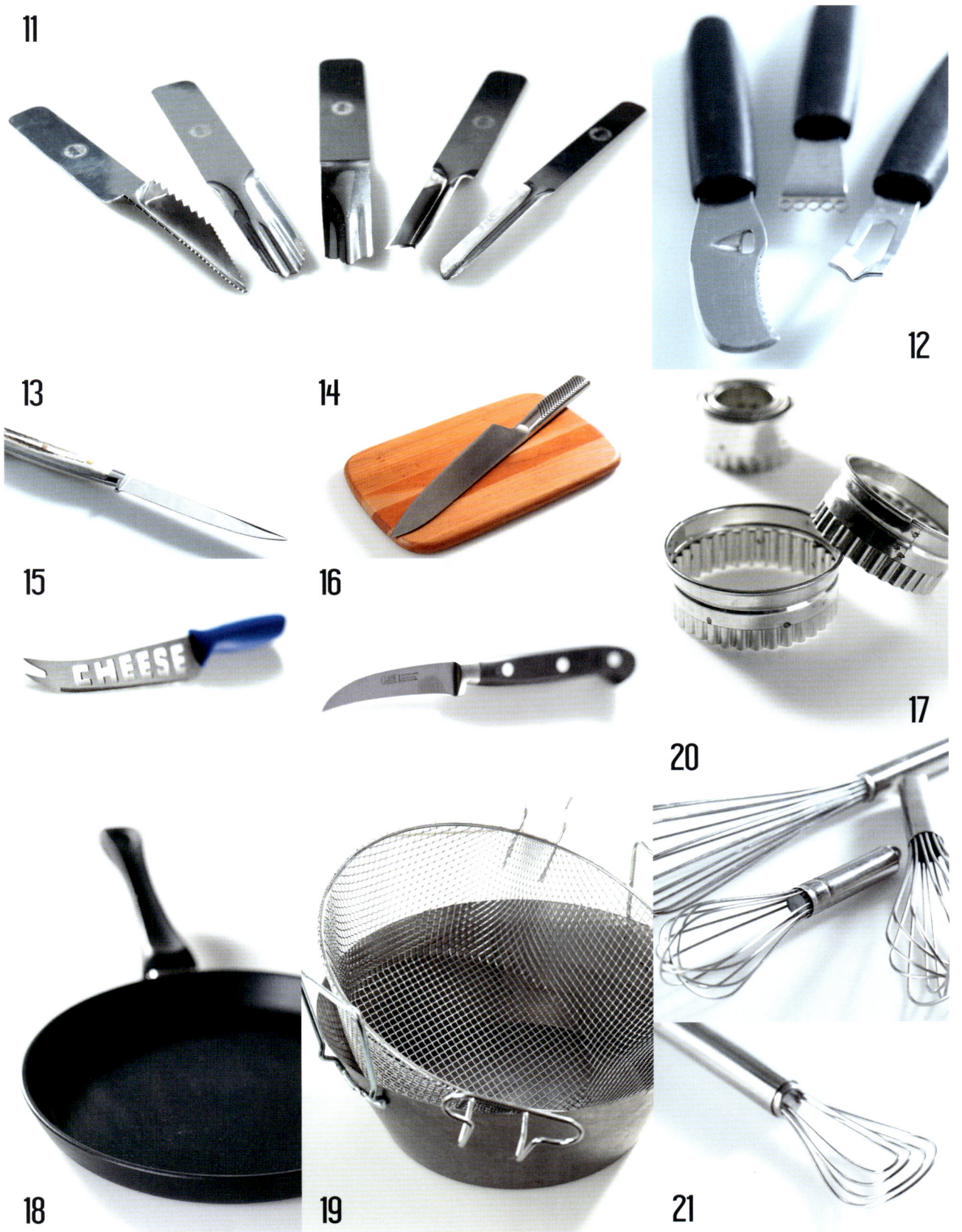

11

12

13

14

15

16

17

20

18

19

21

69

[22] Elektroquirl Ein Zeit und Energie sparendes, praktisches Gerät, um Sahne und Eiweiß steif zu schlagen, leichte Teige zu rühren, Cremes und Soßen aufzuschlagen und so weiter.

[23] Reiben Da Reiben dieser Art dank der silikonbeschichteten Füßchen nicht so leicht wegrutschen, kann man Gemüse, die Schale von Zitrusfrüchten, Käse oder Schokolade mit ihnen reiben.

[24] Grillkorb oder Wenderost Er eignet sich für alle Arten von Grillgut, besonders aber für Fisch. Man legt das Grillgut in den geöffneten Korb, verschließt ihn mit der Klammer am Griff und kann ihn so auf das Grillfeuer legen und problemlos wenden.

[25] Kellen Sie eignen sich sowohl zum Servieren von Suppen aller Art als auch zum genauen Portionieren von Brühe, die an eine Soße gegeben werden soll.

[26] Elektrischer Mixstab Ein Gerät für alle, die sich das Rühren, Passieren, Mixen und cremige Aufschlagen so leicht wie möglich machen wollen. Man kann den Mixstab direkt in den Topf halten, etwa um eine pürierte Gemüsesuppe herzustellen. Doch Vorsicht: Ist der Topf zu flach, spritzt es.

[27] Mörser und Pistill Sie sind sehr nützlich, um Kräuter, Gewürze und Knoblauch für Soßen zu zerdrücken. Früher ein typisches Apothekergerät, finden sich Mörser aus verschiedensten, doch immer schweren Materialien – Porzellan, Steingut, Granit – heute in vielen Küchen.

[28] Ölkännchen Ein solches Kännchen mit langer, dünner Tülle ist gut geeignet, um Gerichten bei Tisch noch den letzten Schliff mit einem dünnen Faden feinsten Öls zu verleihen.

[29] Backschaufel Ob aus Metall oder Plastik, eine Backschaufel ist unverzichtbar, um das, was in der Pfanne zubereitet wird – seien es Pfannkuchen, Omeletts, Bratkartoffeln oder ein Fischfilet –, wenden und herausheben zu können.

[30] Passiergerät Hierbei handelt es sich um ein Passiersieb, das man über Töpfe und Schüsseln hängen kann (auch „Flotte Lotte" genannt). Ein durch die Kurbel bewegter Passierflügel drückt gekochtes Gemüse, Kartoffeln, Früchte usw. durch die Lochscheibe am Boden. Fasern und Kerne werden zurückgehalten.

[31] Sparschäler Ein Küchenutensil mit beweglicher Klinge, mit dem sich Kartoffeln, Äpfel, Gurken und anderes glattschaliges Gemüse dünn schälen lässt.

22

23

24

25

26

27

28

29

30

31

(32) Kupfersauteuse Kochtöpfe aus Kupfer sind sehr teuer, aber nahezu unverwüstlich. Da sie die Hitze gut leiten, sind sie Kochgeräte der Spitzenklasse.

(33) Großer Sieblöffel Er dient dazu, Gegartes aus heißem Wasser oder Frittieröl zu heben.

(34) Raviolibrett Um perfekte Ravioli herzustellen, legt man ein frisches Teigblatt auf die Form, setzt die Füllung über die Vertiefungen, legt ein zweites Teigblatt darauf und rollt mit dem Nudelholz darüber; der überschüssige Teig wird abgetrennt.

(35) Teigrad mit zwei Rädchen Da eines der beiden Rädchen an einer Schiene verstellbar ist, lassen sich unterschiedlich breite Teigstreifen mit zwei gezackten Rändern ausradeln.

(36) Gezahnter Teigroller Er dient vor allem dazu, Mürbeteig vor dem Backen einzustechen, damit er sich während des Backens nicht wölbt oder Blasen wirft.

(37) Spritzbeutel mit verschiedenen Tüllen Dieses Utensil ist unerlässlich zum Garnieren von Torten und Desserts, zum Füllen oder um Teige auf das Backblech zu spritzen.

(38) Fruchtdekorierer Ein Schneidegerät mit V-förmig gebogener Klinge, mit dem man Früchte und Gemüse mit einem dekorativen Zackenrand versehen kann.

(39) Knoblauchpresse So lassen sich Knoblauchzehen zerdrücken, ohne dass der unangenehme Geruch an den Fingern haften bleibt.

(40) Feiner Sieblöffel Er dient dazu, kleinteilige gegarte Stücke aus heißem Wasser oder Frittieröl zu heben und kurz abtropfen zu lassen.

(41) Spaghettikochtopf Ein Kochtopf mit Siebeinsatz zur Zubereitung von allen Arten von Nudeln, doch auch Spargel und anderes Gemüse lässt sich darin gut kochen.

(42) Streudose Eine Dose mit gelochtem Deckel, in die man Puderzucker, Kakao oder Zimtzucker füllt, um damit Süßspeisen zu dekorieren oder bei Tisch zu überstreuen.

32

33

34

35

36

37

38

39

40

41

42

(43) Teigschaber Das flexible Blatt aus Gummi – es gibt auch welche aus Silikon – passt sich den Rundungen von Schüsseln und Töpfen an, sodass man sie sauber ausschaben kann.

(44) Grillspieße Diese Spieße haben Griffe aus Metall oder Holz. Holzgriffe werden nicht so heiß, können aber ansengen, Metallgriffe werden extrem heiß.

(45) Springform Der Rand der Form lässt sich öffnen und vom Boden trennen. So kann man alle Arten von Zubereitungen leicht aus der Form lösen.

(46) Muffinbleche Diese Bleche sind nicht nur für Muffins geeignet, sondern auch für andere kleine süße oder salzige Backwerke. Es gibt sie aus Blech und Gusseisen, aber auch als flexible Formen aus Silikon.

(47) Cannelloniformen Sie werden benötigt, um frischen Pastateig in die typische Röhrenform zu bringen. Doch kann man auch Röhren aus Blätter- oder Mürbeteig herstellen, um sie süß oder pikant zu füllen.

(48) Ausstecher Förmchen zum Ausstechen von süßem oder salzigem Teig, um Plätzchen verschiedenster Formen (z. B. Weihnachtsgebäck) herzustellen.

(49) Ausstecher für Ravioli Ein praktisches und leicht zu handhabendes Utensil zum Ausstechen von Teigtaschen.

(50) Thermometer mit Digitalanzeige In wenigen Sekunden zeigt das batteriebetriebene Gerät im Display an, welche Temperatur das Gargut im Kern erreicht hat.

(51) Spargelkochtopf Die Spargelstangen werden aufrecht in den zum Topf gehörenden Drahtkorb gestellt. So bleiben die zarten Spargelköpfe außerhalb des Kochwassers. Der Topf ist aber auch für anderes Gemüse geeignet.

(52) Wok mit Ablagerost Die chinesische Art, im Wok zu garen, hat längst Einzug in europäische Küchen gehalten. Schon Gegartes kann man auf dem Rost ablegen, während der Rest noch weitergart. Über dem heißen Dampf bleibt es warm.

43

44

45

46

47

48

49

50

51

52

Kochen ohne Fleisch – Vorspeisen

Kleine Häppchen und einladende Snacks auf der Grundlage von Gemüse, Früchten und Käse sind appetitanregende Gaumenkitzler, die den Magen nicht belasten. Sie passen zum Aperitif, können aber auch als kleine Zwischenmahlzeit dienen.

ZUTATEN FÜR 4 PERSONEN
2 Zucchini
200 g Kürbisfleisch
3 Eier
40 g Mehl
1 TL Trockenhefe
Muskatnuss
Salz, Pfeffer
1 Bund Schnittlauch
30 g Butter
2 EL natives Olivenöl extra

Omeletts mit Zucchini, Kürbis und Schnittlauch

Die gewaschenen, geputzten Zucchini und das Kürbisfleisch auf einer Gemüsereibe raffeln und griffbereit stellen. Die Eier in einer Schüssel verquirlen. Das Mehl und die Hefe einrühren. Den Teig mit Muskatnuss, Salz und Pfeffer würzen und das geraffelte Gemüse hinzufügen. Den gewaschenen, trockengetupften Schnittlauch in feine Röllchen schneiden und ebenfalls zum Teig geben. Den Teig etwa 30 Minuten ruhen lassen.

Etwas Butter und Öl in einer großen Pfanne erhitzen. Den Teig erneut durchrühren und aus jeweils 2–3 EL 3–4 kleine Omeletts in das heiße Fett setzen. Die Omeletts backen, bis die Unterseite leicht gebräunt ist, dann wenden und ebenfalls bräunen. So fortfahren, bis der Teig aufgebraucht ist.

Die bereits fertigen Omeletts auf einen vorgewärmten flachen Teller legen und einen ebenfalls vorgewärmten tiefen Teller darüberstülpen. So bleiben sie warm, bis alle Omeletts gebacken sind.

Vorbereitungszeit
15 Minuten
Garzeit
15 Minuten
Schwierigkeitsgrad
einfach
Wein
Friuli Collio Chardonnay

ZUTATEN FÜR 4 PERSONEN
4 Scheiben Mischbrot
1 Knoblauchzehe
100 g gegarte weiße
Bohnen (Dose)
4 EL natives Olivenöl extra
4 Stängel Petersilie
Salz und Pfeffer

Bruschetta mit weißen Bohnen

Die Brotscheiben in einer beschichteten Pfanne oder unter dem Backofen-grill auf beiden Seiten rösten, bis sie gut gebräunt sind. Die Knoblauchzehe halbieren und die Brotscheiben mit den Schnittflächen abreiben.

Die Bohnen in ein Sieb schütten, kurz mit warmem Wasser abspülen und gut abtropfen lassen. In eine Schüssel geben und das Öl darüberträufeln. Die Petersilie hacken und untermischen, mit Salz und frischem Pfeffer aus der Mühle abschmecken. Die Bohnen auf den Brotscheiben verteilen.

Man kann den Belag anreichern, indem man ein gehacktes, hart gekochtes Ei oder Thunfisch aus der Dose unter die Bohnen mischt.

Zubereitungszeit
10 Minuten
Schwierigkeitsgrad
einfach
Wein
Friuli Collio Chardonnay

ZUTATEN FÜR 4 PERSONEN
4 Scheiben Roggen- oder
Mischbrot
1 Knoblauchzehe
2 reife Tomaten
120 g grüne Olivenpaste
(Fertigprodukt)
2 Stängel Basilikum

Bruschetta mit grüner Olivenpaste

Die Brotscheiben in einer beschichteten Pfanne, unter dem Backofengrill oder im Toaster auf beiden Seiten rösten, bis sie gut gebräunt sind. Die Knoblauchzehe halbieren und die Brotscheiben mit den Schnittflächen abreiben.

Die gewaschenen Tomaten in Scheiben schneiden. Das Brot mit den Tomatenscheiben belegen, etwas von der Olivenpaste darüber verteilen und mit jeweils ein paar Basilikumblättern garnieren.

Man kann statt der grünen auch schwarze Olivenpaste verwenden, die kräftiger im Geschmack ist, oder ein paar Kapern unter die grüne Paste mischen.

Zubereitungszeit
5 Minuten
Schwierigkeitsgrad
einfach
Wein
Cirò Rosato

ZUTATEN FÜR 4 PERSONEN
2 gelbe Paprikaschoten
4 reife Tomaten
10 schwarze Oliven
2 EL natives Olivenöl extra
2 EL Kapern
4 Scheiben Weißbrot
1 Stängel Basilikum

Bruschetta mit Paprika

Die Paprikaschoten waschen, putzen und klein würfeln. Die Tomaten waschen und ohne das wässrige Innere und die Kerne ebenfalls klein würfeln. Die Oliven, falls nötig, entsteinen und klein schneiden.

Das Öl in einem Topf oder einer Pfanne erhitzen. Die Paprika- und Tomatenwürfel darin 5 Minuten anbraten, dann Oliven und Kapern dazugeben und alles zusammen weitere 4–5 Minuten schmoren lassen.

Die Weißbrotscheiben toasten und das Paprikagemüse darauf verteilen. Mit jeweils einem Blatt Basilikum garnieren und sofort servieren.

Der Belag wird besonders herzhaft, wenn man trocken eingelegte schwarze Oliven verwendet und in Salz (nicht in Essiglake) eingelegte Kapern.

Vorbereitungszeit
10 Minuten
Garzeit
10 Minuten
Schwierigkeitsgrad
einfach
Wein
Trentino Nosiola

ZUTATEN FÜR 4 PERSONEN
2 Eier
100 ml Milch
1 EL Maisstärke
50 g Fontina, geraffelt
5 EL geriebener Parmesan
100 g Mozzarella, klein gewürfelt
Butter für die Förmchen
2 EL Paniermehl
2 Tomaten
2 EL natives Olivenöl extra
2 Stängel Basilikum, Salz und Pfeffer
100 g Rucola

Käsesavarins mit Tomaten und Rucola

Den Backofen auf 180 °C vorheizen. In einer Rührschüssel Eier, Milch und Maisstärke verquirlen und die Käse unter die Masse mischen. 4 Savarinförmchen mit Butter fetten und mit dem Paniermehl ausstäuben. Die Käsemasse einfüllen und im Backofen 15 Minuten garen.

In der Zwischenzeit die Tomaten blanchieren, häuten und das reine Fruchtfleisch in kleine Würfel schneiden. In eine Schüssel füllen und mit dem Olivenöl beträufeln. Die Blätter von den Basilikumstängeln zupfen, in schmale Streifen schneiden und zu den Tomaten geben. Alles durchmischen und mit Salz und Pfeffer abschmecken.

Den Rucola auf vier Teller verteilen. Die Savarins aus dem Ofen nehmen und auf das Rucolabett stürzen. Die Tomaten in die Höhlung der Savarins füllen und sofort servieren.

Da sie einen Hohlraum in der Mitte haben, eignen sich die Savarinförmchen besonders gut für dieses Rezept. Man kann stattdessen aber auch ganz normale Portionsförmchen verwenden.

Vorbereitungszeit
20 Minuten
Garzeit
15 Minuten
Schwierigkeitsgrad
einfach
Wein
Malvasia Istriana

ZUTATEN FÜR 4 PERSONEN
je einige Stängel Basilikum,
Majoran, Schnittlauch, Kerbel
4 Tomaten
1 EL Essig
2 EL natives Olivenöl extra
Salz und Pfeffer
4 Scheiben Weißbrot
1 Knoblauchzehe

Bruschetta mit Kräutertomaten

Die Kräuter waschen und trockentupfen. Die Blätter von den Stielen zupfen und zusammen fein hacken. Die Kräuter in eine Schüssel geben.

Die Tomaten in kochendem Wasser blanchieren, dann häuten und das Fruchtfleisch ohne das wässrige Innere und die Kerne in kleine Würfel schneiden. Zu den Kräutern geben, mit Essig und Öl beträufeln, salzen und pfeffern und gut durchmischen.

Das Brot toasten oder unter dem Grill beidseitig rösten. Die Knoblauchzehe halbieren und die Brotscheiben mit den Schnittflächen abreiben. Die Kräuter-tomaten auf den Brotscheiben verteilen und sofort servieren.

Man kann nach Geschmack auch andere Kräuter verwenden. Vor allem den Majoran kann man durch Oregano oder Thymian, den Kerbel durch Petersilie ersetzen.

Vorbereitungszeit
15 Minuten
Garzeit
5 Minuten
Schwierigkeitsgrad
einfach
Wein
Keine Empfehlung

ZUTATEN FÜR 4 PERSONEN
2 Auberginen
2 EL natives Olivenöl extra
1 Zwiebel
1 Knoblauchzehe
2 Zucchini
2 Tomaten
Salz und Pfeffer
100 g Mozzarella
2 Stängel Basilikum

Mit Gemüse gefüllte Auberginen

Den Backofen auf 190 °C vorheizen. Die Auberginen waschen, putzen und halbieren. Mit der Schnittfläche nach oben auf das Backblech legen, mit etwas Öl beträufeln und 20 Minuten garen.

Die Zwiebel und den Knoblauch fein hacken und im restlichen Öl in einem Topf andünsten. Die Zucchini und die Tomaten (ohne das wässrige Innere und die Kerne) in kleine Würfel schneiden und zu den Zwiebeln geben. Zugedeckt bei mittlerer Hitze 5 Minuten schmoren. Mit Salz und Pfeffer abschmecken. Den Mozzarella klein würfeln, die Basilikumblätter in Streifen schneiden, beides unter das Gemüse mischen.

Die Auberginen aus dem Ofen nehmen, das weiche Fruchtfleisch auslöffeln. Das Gemüse in die ausgehöhlten Auberginenhälften füllen. Im Ofen weitere 5 Minuten überbacken und servieren.

Man kann statt Basilikum auch Thymian an die Füllung geben und zudem ein paar entkernte schwarze Oliven untermischen.

Vorbereitungszeit
15 Minuten
Garzeit
25 Minuten
Schwierigkeitsgrad
einfach
Wein
Malvasia Istriana

Ob grün, gelb oder sogar cremefarben bis weiß, ob länglich, leicht keulenförmig oder rund – Zucchini sind in den verschiedensten Formen und Farben erhältlich. Sie gehören, was die Verarbeitung in der Küche anlangt, **zu den umkomplizierten Gemüsesorten** und sind in ihrer üblichsten Form, als gurkenähnliche grüne Früchte, **das ganze Jahr im Angebot**.

Herkunft, Beschreibung, Arten

Der Zucchino (Cucurbita pepo), wie er in der Einzahl korrekt heißt, gehört botanisch gesehen zu den Kürbispflanzen und kam erst im 16. Jahrhundert – nach der Entdeckung Amerikas – nach Europa, denn seine eigentliche Heimat ist Mittelamerika.

Er ist die **fleischige Beerenfrucht** einer nicht kriechenden, kurzstämmigen, sehr kälteempfindlichen und rasch wachsenden Pflanze. Die Schale der meist mittel- bis dunkelgrünen Früchte ist mit winzigen helleren Pünktchen übersät. Von heimischen Erzeugern im Freiland angebaute Ware kommt bei uns **im Sommer auf den Markt**. Zu anderen Jahreszeiten stammt die Supermarktware aus heimischen Gewächshäusern oder es handelt sich um Importe, vor allem aus Italien und Frankreich.

Die in der Form den schlanken grünen Zucchini gleichartigen gelben Zucchini werden nur gelegentlich im Handel angeboten, noch seltener sind die cremefarbenen und weißen. Ebenfalls nur sehr selten im Angebot sind die **Rondino** genannten runden Zucchini, die man im Gegensatz zu den länglichen nicht roh verzehren kann. Da die Kerne relativ hart sind und auch von gegarten Früchten nicht verzehrt werden sollten, höhlt man die Rondinos üblicherweise aus und füllt sie.

Tipps für Kauf und Aufbewahrung

Die besten Zucchini sind gerade oder nur leicht gebogen und möglichst klein (15 bis 20 Zentimeter lang), denn je kleiner, desto kompakter ist das wasserhaltige Fruchtfleisch. Solche Früchte wiegen pro Stück etwa 100 bis 150 Gramm. Je größer und dicker die Frucht ist, desto schwammiger ist das Fruchtfleisch und entsprechend fade schmeckt es. Empfehlenswerte Ware **fühlt sich fest an**, hat eine **unbeschädigte glänzende Schale** und trägt oben ein Stück des Stielansatzes. Im Gemüsefach des Kühlschranks halten sich Zucchini bis zu 1 Woche. Ganze Früchte sind nicht tiefkühlgeeignet.

Zubereitungsmöglichkeiten

Mit ihrem leicht nussigen, niemals dominanten Geschmack bieten sich Zucchini für eine Vielzahl von Gerichten an. Sie eignen sich auch als **Nahrung für** **Kleinkinder**, da sie leicht verdaulich sind. Als sehr wasserreiche Früchte benötigen sie nur eine **kurze Garzeit**, können sogar – grob geraffelt oder in sehr feine Scheiben geschnitten – roh als Salat verzehrt werden.

Normalerweise werden sie nicht geschält (die wertvollen Nährstoffe sitzen in und direkt unter der Schale) und nur bei sehr schwammigen Früchten kratzt man das die Kerne enthaltende Fruchtfleisch mit einem Löffel aus. Man entfernt nur die Spitze und den Stielansatz und schneidet die Früchte dann in runde Scheiben (gern auch mit einem Messer mit Wellenschliff), in Längsscheiben, die man **am Stück grillen oder durch Ausbackteig ziehen und frittieren** kann, oder weiter in Würfel oder feine Stifte (Julienne).

ZUCCHINIBLÜTEN

Die Zucchinipflanze produziert männliche und weibliche gelbe Blüten. Die männlichen (kleineren und halb geschlossenen) Blüten sitzen am Ende kleiner Fruchtkörper, die weiblichen direkt an den Stängeln. Beide Blüten sind essbar und schmecken leicht süßlich. Die Blütenstempel werden vor dem Verzehr entfernt. In Italien, wo man die Blüten als Delikatesse schätzt, sind sie eine Selbstverständlichkeit auf den Märkten, bei uns werden sie nur selten angeboten. Die meist männlichen Blüten werden durch einen leichten Ausbackteig gezogen und in Öl frittiert oder mit einer Farce aus Frischkäse und Kräutern gefüllt und dann ebenfalls in Teig ausgebacken beziehungsweise in der Auflaufform im Backofen geschmort. Die Blüten enthalten Betakarotin, Vitamin A und C, Eisen und Ballaststoffe.

GESUNDHEITLICHER WERT

Zucchini sind reich an Mineralstoffen, vor allem enthalten sie Kalium, Magnesium und Eisen, die Vitamine E, C und B1 sowie Folsäure. 200 Gramm Rohware enthalten die Hälfte der von Ernährungswissenschaftlern empfohlenen Tagesdosis. Das gilt jedoch nur, wenn die Zucchini frisch zubereitet und möglichst kurz und schonend gegart werden. Die wasserreichen Früchte sind zudem kalorienarm (100 Gramm enthalten nur 19 Kalorien). Sie sind also als Diätkost sehr gut geeignet.

Zum Füllen höhlt man die längs halbierten Früchte mit einem Teelöffel oder Kugelausstecher aus. Das ausgelöste Fruchtfleisch kann man, wenn es fest ist, für die Füllung verwenden oder separat für eine Suppe oder Soße pürieren.

Kleine Zucchini kann man am Stück in Alufolie gewickelt im Backofen oder ohne Umhüllung **im Dampf** in etwa 20 Minuten **garen** beziehungsweise in gesalzenem Wasser **kochen**. (Die Stielansätze dann erst nach dem Kochen entfernen, damit die Früchte nicht zu viel Wasser aufsaugen.)

Scheiben, Würfel und Stifte kann man **dünsten, braten, schmoren** und für sich oder gemischt mit anderem Gemüse zu **Beilagen oder Gemüseeintöpfen, Suppen und Gratins** verarbeiten. Hauchdünn geschnittene Längsscheiben kann man **wie zu einem Carpaccio** aufgefächert auf einem Teller drapieren und mit einer leichten Vinaigrette beträufeln. Oder man steckt die Scheiben **gefüllt und gerollt auf Spieße**, die man in der Grillpfanne gart.

Da Zucchini einen schwachen Eigengeschmack haben, vertragen sie kräftige Gewürze, zum Beispiel Curry, Kreuzkümmel und Chili, oder auch Säure. Sie lassen sich auch gut mit geschmacksstarken Kräutern wie Knoblauch, Thymian, Liebstöckel, Petersilie und Basilikum kombinieren, ja selbst Minze verträgt sich mit ihnen.

ZUTATEN FÜR 4 PERSONEN
4 mittelgroße Zucchini
2 Knoblauchzehen
2 EL natives Olivenöl extra
10 schwarze Oliven
10 Basilikumblätter
1 EL Kapern
1 Ei
2 EL Paniermehl
Cayennepfeffer

FÜR DIE BLÜTEN
8 Kürbisblüten
50 g Mehl
kohlensäurehaltiges
Mineralwasser
1 EL Mohnsamen
Öl zum Frittieren
Salz

Gefüllte Zucchini mit frittierten Kürbisblüten

Vorbereitungszeit
25 Minuten
Garzeit
25 Minuten
Schwierigkeitsgrad
mittel
Wein
Terre di Franciacorta Bianco

Den Backofen auf 180 °C vorheizen. Die Zucchini putzen, quer halbieren und mit dem Apfelausstecher aushöhlen. Das ausgelöste Fruchtfleisch klein schneiden. Die Zucchiniröhren 5 Minuten im Dampf garen.

Die Knoblauchzehen schälen und grob hacken. Das Öl in einer Pfanne erhitzen, den Knoblauch darin anbraten, dann das Zucchinifleisch hinzufügen. Die Oliven halbieren und entkernen, das Basilikum in Streifen schneiden, beides zusammen mit den Kapern in die Pfanne geben, durchmischen und 5 Minuten schmoren (eventuell 1 EL Wasser zugeben). Die Masse etwas abkühlen lassen, mit dem Ei und dem Paniermehl im Mixer zu einer glatten Paste verarbeiten, mit Cayennepfeffer abschmecken.

Die Zucchiniröhren aus dem Dampf nehmen und in eine Auflaufform stellen, mit der vorbereiteten Masse füllen und 10 Minuten im Ofen überbacken.

Das Frittieröl erhitzen. Aus dem Mehl mit eiskaltem Mineralwasser einen dünnen Teig bereiten und den Mohn untermischen. Die Blüten durch den Teig ziehen und sofort frittieren. Abtropfen lassen und mit Salz bestreuen. Zu den in dicke Scheiben geschnittenen Zucchini reichen.

ZUTATEN FÜR 6 PERSONEN
1 kg Zucchini
9 EL natives Olivenöl extra
3 Knoblauchzehen
4 Salbeiblätter
4 Minzeblätter
125 ml Essig

Marinierte Zucchini

Die Zucchini waschen, putzen und in streichholzlange und -dünne Stifte schneiden. 3 EL Öl in einer Pfanne erhitzen und die Zucchinistreifen darin zugedeckt 5–6 Minuten schmoren, dann in eine Schüssel umfüllen.

Inzwischen den Knoblauch schälen und in feine Scheiben, Salbei und Minze in Streifen schneiden. In einem kleinen Topf 6 EL Öl erhitzen, Knoblauch und Kräuter darin kurz anbraten, vom Herd nehmen und den Essig einrühren. Sofort über die Zucchinistreifen geben und vor dem Servieren 5 Stunden marinieren lassen.

Man kann die Zucchini zunächst in Längsscheiben schneiden, die man fettlos grillt, und erst dann in Streifen. Auch kann man den Knoblauch am Stück anbraten, sodass er sich vor dem Servieren problemlos wieder entfernen lässt.

Vorbereitungszeit
15 Minuten
Garzeit
25 Minuten
Schwierigkeitsgrad
einfach
Wein
Erbaluce di Caluso

ZUTATEN FÜR 4 PERSONEN
250 g Frischkäse oder
Ricotta
1 Bund Schnittlauch
Salz nach Bedarf
4–6 junge Karotten
8 Scheiben Toastbrot

Toastecken mit Frischkäse und Karotten

Den Frischkäse in eine Schüssel geben. Den Schnittlauch waschen und trockenschütteln. Direkt über der Schüssel mit dem Frischkäse mit der Schere in feine Röllchen schneiden und untermischen; nach Bedarf salzen.

Die Karotten waschen und – soweit nötig – schaben, dann in Julienne schneiden oder grob raffeln.

Die Toastbrotscheiben diagonal in je zwei Dreiecke schneiden. Auf jedes etwas von dem Frischkäse mit Schnittlauch geben und eine Portion Karotten daraufsetzen.

Man kann das Toastbrot vorher rösten oder stattdessen Scheiben von frischem, knusprigem Baguette nehmen.

Zubereitungszeit
15 Minuten
Schwierigkeitsgrad
einfach
Wein
Friuli Collio Chardonnay

ZUTATEN FÜR 4 PERSONEN
800 g reife,
nicht zu feste Birnen
120 g junger Gorgonzola
4 Scheiben
Kastenweißbrot

Toastecken mit Birnen-Käse-Creme

Die Birnen schälen und ohne Kernhaus in kleine Stücke schneiden. Die Stücke im Mixer pürieren, dabei nach und nach den Käse dazugeben, bis eine cremige Paste entstanden ist.

Die Weißbrotscheiben diagonal in je zwei Dreiecke schneiden und toasten oder unter dem Grill beidseitig rösten. Entweder mit der Birnen-Käse-Creme bestreichen oder die Creme in Portionsschalen füllen und Brot und Creme getrennt reichen.

Wer einen kräftigeren Geschmack mag, nimmt einen reifen Gorgonzola oder einen Roquefort. Wer es milder mag, nimmt einen Dolcelatte (Gorgonzola mit Mascarpone) oder einen anderen milden Blauschimmelkäse.

Zubereitungszeit
10 Minuten
Schwierigkeitsgrad
einfach
Wein
Keine Empfehlung

ZUTATEN FÜR 4 PERSONEN
4 Eier
8 Stängel Schnittlauch
Salz und Pfeffer
eventuell 1 EL Sahne
4 Scheiben Toastbrot
eingelegte Paprika-
streifen (Fertigprodukt)

Toastecken mit Ei

Vorbereitungszeit
5 Minuten
Garzeit
15 Minuten
Schwierigkeitsgrad
einfach
Wein
Keine Empfehlung

Die Eier mit kaltem Wasser bedeckt aufsetzen und insgesamt 15 Minuten kochen, dann abschrecken und pellen. Das Eiweiß für eine anderweitige Verwendung beiseitestellen, die Eigelbe in eine Schüssel geben.

Den Schnittlauch waschen und trockenschütteln. Direkt über der Schüssel mit dem Eigelb mit der Schere in feine Röllchen schneiden. Zu einer cremigen Masse verrühren, dabei eventuell etwas Sahne hinzufügen; salzen und pfeffern.

Das Brot toasten, diagonal in je zwei Dreiecke schneiden und mit der Eiercreme bestreichen. Paprika aus dem Glas nehmen, gut abtropfen lassen und jede Toastecke mit zwei bis drei Streifen belegen.

Statt der eingelegten kann man auch Streifen von frischer roter oder gelber Paprika verwenden.

ZUTATEN FÜR 4 PERSONEN
2 TL getrocknete Hijiki
2 TL getrocknete Arame
2 Zucchini
2 Karotten
3–4 Mangoldblätter
2 Schalotten
2 EL Sonnenblumenöl
3 EL Sojasoße

Gegartes Gemüse mit Algen

Die Algen in heißem Wasser einweichen. Zucchini und Karotten waschen, putzen und in Scheiben, den gewaschenen Mangold in Streifen schneiden. Die gepellten Schalotten fein würfeln.

Das Öl in einem Wok erhitzen und die Schalotten darin anbraten. Dann das andere Gemüse nach und nach dazugeben und alles unter Rühren einige Minuten braten, mit Sojasoße würzen. Die abgegossenen Algen hinzufügen, kurz durchziehen lassen und heiß servieren.

Arame, eine fadenförmige Braunalge mit zartem Aroma, wird ebenso wie die etwas grobere Hijika, die über ein intensives Meeresaroma verfügt, in der japanischen Küche sehr geschätzt, denn Algen sind protein- und mineralstoffreich. Außer den beiden hier verwendeten nutzt man getrocknete Noriblätter als Hülle für Sushi und die Grünalgen Wakame sowie Meersalat als Gemüse (frisch) beziehungsweise Würzmittel (getrocknet).

Vorbereitungszeit
15 Minuten
Garzeit
15 Minuten
Schwierigkeitsgrad
einfach
Wein
Friuli Collio Chardonnay

ZUTATEN FÜR 4 PERSONEN
1 mittelgroßer Wirsing

350 g frische Steinpilze

4 EL natives Olivenöl extra

1 Knoblauchzehe

½ rote Pfefferschote

4 EL natives Olivenöl extra

Salz und Pfeffer

1 EL gehackte Petersilie

Wirsing mit Steinpilzen

Die äußeren groben Blätter des Wirsings entfernen, das Herz vierteln und die Viertel im Schnellkochtopf garen (mit 200 ml Wasser etwa 5 Minuten bei Druckstufe 1). Anschließend herausheben und in eine flache Auflaufform legen.

Die Steinpilze sorgfältig putzen und mit angefeuchtetem Küchenpapier abwischen, dann in mittlere Stücke schneiden. Den Knoblauch schälen, die Pfefferschote in feine Streifen schneiden.

Das Öl in einer Pfanne erhitzen, den Knoblauch darin anbräunen. Pfefferschoten und Pilze dazugeben und unter Rühren garen. Danach den Knoblauch entfernen, die Pilze salzen und pfeffern und über den noch warmen Wirsing geben. Mit Petersilie bestreuen und servieren.

Für eine etwas reichhaltigere Variante bestreut man das Gericht großzügig mit frisch geriebenem Parmesan und schiebt es 5 Minuten unter den Backofengrill.

Vorbereitungszeit
15 Minuten
Garzeit
10 Minuten
Schwierigkeitsgrad
mittel
Wein
Rossese di Dolceaqua

ZUTATEN FÜR 4 PERSONEN
1 Fenchelknolle
1 Schalotte
3 EL natives Olivenöl extra
6–7 Mangoldblätter
2 Scheiben Mischbrot
300 g Mozzarella
Salz und Pfeffer
Paniermehl
1 Eiweiß, geschlagen

Fenchel, Mangold und Mozzarella im Förmchen

Den geputzten Fenchel würfeln, waschen und tropfnass in einem geeigneten Gefäß bei höchster Wattzahl in der Mikrowelle 5 Minuten garen. Die Schalotte schälen, fein würfeln und in 2 EL Öl in einer Pfanne glasig dünsten. Den Fenchel und den in feine Streifen geschnittenen Mangold dazugeben.

Das Brot kross toasten, grob zerbröseln und zusammen mit dem in kleine Würfel geschnittenen Mozzarella unter das Gemüse mischen. 4 Auflaufförmchen mit dem restlichen Öl einpinseln und mit Paniermehl ausstäuben.

Das geschlagene Eiweiß unter das Gemüse heben, salzen, pfeffern und die Masse auf die Förmchen verteilen. Die Förmchen 5 Minuten bei höchster Wattzahl in die Mikrowelle geben. Die Aufläufe sofort heiß servieren.

Man kann die Aufläufe auch auf dem Herd und im Backofen zubereiten. Man lässt das Gemüse etwas länger in wenig Salzwasser garen und gibt es für 10–12 Minuten bei 180 °C in den Ofen.

Vorbereitungszeit
25 Minuten
Garzeit
20 Minuten
Schwierigkeitsgrad
einfach
Wein
Alto Adige Silvaner

ZUTATEN FÜR 4 PERSONEN
1 große Zwiebel
2 EL natives Olivenöl extra
400 g TK-Erbsen (aufgetaut)
200 g Tofu
50 g Mehl
2 Eier
Salz und Pfeffer

FÜR DAS KAROTTENMUS
400 g Karotten
Saft von 1 Zitrone
1 EL Tahin (Sesampaste)
Salz

AUSSERDEM
2 EL Aceto balsamico
(Balsamessig)
2 EL natives Olivenöl extra
Salz

Erbsenterrine mit Karottenmus

Den Backofen auf 180 °C vorheizen. Die Zwiebel schälen, fein würfeln und in dem Öl in einer Pfanne glasig dünsten. Die Erbsen (einige zur Dekoration zurückbehalten) hinzufügen, zugedeckt bei schwacher Hitze 15 Minuten garen, dann mit dem Stabmixer pürieren und durch ein feines Sieb in eine Schüssel streichen.

Die Eier, den sehr klein gewürfelten Tofu und das Mehl zum Erbsenpüree geben, salzen und pfeffern. Die Mischung in eine gut eingeölte Pastetenform füllen und im Ofen im Wasserbad 50 Minuten garen. Aus dem Ofen nehmen und abkühlen lassen.

Die Karotten waschen, putzen, klein schneiden und in wenig Wasser garen, bis sie weich sind. Anschießend in den Mixer geben und zusammen mit dem Zitronensaft und dem Tahin zu einem Mus verarbeiten, salzen und kalt werden lassen. Aus Aceto balsamico, Olivenöl und Salz eine Vinaigrette bereiten.

Die Erbsenterrine stürzen und in Scheiben schneiden. Die Scheiben abwechselnd mit kleinen Portionen Karottenmus auf Tellern arrangieren, mit etwas Vinaigrette umträufeln und mit ganzen Erbsen garnieren.

Vorbereitungszeit
20 Minuten
Garzeit
65 Minuten
Schwierigkeitsgrad
mittel
Wein
Sorni Bianco

**HÜLSENFRÜCHTE UND GETREIDE –
DIE IDEALE KOMBINATION**

Die Proteine der Hülsenfrüchte und der Getreide ergänzen sich hervorragend, denn von den acht essentiellen Aminosäuren, die der gesunde Körper braucht, aber nicht selbst herstellen kann, enthalten die Hülsenfrüchte einige, die dem Getreide fehlen, und umgekehrt. Schon die Menschen der Urzeit müssen dafür ein Gespür gehabt haben und auch heute noch findet man diese Kombination in vielen traditionellen Gerichten – man denke etwa an die schwäbischen Linsen mit Spätzle. Aber auch italienische Gemüsesuppen vereinen gern Hülsenfrüchte und Pasta.

Die Hülsenfrüchtler (Leguminosen) – Pflanzen, deren Samen sich in einer Hülse bilden – stellen mit ihren rund 700 Gattungen, die sich in etwa 18.000 Arten unterteilen, die drittgrößte Familie der Blütenpflanzen dar. Man findet sie überall auf der Erde und viele ihrer Arten gehören ihres hohen **Eiweiß- und Stärkegehalts und ihrer wertvollen Nährstoffe wegen** zu den ältesten Kulturpflanzen der Menschheit, die bis heute in vielen Teilen der Welt wichtige Grundnahrungsmittel darstellen, ja man nennt sie gelegentlich auch „das Fleisch der Armen".

In der westlichen Welt ein wenig in Vergessenheit geraten, werden sie heute **von Ernährungswissenschaftlern empfohlen** und von den besten Küchenchefs zu raffinierten Gerichten verarbeitet.

✔ Hülsenfrüchte in der Küche

Im kulinarischen Bereich versteht man unter Hülsenfrüchten die essbaren Früchte und Samen von Pflanzen wie der Erbse, Linse und diversen anderen (auch die Erdnuss gehört botanisch zu den Hülsenfrüchtlern). Die wichtigsten unter ihnen sind die **Bohnen.** Von den rund 300 Arten sind etwa 60 für den Verzehr geeignet, von denen aber in unseren Breiten nur etwa ein Dutzend verbreitet sind. Die kleinen, rötlich-braunen **Adzukibohnen** stammen aus Japan und sind von süßlich-nussigem Geschmack (8 Stunden einweichen; Kochzeit 45 Minuten). **Borlottibohnen** sind braun mit roter Sprenkelung, von mildem Geschmack und nach dem Garen von cremiger Konsistenz (8 Stunden einweichen; Kochzeit 40 bis 60 Minuten). **Cannellinibohnen** sind kleine, weiße, weichkochende Bohnen (8 Stunden einweichen; Kochzeit 40 Minuten). Die **Limabohne** ist ebenfalls weiß, die flachen Kerne sind groß und gegart von cremiger Konsistenz (8 Stunden einweichen; Kochzeit 45 Minuten). **Perlbohnen**, die üblichste Sorte und deshalb oft schlicht „weiße Bohnen" genannt, sind die mittelgroßen, mehligkochenden Bohnen für die deutsche Bohnensuppe, das französische Cassoulet und die amerikanischen Baked beans (8 Stunden einweichen; Kochzeit 45 bis 60 Minuten). **Rote Kidneybohnen** sind mittelgroße, längliche Kerne, die mehlig-süßlich garen – die typische Bohne für das Chili con carne (8 Stunden einweichen; Kochzeit 40 bis 60 Minuten).

Schwarzaugenbohnen sind cremefarbene, mittelgroße, nierenförmige Bohnen von mildem, süßlichem Geschmack, die ihren Namen der schwarzen Färbung um den Keimansatz herum verdanken (8 Stunden einweichen; Kochzeit 40 bis 60 Minuten). **Schwarze Bohnen** haben mittelgroße, ovale Kerne mit erdig-sü-ßlichem Geschmack und sind in den Küchen Mittel- und Südamerikas sehr beliebt (8 Stunden einweichen; Kochzeit 60 Minuten). Wachtelbohnen ähneln im Aussehen den Borlotti, sind aber etwas erdiger im Geschmack (8 Stunden einweichen; Kochzeit 40 bis 60 Minuten).

Erbsen: Die nach dem Auspalen getrockneten Samen werden geschliffen, wobei ein Teil der Samen zerfällt, sodass ganze und – billigere – halbe Trockenerbsen im Handel erhältlich sind. Man unterscheidet zwischen **grünen** und **gelben Erbsen**, die sich aber geschmacklich kaum voneinander abheben. Alle haben einen leicht erdigen Geschmack und zerfallen beim Garen zu cremiger Konsistenz. Man muss sie mehrere Stunden einweichen und etwa 50 Minuten garen.

Kichererbsen: Diese aus Vorderasien stammende, mit unserer heimischen Erbse verwandte Hülsenfrucht enthält viel Eiweiß und ist reich an Kohlenhydraten sowie Ballast- und Mineralstoffen. Man muss sie lange einweichen (8 bis 12 Stunden) und bis zu 2 Stunden garen, doch selbst dann bewahren sie die Form. Das aus ihnen hergestellte Mehl (Besan) wird in der Küche des Orients häufig verwendet.

Linsen: Auch hier unterscheidet man viele Arten. Am weitesten verbreitet sind die grünen Linsen, ungeschälte, eher bräunliche Kerne für die typische Linsensuppe (8 Stunden einweichen; Kochzeit 40 Minuten). Feiner sind die kleineren, grau-grünen **Puylinsen**, die eine kürzere Garzeit haben. Eine teure Rarität sind die schwarzen oder **Belugalinsen**, kleine Kerne, die gegart an Kaviar erinnern. Neben diesen ungeschälten gibt es noch diverse geschälte Sorten mit deutlich kürzerer Garzeit, darunter **rote** und **gelbe** Linsen, die vor allem in der indischen Küche eine wichtige Rolle spielen.

Hülsenfrüchte sind reich an Proteinen, Kohlenhydraten und – vor allem die ungeschälten – an Ballaststoffen. Sie enthalten kaum Fett (mit Ausnahme der Sojabohne), dafür aber Mineralstoffe wie Kalzium, Eisen, Kalium, Magnesium und Zink sowie die Vitamine A, B1, B2, B6 und K, Niacin und Folsäure. Trotzdem sollten Menschen mit Nierenleiden, akuten Magen-Darm-Erkrankungen, einem erhöhten Harnsäurespiegel oder der Neigung zu Gicht deren Genuss stark einschränken.

✔ Lagerung und Verarbeitung

Getrocknete Hülsenfrüchte sind, wenn sie trocken und dunkel aufbewahrt werden, lange lagerfähig. Dennoch sollte man sie innerhalb eines Jahres verbrauchen, geschälte Ware innerhalb von 6 Monaten.

Nahezu alle Hülsenfrüchte (eine Ausnahme bilden geschälte Linsen) muss man einweichen, ehe man sie kocht. Das Einweichwasser wird immer weggegossen. Sie werden **mit reichlich frischem, kaltem, ungesalzenem Wasser** zum Kochen aufgesetzt, denn Zugaben wie Salz, Zucker, Essig oder Zitronensaft verlängern die Garzeit (lediglich Kräuter kann man zusetzen); im Schnellkochtopf verkürzt sich die Garzeit beträchtlich (siehe Seite 62–63). Man lässt Hülsenfrüchte sanft, niemals sprudelnd kochen.

Gegarte Hülsenfrüchte können als Beilage gereicht werden, meist aber sind sie Bestandteil von dicken Suppen und Eintöpfen, Pürees und Dips. Zubereitete Gerichte kann man gut aufwärmen, doch sollte man sie innerhalb von 2 bis 3 Tagen verzehren oder einfrieren. Grundsätzlich können getrocknete Hülsenfrüchte zu Mehl vermahlen werden (meist nicht sehr lange lagerfähig), das zum Andicken von Suppen, zur Zubereitung von Ausbackteigen und zur Herstellung von Fladenbroten und Ähnlichem benutzt wird.

ZUTATEN FÜR 4 PERSONEN
2 mehligkochende
mittelgroße Kartoffeln
4 Wirsingblätter
12 trocken eingelegte
schwarze Oliven
2 EL natives Olivenöl
extra
Thymian
Salz und Pfeffer

AUSSERDEM
Saft von ½ Zitrone
2 EL natives Olivenöl
extra
1 TL süßer Senf

Kartoffelcreme im Wirsingmantel

Vorbereitungszeit
20 Minuten
Garzeit
20 Minuten
Schwierigkeitsgrad
einfach
Wein
Cinque Terre

Die ungeschälten Kartoffeln etwa 20 Minuten kochen. Die Wirsingblätter 1 Minute in kochendem Salzwasser blanchieren, dann auf einem frischen Küchenhandtuch abtropfen lassen. Die Kerne aus den Oliven lösen, das Fleisch klein schneiden.

Wenn die Kartoffeln weich sind, abgießen, pellen und durch die Kartoffelpresse in eine Schüssel drücken. Öl, Oliven, Thymian, Salz und Pfeffer mit einer Gabel locker untermischen.

4 kleine Kuppelförmchen mit den Wirsingblättern auslegen, die Kartoffelfüllung hineingeben, mit dem am Rand überhängenden Wirsingblatt bedecken und auf Teller stürzen.

Aus Zitronensaft, Olivenöl und Senf eine Vinaigrette bereiten und zu den Wirsingkuppeln reichen.

ZUTATEN FÜR 4 PERSONEN
120 g Reis
200 g TK-Blattspinat
2 Eigelb
3 EL geriebener Parmesan
Salz

Reisbällchen mit Spinat

Den Reis in leicht gesalzenem Wasser in etwa 20 Minuten gar kochen, in ein Sieb schütten und mit kaltem Wasser abschrecken, um den Garprozess zu stoppen. Gut abtropfen lassen und in eine Schüssel geben. Den Backofen auf 200 °C vorheizen.

Den aufgetauten Spinat fest ausdrücken, fein hacken und zum Reis geben. Die Eigelbe und den Parmesan hinzufügen und alles gründlich vermischen. Mit Salz abschmecken.

Mit feuchten Händen kleine Bällchen formen und nebeneinander in eine mit Backpapier ausgelegte flache Auflaufform setzen. 10 Minuten im Ofen überbacken und sofort heiß oder später kalt servieren.

Statt Spinat kann man auch frisch gekochten, gehackten Mangold oder blanchierte Borretschblätter verwenden.

Vorbereitungszeit
10 Minuten
Garzeit
30 Minuten
Schwierigkeitsgrad
einfach
Wein
Valle d'Aosta Pinot Grigio

ZUTATEN FÜR 4 PERSONEN

7–8 Mangoldblätter	1 Ei
1 Schalotte	2 EL Pinienkerne (+ 1 EL zur Dekoration)
2 EL natives Olivenöl extra	½ EL Paniermehl
250 g Ricotta	6 Basilikumblätter, gehackt
2 Scheiben Toastbrot	Salz und Pfeffer

Mangoldauflauf mit Ricotta und Pinienkernen

Den Backofen auf 180 °C vorheizen. Die Mangoldblätter 1 Minute in kochendem Salzwasser blanchieren, dann auf einem frischen Küchenhandtuch abtropfen lassen. Die weißen Stiele ausschneiden und fein hacken. Die Schalotte schälen und klein würfeln. 1 EL des Öls in einer Pfanne erhitzen, Schalotte und Mangoldstiele darin glasig dünsten.

4 kleine Förmchen mit dem restlichen Öl auspinseln und mit Mangoldblättern auskleiden. Überschüssige Blätter in feine Streifen schneiden, in eine Schüssel geben und den Ricotta, die gedünsteten Schalotten/die Mangoldstiele, das zerpflückte Toastbrot, das Ei, die Pinienkerne sowie das Paniermehl hinzufügen. Alles gut durchmischen und mit Salz und Pfeffer abschmecken.

Die Masse auf die Förmchen verteilen und mit dem überhängenden Teil der Blätter bedecken. Im Ofen 25 Minuten garen. Inzwischen in einer beschichteten Pfanne die Pinienkerne für die Dekoration goldbraun rösten. Die Aufläufe auf Teller stürzen und heiß servieren.

Vorbereitungszeit
30 Minuten
Garzeit
30 Minuten
Schwierigkeitsgrad
mittel
Wein
**Metodo Classico
Franciacorta Brut**

ZUTATEN FÜR 4 PERSONEN

4 Stangen Porree
2 rote Paprikaschoten
1 gelbe Paprikaschote
1 Paket TK-Blätterteig
(aufgetaut)
40 g Walnüsse
3 Eier
200 ml Sahne
3 EL geriebener Parmesan
Salz und Pfeffer

Quiche mit Porree, Paprika und Nüssen

Porree und Paprikaschoten waschen, putzen und in Ringe beziehungsweise Stücke schneiden. Mit 2–3 EL Wasser im zugedeckten Topf andünsten.

Den Backofen auf 200 °C vorheizen. Eine Springform mit Backpapier auskleiden und Boden sowie Rand der Form mit dem Blätterteig auslegen. Das gedünstete Gemüse und die grob gehackten Walnüsse hineingeben. Die Eier mit Sahne und Parmesan verquirlen, salzen und pfeffern und über das Gemüse gießen. Sofort in den heißen Ofen geben und 30 Minuten backen. Nach Geschmack heiß oder kalt servieren.

Vorbereitungszeit
25 Minuten
Garzeit
45 Minuten
Schwierigkeitsgrad
mittel
Wein
Alto Adige Gewürztraminer

Man kann eine der roten Paprikaschoten durch einen Zucchino ersetzen und/oder statt des Porrees Stangensellerie verwenden.

ZUTATEN FÜR 4 PERSONEN
400 g mehligkochende
Kartoffeln
6 Stangen grüner
Spargel
5 EL natives Olivenöl
extra
1 Knoblauchzehe
1 Zweig Rosmarin
1 Ei
1 EL geriebener Parmesan
1 EL Mohnsamen
Salz und Pfeffer

Kartoffelomeletts mit grünem Spargel

Die ungeschälten Kartoffeln am Stück etwa 20 Minuten kochen. Wenn sie gar sind, abgießen, pellen und in einer Schüssel grob zerquetschen. Den Spargel putzen, waschen und in kleine Stücke schneiden.

3 EL des Öls in einer Pfanne erhitzen, den geschälten Knoblauch am Stück darin anbraten, dann den Spargel und den Rosmarin dazugeben und alles zugedeckt 5 Minuten dünsten. Knoblauch und Rosmarin wieder entfernen. Den Spargel zu den Kartoffeln geben.

Das Ei mit dem Parmesan und den Mohnsamen verquirlen, salzen und pfeffern und über die Kartoffeln gießen; alles gut durchmischen.

Das restliche Öl in einer Pfanne erhitzen. Kleine Portionen der Kartoffelmasse hineinsetzen und zu Omeletts backen; beidseitig gut bräunen. Die Omeletts auf einem Bett aus gemischtem Blattsalat servieren.

Vorbereitungszeit
30 Minuten
Garzeit
35 Minuten
Schwierigkeitsgrad
einfach
Wein
Trentino Marzemino

4 fleischige gelbe Paprikaschoten
200 ml natives Olivenöl extra
250 g Ziegenfrischkäse
2 EL frisch geriebener Pecorino

40 g entrindetes Weißbrot, zerkrümelt
Oregano (frisch oder getrocknet)
30 g in Salz eingelegte Kapern

Frittierte Paprika mit Ziegenfrischkäse

Die gewaschenen Paprikaschoten halbieren, die Kerne und die weißen Innenhäutchen entfernen, danach jede Hälfte in zwei oder drei Stücke teilen.

Das Öl in einer nicht zu großen, hohen Pfanne erhitzen und die Paprikastreifen darin portionsweise frittieren, dann nebeneinander in eine feuerfeste flache Form legen.

Den Backofen auf 180 °C vorheizen. Ziegenfrischkäse, Pecorino und Weißbrotkrümel in einer Schüssel vermischen und mit Oregano würzen. Die Masse auf den Paprikaschiffchen verteilen (oder mit dem Spritzbeutel mit glatter Tülle aufspritzen). Das Ganze im heißen Ofen 10 Minuten überbacken, mit den Kapern bestreuen und heiß oder lauwarm servieren.

In Salz eingelegte Kapern sind sehr salzig. Wer hier vorsichtig sein muss, verwendet in Essig eingelegte oder spült die in Salz eingelegten vorher gründlich ab.

Vorbereitungszeit
25 Minuten
Garzeit
25 Minuten
Schwierigkeitsgrad
mittel
Wein
Salina Bianco

Obwohl das Ausgangsprodukt, aus dem Käse gemacht wird, immer dasselbe ist, nämlich **Milch**, ist die Zahl der Käsesorten und -arten schier unüberschaubar. Die meisten werden aus Kuhmilch hergestellt, viele auch aus Ziegen- und Schafsmilch und einige regionale Spezialitäten aus der Milch anderer domestizierter Tiere, wie etwa der echte Mozzarella, der aus der Milch von Büffelkühen gewonnen wird. Käse gehört zu den seit Urzeiten bekannten Lebensmitteln, denn er stellt eine gute Möglichkeit dar, das verderbliche Lebensmittel Milch zu konservieren. Ursprünglich war er nur in Mittel- und Nordeuropa weit verbreitet und ist auch heute in Asien und weiten Teilen Afrikas eine wenig geschätzte Seltenheit, weil dort sehr viele erwachsene Menschen nicht über das milchzuckerspaltende Enzym Lactase verfügen, ohne das Milch unverdaulich bleibt. Milch besteht durchschnittlich zu 85 Prozent aus Wasser sowie aus **Milchzucker, Proteinen, Fetten, Mineralien** – vor allem Kalzium und Phosphor –, **Vitaminen** und **Enzymen**. Zur Käseherstellung werden sowohl Vollmilch als auch entrahmte Milch, Rohmilch oder pasteurisierte Milch verwendet (für einige Sorten auch Sauermilch und Molke, zum Beispiel für den Ricotta).

Wie Käse entsteht

Die Grundschritte der Käseherstellung sind weitgehend für alle Käse gleich: Zunächst wird die pasteurisierte oder rohe, die vollfette oder entrahmte Milch mit Lab (einem Enzym aus den Mägen von Kälbern, Schafen oder Ziegen) und/oder **Milchsäurebakterien** versetzt und dadurch zum Gerinnen gebracht. Der Käser nennt diesen Vorgang **Dicklegung**. Durch Rühren mit der sogenannten Käseharfe zerbricht die dickgelegte Gallerte in mehr oder weniger gleichmäßig große Stücke, die **Bruch** genannt werden. Der Bruch wird erhitzt, dann abgeschöpft und leicht gepresst, dabei fließt die Molke ab (die ihrerseits wieder Grundlage für die Käseherstellung sein kann); entstanden ist die erste Käsestufe, der **Frischkäse**.

Um diesen länger haltbar und geschmacklich charaktervoller zu machen, lässt man ihn **reifen**. Je nach Temperatur, Luftfeuchtigkeit, Zusatz von Salz und anderen Ingredienzen, wie etwa Schimmelkulturen, entstehen dann die vielen verschiedenen Käsesorten.

DIE AUFBEWAHRUNG

Käse ist ein „lebendiges" Nahrungsmittel, mit dem man sorgsam umgehen muss. Als Faustregel kann man sagen: Je weicher ein Käse, desto rascher muss man ihn verbrauchen und desto kühler muss er aufbewahrt werden. Frischkäse gehören in den Kühlschrank, Weichkäse in ein Kühlschrankfach, in dem sie kühl, aber nicht kalt liegen. Zudem sollten sie mit atmungsfähiger Folie so eingepackt sein, dass ihr Aroma andere Lebensmittel nicht „infiziert". Hartkäse sollten unter einer Käseglocke kühl und dunkel aufbewahrt werden. Da die wenigsten Haushalte ideale Lagerbedingungen bieten, sollte Käse generell zügig verbraucht werden.

Die Käsefamilien

Frischkäse sind durch Milchsäurebakterien dickgelegte Milchsorten, die unmittelbar nach der Herstellung verzehrt werden. Zu ihnen gehören Quark, Ricotta, Mascarpone und körniger Hüttenkäse.

Sauermilchkäse werden ausschließlich aus Magermilch hergestellt, die durch Lab oder Milchsäurebakterien dickgelegt wurde. Sie reifen 1 bis 3 Wochen. Die Oberfläche kann mit Gelb- oder Rotschmiere behandelt oder mit weißem Edelschimmel überzogen sein. Handkäse und Harzer Käse sind typische Vertreter dieser fettarmen Käsekategorie.

Zu der Gruppe der **Weichkäse** gehören viele verschiedene Vertreter mit unterschiedlichstem Erscheinungsbild. Die Dicklegung der Milch erfolgt meist durch Lab, die Reifezeit beträgt 1 bis 4 Wochen. Die Oberfläche der Käse kann blank und trocken, aber auch mit mehr oder weniger feuchter Käseflora (Weiß- oder Rotschimmel) bedeckt sein. Manche sind zudem mit Blauschimmelkulturen geimpft. In diese Kategorie gehören Camembert, Brie, Paglietta, Bavaria Blue sowie Rotschmierkäse wie Limburger, Munster und Romadur.

Bei **halbfestem Schnittkäse** erfolgt die Dicklegung der Milch vorwiegend durch Lab, die Reifung kann einige Wochen oder Monate, aber auch bis zu 2 Jahren dauern. Dabei kommt es entweder zu einer natürlichen Rindenbildung oder sie entsteht durch Aufbringung von Schimmelkulturen. Zu dieser Kategorie gehören neben Butterkäse, Esrom und Bel Paese auch Taleggio, Roquefort und Stilton sowie der Feta.

Fester Schnittkäse entsteht vorwiegend aus durch Lab dickgelegter Milch und nach einer Reifung von mindestens 4 Wochen, die aber auch bis zu 2 Jahren dauern kann. Er besitzt eine natürliche Rinde und einen Rest-Wassergehalt von etwa 60 Prozent. In dieser Kategorie finden sich Sorten wie Edamer, Gouda, Tilsiter, Fontina, Appenzeller, Cheddar und Raclette.

Auch der **Hartkäse** entsteht aus vorwiegend durch mit Lab dickgelegter Milch. Der Bruch wird dann auf 52 °C erhitzt. Durch die spätere Pressung kommt es zu einer natürlichen Rindenbildung. Die Reife beträgt mindestens 3 Monate, kann aber auch 2 Jahre und länger dauern. Bekannte Hartkäse sind außer Parmesan beispielsweise Grana Padano, Pecorino, Emmentaler, Greyerzer, Manchego, alter Gouda, Bergkäse, Comté und Sbrinz, der zu den ältesten Käsesorten Europas zählt.

Außer dieser Unterscheidung nach Reifegraden und der daraus resultierenden Konsistenz kennt man auch die Kategorien **Blauschimmelkäse** sowie **Pasta-Filata-Käse**, der auch Brüh- oder Knetkäse genannt wird. Blauschimmelkäse werden mit Schimmelkulturen geimpft, die sich im Käseteig verteilen und ihm sein charakteristisches Aussehen sowie den meist auch recht pikanten Geschmack verleihen. Einer der berühmtesten Vertreter ist neben dem Roquefort der Gorgonzola. Blauschimmelkäse können Weichkäse oder halbfeste Schnittkäse sein. Käse wie Mozzarella, Provolone oder Halloumi sind sogenannte **Pasta-Filata-Käse** (das italienische Verb filare bedeutet „ziehen"), denn ihre Bruchmasse wird mit brühheißem Wasser übergossen und dann geknetet und zu Strängen ausgezogen, die in beliebige Formen gepresst werden können. Mozzarella ist der „Frischkäse" unter den Brühkäsen, der Provolone reift etwa 4 Monate zum Schnittkäse, der Halloumi ist ein Hartkäse aus Zypern, der aus einer Mischung von Kuh-, Ziegen- und Schafsmilch hergestellt wird.

Da sehr viele Käsesorten mit Schimmelpilzen geimpft sind, man spricht von Edelpilzkäsen, ergibt sich für den Verbraucher die Frage, ob dieser Schimmel bedenkenlos verzehrt werden kann und wie man ihn von ungesundem Schimmel, der einen Verderb des Käses anzeigt, unterscheidet. Der weiße, glatt anliegende Schimmel auf Weißschimmelkäsen wie Camembert und Brie ist essbar. Bildet sich aber ein flaumiger, wie Wattegespinst aussehender Pilz auf der Oberfläche, ist das ein Fremdschimmel. Blauer oder grüner Innenschimmel ist das geschmacksgebende Charakteristikum der Blauschimmelkäse, auf Hartkäsen sind grüne oder blaue Schimmelflecken ein Hinweis auf Verderb.

ZUTATEN FÜR 4 PERSONEN
3 mittelgroße Zucchini
1 mittelgroße Zwiebel
125 g Mehl
2 Eier, getrennt
150 ml Bier
Salz
Öl zum Ausbacken

Zucchiniplinsen

Vorbereitungszeit
10 Minuten
Garzeit
10 Minuten
Schwierigkeitsgrad
einfach
Wein
Greco di Tufo

Die Zucchini waschen, putzen und grob raffeln. Die geschälte Zwiebel längs halbieren und quer in feine halbe Ringe schneiden. Das Gemüse miteinander vermischen.

Das Mehl in eine Schüssel geben. Die Eigelbe hinzufügen und mit dem Schneebesen das Bier einrühren, bis ein glatter Teig entstanden ist. Das Eiweiß mit etwas Salz zu steifem Schnee schlagen und unter den Teig ziehen.

Das Öl in einer tiefen Pfanne erhitzen. Zucchini und Zwiebel unter den Teig mischen und jeweils einen großen Löffel von der Masse in das heiße Öl geben. Knusprige, goldbraune Plinsen ausbacken, auf Küchenpapier abtropfen lassen, leicht salzen und servieren.

Statt des Biers kann man für den Ausbackteig auch die gleiche Menge kohlensäurehaltiges Mineralwasser nehmen.

ZUTATEN FÜR 4 PERSONEN
1 Zwiebel
2 Karotten
5 EL natives Olivenöl extra
200 g gegarte
Cannellinibohnen (Dose)
12 Mangoldblätter
Salz
1 Knoblauchzehe

Mangoldröllchen mit Cannellinibohnen

Den Backofen auf 180 °C vorheizen. Die Zwiebel schälen und grob hacken. Die Karotten putzen und würfeln. 2 EL des Öls in einer Pfanne erhitzen, die Zwiebel darin glasig dünsten, die Karottenwürfel dazugeben und gut durchschwenken. Die Bohnen aus der Dose hinzufügen, bei geschlossenem Deckel 10 Minuten köcheln lassen.

Währenddessen die Mangoldblätter (nur den grünen Teil ohne die Stiele) 3 Minuten in kochendem Salzwasser blanchieren, herausheben und auf frischen Küchenhandtüchern abtropfen lassen.

Die Mischung aus der Pfanne im Mixer pürieren und mit Salz abschmecken. Eine flache Auflaufform mit dem restlichen Öl auspinseln. Auf jedes Mangoldblatt 1–2 EL von der Paste geben, zu einem gerollten Päckchen formen und in die Auflaufform setzen. Den geschälten Knoblauch in hauchdünne Scheiben schneiden und über den Mangoldröllchen verteilen. 10 Minuten in den vorgeheizten Ofen geben und heiß servieren.

Statt der Cannellinibohnen kann man auch beliebige andere weiße Bohnen verwenden. Wichtig ist nur, dass es reine weiße Bohnen ohne weitere Zugaben sind.

Vorbereitungszeit
20 Minuten
Garzeit
30 Minuten
Schwierigkeitsgrad
einfach
Wein
Ribolla Gialla

ZUTATEN FÜR 4 PERSONEN

4 Karotten
4 Stangen Staudensellerie
1 Bund Radieschen
2 Paprikaschoten (rot
und gelb)
1 Salatgurke

FÜR DEN SESAM-DIP

2 EL Tahin (Sesampaste)
2 EL Sojasoße
Saft von 1 Zitrone
1 EL gehackte Petersilie

FÜR DEN AVOCADO-DIP

1 große reife Avocado
100 ml Sahne
Saft und abgeriebene Schale
von 1 Limette
Salz und Pfeffer

FÜR DEN KNOBLAUCH-DIP

200 g Mayonnaise
(Fertigprodukt)
2 Knoblauchzehen
1 EL Essig
Salz und Pfeffer

Zubereitungszeit
20 Minuten
Schwierigkeitsgrad
einfach
Wein
Keine Empfehlung

Dips zu rohem Gemüse

Das Gemüse waschen, putzen und so zurechtschneiden, dass man es zum Dippen verwenden kann.

Für den Sesam-Dip Tahin mit den restlichen Zutaten in einer Schüssel verrühren, eventuell ein paar Tropfen Wasser hinzufügen.

Für den Avocado-Dip das Fruchtfleisch der Avocado mit den anderen Zutaten im Mixer cremig pürieren. (Tipp: Den ausgelösten Avocadokern bis zum Verzehr in den Dip legen, dann wird der Dip nicht braun.)

Für den Knoblauch-Dip die Mayonnaise in einer Schüssel mit den durch die Presse gedrückten Knoblauchzehen und dem Essig verrühren, mit Salz und Pfeffer abschmecken.

ZUTATEN FÜR 4 PERSONEN
200 g Toastbrot
125 ml warme Milch
200 g gemischte frische
Kräuter
2 Eier
100 g geriebener
Parmesan
Salz und Pfeffer
100 g Butter, zerlassen
Parmesan am Stück

Kräuterklößchen mit Parmesan

Das Toastbrot in einer Schüssel mit der Milch übergießen und beiseitestellen. Die Kräuter verlesen, waschen, gut trockentupfen und fein hacken.

Das Brot ausdrücken. Mit den verquirlten Eiern, den Kräutern und dem geriebenen Parmesan zu einer homogenen Masse verarbeiten; mit Salz und Pfeffer abschmecken. Aus der Masse mit angefeuchteten Händen knapp walnussgroßen Klößchen formen (eventuell etwas Paniermehl zugeben) und diese in leicht gesalzenem, siedendem Wasser garziehen lassen.

Wenn die Klößchen an die Wasseroberfläche steigen, mit der Siebkelle herausheben, auf Teller geben und mit zerlassener Butter beträufeln. Parmesan darüberraffeln und servieren.

Geeignet sind Kräuter mit relativ großen Blättern wie glatte Petersilie, Basilikum, Borretsch, Kerbel oder auch junger Spinat.

Vorbereitungszeit
15 Minuten
Garzeit
10 Minuten
Schwierigkeitsgrad
einfach
Wein
Gambellara Classico

ZUTATEN FÜR 4 PERSONEN
200 g Kichererbsen
1 Knoblauchzehe
2 EL natives Olivenöl
extra
1 Zweig Rosmarin
⅛ l Gemüsebrühe
½ TL Currypulver
Salz und Pfeffer
4 große oder 8 kleine
Rondini

Mit Kichererbsencreme gefüllte Rondini

Die Kichererbsen über Nacht einweichen und in frischem Wasser im Schnell-kochtopf 30 Minuten garen.

Die geschälte Knoblauchzehe grob hacken und in dem Öl kurz anbraten. Die abgegossenen Kichererbsen und den Rosmarin hinzufügen, die Brühe angießen und zugedeckt 15 Minuten kochen lassen. Den Rosmarin entfer-nen, die Kichererbsen in den Mixer geben und mit dem Curry zu einer Paste verarbeiten.

Den Backofen auf 200 °C vorheizen. Von den Rondini die Kappe abschnei-den (am schönsten sieht ein dekorativer Zickzachschnitt aus) und das Innere mit einem Löffel aushöhlen. Die Rondini 8 Minuten in kochendem Wasser vorgaren, mit einem Küchentuch innen trockentupfen und mit der Kichererb-sencreme füllen. In eine flache Auflaufform setzen und im Ofen 5 Minuten überbacken; heiß oder lauwarm servieren.

Um der Füllung mehr Farbe zu verleihen, kann man zusätzlich etwas Kurkuma oder Safran an die Kichererbsencreme geben.

Vorbereitungszeit
20 Minuten
Garzeit
60 Minuten
Schwierigkeitsgrad
mittel
Wein
Terlano

ZUTATEN FÜR 4 PERSONEN
200 g grober Maisgrieß
(Polenta)
Salz und Pfeffer
120 g Asiago
1 Ei
50 g Mehl
100 g Paniermehl
Öl zum Frittieren

Frittierte Polentabällchen mit Käse

Etwa 600 ml Wasser zum Kochen bringen, dann unter Rühren den Maisgrieß einrieseln lassen und zu einem cremigen Brei kochen. Den Polentabrei im Topf oder umgefüllt in eine Schüssel abkühlen lassen.

Den Asiago in kleine Würfel schneiden. Das Ei in einem tiefen Teller leicht verquirlen, Mehl und Paniermehl auf zwei getrennte Teller geben, das Frittieröl erhitzen.

Mit angefeuchteten Händen aus kleinen Portionen der Polenta Bällchen formen, in deren Mitte man jeweils 1 Käsewürfel gibt. Jedes Bällchen im Mehl wenden, durch das Ei ziehen, dann im Paniermehl wenden und schließlich im Öl ausbacken. Auf Küchenpapier abtropfen lassen und heiß servieren.

Der Asiago ist ein mildwürziger bis pikanter Schnittkäse aus dem Veneto mit etwa 40 % Fett i. Tr. Man kann ihn durch einen anderen würzigen Schnittkäse ersetzen.

Vorbereitungszeit
20 Minuten
Garzeit
50 Minuten
Schwierigkeitsgrad
mittel
Wein
Lagrein Dunkel

ZUTATEN FÜR 4 PERSONEN
12 Wirsingblätter
100 g Maisgrieß (Polenta)
30 g Kastanienmehl
1 Msp. Zimt
300 ml Milch
2 EL geriebener Parmesan
Salz und Pfeffer

FÜR DIE SOSSE
120 g Fontina
20 g Butter
1 knapper EL Mehl
300 ml Milch
1 Eigelb
Muskatnuss

Gefüllte Wirsingpäckchen mit Käsesoße

Die Wirsingblätter 1–2 Minuten in kochendem Salzwasser blanchieren, dann auf einem frischen Küchenhandtuch abtropfen lassen. Maisgrieß, Kastanienmehl und Zimt vermengen. Die Milch mit 250 ml Wasser mischen und zum Kochen bringen. Unter Rühren die Maisgrießmischung einrieseln lassen und unter weiterem Rühren in etwa 10 Minuten zu einem dicklichen Brei kochen. Den Parmesan einrühren, mit Salz und Pfeffer abschmecken.

Auf jedes Wirsingblatt 1–2 EL der Masse geben, die Blätter zu Päckchen schließen und nebeneinander in eine flache Auflaufform legen. Den Backofen auf 180 °C vorheizen.

Für die Soße den Fontina würfeln. Die Butter in einem Topf zerlassen und das Mehl darin anschwitzen. Unter Rühren die Milch hinzufügen und aufkochen, bis eine dicke Soße entstanden ist. Den Käse zugeben und rühren, bis er völlig geschmolzen ist. Das Eigelb mit etwas Wasser oder Milch anrühren und unter die Soße ziehen, mit Muskat würzen.

Die Käsesoße über die Wirsingpäckchen gießen, das Ganze 10–15 Minuten im Ofen überbacken und heiß servieren.

Vorbereitungszeit
35 Minuten
Garzeit
35 Minuten
Schwierigkeitsgrad
mittel
Wein
Alto Adige Silvaner

Kastanienmehl bekommt man in gut sortierten Bioläden; ersatzweise kann man Buchweizenmehl nehmen.

ZUTATEN FÜR 4 PERSONEN
4 kleine Ziegenfrischkäse
2 TL gemischter Pfeffer
(schwarzer, weißer,
grüner, rosafarbener –
frisch zerstoßen)
200 g Kichererbsenmehl
3 EL natives Olivenöl extra
(+ 1 EL für die Form)
Salz

Kichererbsenfladen mit Ziegenfrischkäse

Die Ziegenfrischkäse in dem zerstoßenen Pfeffer wälzen und beiseitestellen.

½ l Wasser in eine Schüssel geben und unter Rühren mit dem Schneebesen das Kichererbsenmehl einlaufen lassen. Das Öl unterrühren, salzen und den Teig 30 Minuten ruhen lassen.

Den Backofen auf 200 °C vorheizen. Eine antihaftbeschichtete Pieform im Ofen heiß werden lassen. 1 EL Öl darin verstreichen, den nochmals durchgerührten Teig hineingießen und 15 Minuten backen. Den etwas abgekühlten Fladen in schmale Keile schneiden, die Ziegenkäse halbieren. Fladen und Käse übereinandergeschichtet auf Tellern arrangieren und servieren.

Kichererbsenmehl erhält man in gut sortierten Bio-Läden oder unter dem Namen Besan in Asialäden.

Vorbereitungszeit
20 Minuten
Garzeit
20 Minuten
Schwierigkeitsgrad
einfach
Wein
Ribolla Gialla

Kürbisse gibt es in den unterschiedlichsten Formen – rund, länglich, oval, diskus- und flaschenförmig – sowie in den verschiedensten Farben – von Weiß über Beige und Gelb bis Orange, von Hell- bis Dunkelgrün und in interessant gefleckten und gemusterten Varianten. Ihre Schale kann völlig glatt, mehr oder weniger stark gerippt und/oder strukturiert bis ausgesprochen knubbelig sein. Manche Sorten, wie etwa der Patisson (auch Bischofsmütze genannt) sind so klein, dass man sie samt der zarten Schale am Stück zubereitet und isst. Andere, wie der Riesenkürbis – eine Sorte trägt den bezeichnenden Namen Gelber Zentner –, werden 50 und mehr Kilogramm schwer. Optisch am schönsten sind die kleinen, in den Herbst und Wintermonaten auf vielen Märkten angebotenen Zierkürbisse, die nicht für den Verzehr gedacht sind.

Kürbis wahre Delikatessen zubereiten lassen, ist in unseren Breiten eine neue Entdeckung und gelingt auch erst, seit neue Sorten auf dem Markt sind, die ein deutlich schmackhafteres, festeres Fruchtfleisch zu bieten haben. Neben Suppen kann man aus dem musig gekochten Fruchtfleisch auch Gnocchi, Füllungen für Teigtaschen, Timbales, Patés, Mousse und Soufflés zubereiten. Roh gewürfeltes Fruchtfleisch bestimmter Sorten kann man mit anderem Gemüse in Eintöpfe geben. Fingerdicke Scheiben kann man mit etwas Öl beträufelt braten beziehungsweise grillen oder paniert zum Gemüseschnitzel verwandeln. Ja, man kann das neutrale Fruchtfleisch sogar süß zubereiten – man denke an den amerikanischen Pumpkim-Pie –, roh geraffelt in Kuchenteig geben (es entsteht dann eine Variante der Schweizer Rüeblitorte) oder das gegarte Fruchtmus zu Cremespeisen und Eis

Kürbis

Bei solcher Vielfalt im Erscheinungsbild ist auch im Geschmack mit Unterschieden zu rechnen. Obwohl alle Speisekürbisse botanisch Curcubita pepo genannt werden, unterscheidet man zunächst zwei große Gruppen: die weichschaligen Sommerkürbisse, zu denen die Zucchini gehören, und die ab September angebotenen Winterkürbisse, jene großen Früchte, die wir im eigentlichen Sinne unter „Kürbis" verstehen.

✔ Mit Kürbis kochen

Noch vor wenigen Jahren kannte man bei uns fast nur den normalen, meist sehr großen Speisekürbis, dessen fades Fruchtfleisch meist süßsauer eingelegt oder zur Suppe verarbeitet wurde. Dass sich mit

verarbeiten. Denn Kürbis verträgt sich nicht nur mit kräftigen Kräutern wie Thymian, Rosmarin, Borretsch, Dill und scharfen Gewürzen, sondern auch mit typisch „süßen" Gewürzen wie Zimt, Nelken, Kardamom, Ingwer, Vanille und Sternanis.

Zur Verarbeitung wird der Kürbis geteilt, in große Stücke geschnitten und geschält. Das faserige Innere, in dem sich die Kerne befinden, wird entfernt. Da Kürbis sehr wasserhaltig ist, gibt man beim Garen im Topf möglichst wenig Flüssigkeit dazu. Wünscht man ein sehr trockenes Fruchtfleisch oder Mus, gart man die ungeschälten Spalten in Alufolie gewickelt im Backofen und schält sie – falls nötig – erst danach; von manchen Sorten kann man die Schale mitessen.

Als sehr wasserreiches Gemüse (92 Prozent) ist der Kürbis kalorienarm (26 Kalorien pro 100 Gramm), dafür aber reich an Ballaststoffen und Kohlenhydraten. Er enthält kaum Fett und Eiweiß und des hohen Wassergehalts wegen auch kaum Vitamine, wartet aber mit relativ hohen Mengen an Kalium und Eisen auf.

✔ Kauf und Lagerung

Speisekürbisse, die zu den Winterkürbissen gehören, haben von September bis Januar Saison. Kleinere Sorten wie Moschuskürbis und der durch sein intensives Orange auffallende Hokkaido werden fast immer als Stückware, höchstens halbiert, angeboten. Die Riesenkürbisse bekommt man dagegen meist nur zu Halloween als Ganzes (damit man daraus die Masken- und Laternenkürbisse schnitzen kann), ansonsten werden sie in Stücken unterschiedlicher Größe verkauft. Bei der Auswahl von ganzen Kürbissen sollte man darauf achten, dass die Schale unverletzt ist, keine Druckstellen aufweist und die Frucht einen Stiel trägt. Wenn man mit dem Fingerknöchel an die Frucht klopft und einen hohlen Ton hört, ist die Frucht reif. Angeschnittene Kürbisstücke müssen saftig und schnittfrisch aussehen. Solche aufgeschnittenen Stücke sollte man möglichst sofort verarbeiten (am besten zu Mus, das man sehr gut einfrieren kann). In Frischhaltefolie gewickelt kann man sie im Gemüsefach des Kühlschranks 2 bis 3 Tage aufbewahren. Frische ganze Kürbisse lassen sich kühl und trocken bis zu 4 Wochen lagern, etwa in Zeitungspapier gehüllt in einer Kiste auf der Terrasse oder dem Balkon, solange die Temperaturen nicht unter null fallen.

✔ Kürbisspezialitäten

Kürbisse liefern drei Spezialitäten: die gelben Kürbisblüten, die man wie Zucchiniblüten zubereiten kann; die Kerne, die man im Backofen trocken, dann aus der Schale brechen und wie Sonnenblumenkerne knabbern kann, und das wertvolle dickflüssige, dunkelgrüne Kürbiskernöl, das einen sehr intensiven Geschmack hat und vielseitig zu verwenden ist.

EINE UNGEWÖHNLICHE TERRINE

Kleine bis mittelgroße Kürbisse wie der Moschuskürbis oder der Hokkaido bringen ihr Koch- beziehungsweise Serviergeschirr in Form einer Suppenterrine oder einer Auflaufform samt Deckel gleich mit. Mit einem schweren Küchenmesser schneidet man das obere Stück mit dem Stiel ab. Dann schabt man mit einem Löffel das faserige Innere mit den Kernen heraus und gibt in die Höhlung eine beliebige Füllung. Anschließend setzt man den Deckel wieder drauf und gart den Kürbis am Stück im Backofen. Man muss nur darauf achten, dass er nicht zu weich wird und zerbricht. Einen noch etwas weiter ausgehöhlten Kürbis erwärmt man nur etwa 10 Minuten im Ofen, ehe man eine Kürbissuppe hineinfüllt, um sie zu servieren.

ZUTATEN FÜR 4 PERSONEN
2–3 mittelgroße Zucchini
150 g Robiola

2–3 EL Sahne
Salz und rosa Pfeffer

Mit Robiola gefüllte Zucchiniröllchen

Von den gewaschenen, geputzten Zucchini mit dem Sparschäler (oder der elektrischen Schneidemaschine) hauchdünne Längsscheiben abschneiden und ausgebreitet auf die Arbeitsfläche legen.

Den Robiola in eine Schüssel geben, mit der Sahne glatt rühren, mit Salz und zerstoßenem rosa Pfeffer würzen. Je etwas von der Masse auf den Zucchinischeiben verstreichen. Die Scheiben locker aufrollen und mit Zahnstochern vorsichtig feststecken. Mit rosa Pfefferbeeren bestreuen und servieren.

Der Robiola ist ein sahniger, fetter Frischkäse aus dem Piemont, der aus Kuhmilch hergestellt sein kann (dann ist er milder) oder aus Ziegenmilch (dann ist er etwas pikanter). Statt des rosa Pfeffers kann man auch Kräuter wie Thymian oder Oregano unter den Käse mischen.

Zubereitungszeit
10 Minuten
Schwierigkeitsgrad
einfach
Wein
Lugana

ZUTATEN FÜR 4 PERSONEN
300 g Zucchini
2 Knoblauchzehen
2 EL natives Olivenöl extra
4 Eier
200 ml Sahne
4 EL geriebener Parmesan
12 Basilikumblätter
Muskatnuss
Salz und Pfeffer
Butter und Mehl für
die Förmchen

Zucchinitimbale mit Basilikum

Vorbereitungszeit
20 Minuten
Garzeit
45 Minuten
Schwierigkeitsgrad
einfach
Wein
Alto Adige Sauvignon

Die Zucchini waschen, putzen und in Stücke schneiden. Den Knoblauch schälen, grob hacken und in dem heißen Öl in einem Topf andünsten. Die Zucchinistücke und 2–3 EL Wasser dazugeben. Bei geschlossenem Deckel etwa 10 Minuten dünsten.

Den Backofen auf 180 °C vorheizen. 4 Timbaleförmchen buttern und mit Mehl ausstäuben. Die gegarten Zucchini im Mixer pürieren und etwas abkühlen lassen, dann Eier, Sahne, Parmesan und Basilikum hinzufügen und nochmals gründlich durchmixen. Die Masse mit Muskat, Salz und Pfeffer abschmecken und in die Förmchen füllen.

Die Saftpfanne des Backofens mit Wasser füllen, die Förmchen hineinstellen und die Timbales 35 Minuten garen. Sofort heiß servieren und nach Geschmack eine frische Tomatensoße dazu reichen.

ZUTATEN FÜR 4 PERSONEN
1 Schalotte
30 g Butter
250 g Reis (Carnaroli)
120 g Raclette-Käse
5 mittelgroße Champignons
1 Knoblauchzehe
1 EL natives Olivenöl extra
Salz und Pfeffer
1 Ei
100 g Paniermehl
Öl zum Frittieren

Reiskroketten mit Champignons

Die Schalotte schälen, fein hacken und in der Butter in einem Topf glasig dünsten. Den Reis dazugeben und ebenfalls glasig werden lassen, dann portionsweise kochendes Wasser angießen und immer wieder rühren, bis der Reis gar ist. Zwischendurch den Raclette-Käse raffeln und unter den gegarten Reis rühren. Den Risotto abkühlen lassen.

Die Champignons gründlich putzen und ebenfalls raffeln. Den Knoblauch pellen und in einer Pfanne mit dem Öl kurz anbraten, dann die Champignons dazugeben. Bei geschlossenem Deckel kurz dünsten, salzen und pfeffern und ebenfalls unter den Risotto mischen. Wenn die Masse genügend abgekühlt ist, je 1 EL davon abnehmen und zwischen den angefeuchteten Händen zur Kugel rollen. Die Kugeln für 30 Minuten in den Kühlschrank stellen.

Das Frittieröl erhitzen. Das Ei in einem tiefen Teller verquirlen, das Paniermehl auf einen flachen Teller geben. Die Reiskugeln erst im Ei, dann im Paniermehl wenden, im heißen Öl goldgelb ausbacken und auf Küchenpapier abtropfen lassen. Heiß servieren.

Vorbereitungszeit
35 Minuten
Garzeit
30 Minuten
Schwierigkeitsgrad
mittel
Wein
Fiano di Avellino

ZUTATEN FÜR 4 PERSONEN

100 g Ziegenfrischkäse
1–2 EL Sahne
je ½ EL frisch gehackter Majoran,
Schnittlauch und Minze

Salz und Pfeffer
8 getrocknete Softpflaumen
8 getrocknete Softaprikosen
Akazienhonig nach Geschmack

Pikant gefüllte Trockenpflaumen und Aprikosen

Den Ziegenfrischkäse in eine Schüssel geben, mit der Sahne glatt rühren, die gehackten Kräuter untermischen, salzen und pfeffern und in einen Spritzbeutel mit kleiner Sterntülle füllen.

Die Softpflaumen und Softaprikosen mit der Masse füllen und auf einem Servierteller hübsch arrangieren. Nach Geschmack noch mit einem dünnen Faden Akazienhonig beträufeln.

Statt des Ziegenfrischkäses kann man auch einen Schafsfrischkäse oder Robiola nehmen. Den Majoran kann man durch Oregano oder Thymian ersetzen, den Schnittlauch durch fein geschnittene Frühlingszwiebel.

Zubereitungszeit
15 Minuten
Schwierigkeitsgrad
einfach
Wein
Verduzzo di Ramandolo

ZUTATEN FÜR 4 PERSONEN
4 große Kartoffeln
4 mittelgroße Zucchini
4 Karotten
Salz und Pfeffer

FÜR DIE CREME
15–20 Basilikumblätter
1 EL Pinienkerne
4 EL natives Olivenöl extra
Salz

Gedämpfte Gemüselasagne mit Basilikumcreme

Die Kartoffeln schälen. Die Zucchini und die Karotten waschen und putzen. Die Kartoffeln in hauchdünne Blätter schneiden (am besten mit der elektrischen Schneidemaschine), die Zucchini und Karotten ebenfalls in sehr dünne Scheiben schneiden.

Eine kleine Kastenform, die in einen Topf passt, mit hitzebeständiger Klarsichtfolie auskleiden und das Gemüse – mit einer Lage Kartoffeln beginnend – in Lagen hineinschichten. Jede Lage leicht salzen und pfeffern. Mit Folie bedecken und die Form auf einen kleinen Untersetzer in den mit etwas Wasser gefüllten Topf stellen. Den Deckel schließen und die Gemüselasagne 18–20 Minuten dämpfen.

Inzwischen die gewaschenen, trockengetupften Basilikumblätter mit den Pinienkernen und dem Öl mit dem Stabmixer zu einer Creme pürieren und mit Salz abschmecken.

Die Lasagne aus der Form stürzen und mit der Basilikumcreme servieren.

Statt der Zucchini kann man auch in hauchfeine Scheiben geschnittenen jungen Kohlrabi verwenden.

Vorbereitungszeit
10 Minuten
Garzeit
10 Minuten
Schwierigkeitsgrad
einfach
Wein
Valle d'Aosta Pinot Bianco

Von delikatem Geschmack, manchmal eigenwilligem Duft, oft so wertvoll und geschätzt, dass sie einen teuren Luxus darstellen – man denke nur an Trüffel und Morcheln –, sind Pilze ein auf den Märkten rares Gemüse, denn nur die allerwenigsten lassen sich kultivieren. Die meisten muss man selbst sammeln (was nicht ungefährlich ist) oder von Kennern für teures Geld kaufen.

Schon bei Ägyptern und Babyloniern bereicherten Pilze den Speiseplan, während sie bei Chinesen und Japanern eher als Medizin galten, um die Abwehrkräfte des Körpers zu stärken. Den alten Römern galten Pilze als „wahres Nahrungsmittel", aber auch als „Todesbringer", denn bekanntlich sind nicht wenige Pilze giftig und manche für den Menschen sogar tödlich, wobei einige der giftigen regelrechte Doppelgänger der essbaren sind, sodass es leicht zu fatalen Verwechslungen kommt.

– ein einzelner Pilz kann bis zu 1 Kilo wiegen – ein „Herr" unter den Pilzen und so delikat, dass er lange nur den Herren vorbehalten war, während das Volk sich mit minderen Pilzen begnügen musste. Von fleischig-fester Konsistenz ist der Steinpilz vielseitig verwendbar, vor allem lässt er sich, in dünne Scheiben geschnitten, auch gut trocknen und sogar einfrieren. Ein weiterer sehr beliebter, ebenfalls roh genießbarer Wildpilz ist der **Pfifferling** (seiner gelben Farbe wegen auch Eierschwamm, Dotterpilz und Gelbling genannt), der – wie der Steinpilz – auch getrocknet und eingefroren werden kann. Man reicht ihn in heißem Butterschmalz gebraten sehr gern als edle Beilage zu Wildgerichten, doch auch in einem schlichten Omelett macht er viel her. Dünsten sollte man den Pfifferling möglichst nicht, er wird sonst gummiartig. Sollte sich beim Garen Flüssigkeit bilden, diese abgießen und an eine Soße geben.

✔ Die bekanntesten Speisepilze

Die Zahl der essbaren Pilze ist groß, viele sind unter mehreren Namen bekannt und kaum ein Sammler kennt die oft schwer zu merkenden biologischen Bezeichnungen.

Was ihre kulinarischen Eigenschaften anlangt, so unterscheidet man grundsätzlich zwei Arten: Pilze, die man auch roh verzehren kann (zum Beispiel den teuersten Pilz, den Trüffel, der fast immer roh in hauchfeinen Blättchen über ein Gericht gehobelt wird), und solche, die man unbedingt garen muss. Zu den auch roh verzehrbaren gehört neben dem (kultivierbaren) **Champignon** auch der nicht kultivierbare **Steinpilz** (Boletus edulis), der nicht grundlos auch Herrenpilz genannt wird, denn er ist mit seiner stattlichen Größe

Schon weniger bekannt ist der dem Steinpilz ähnelnde **Maronenpilz**, der es aber in Konsistenz und vor allem Geschmack nicht mit dem Steinpilz aufnehmen kann, weshalb man ihn – wie die vielen anderen im Spätsommer und Herbst gesammelten Pilze – eher zu einem gemischten Pilzragout verarbeitet, als ihn, wie die edleren Vertreter seiner Art, allein zuzubereiten.

✔ Die Vor- und Zubereitung von Pilzen

Pilze, in Süddeutschland und Österreich auch Schwammerl genannt, verhalten sich wie Schwämme, das heißt, sie saugen Wasser auf. Deshalb sollte man sie grundsätzlich nicht waschen, höchstens kurz abbrausen oder mit feuchtem Küchenpapier abwischen. Trotzdem putzt man sie gründlich und schneidet sehr fest anhaftenden

Die Zellwände der Pilze enthalten neben Zellulose auch das unverdauliche Chitin, weshalb man nicht mehr als 200 Gramm Pilze pro Woche verzehren sollte. Dem steht gegenüber, dass sie gute Eiweißlieferanten sind und die Vitamine A, B2 und D enthalten, außerdem Niacin, Biotin und Folsäure sowie Kalium, Magnesium und Eisen. Darüber hinaus sind sie mit durchschnittlich 20 Kalorien pro 100 Gramm sehr kalorienarm.

Schmutz weg. Auch die Stielenden werden immer nachgeschnitten und verfärbte oder von Würmern angefressene Stellen entfernt.

Wegen ihres hohen Wassergehalts neigen Pilze dazu, beim Garen Wasser zu ziehen, das heißt, es bildet sich Wasser im Gargeschirr. Und manche Pilze, etwa Pfifferlinge, werden dann hart oder gummiartig. Deshalb gibt man Pilze in möglichst heißes Fett (man kann vorher fein gehackte Zwiebel und/oder Knoblauch darin glasig dünsten) und schwenkt sie darin (Pfifferlinge „pfeifen" dabei regelrecht, daher auch ihr Name) beziehungsweise wendet sie ständig mit dem Pfannenmesser. Gesalzen werden sie erst, wenn sie gar sind. Die so gebratenen Pilze kann man mit gehackter Petersilie oder anderen gehackten Kräutern bestreuen. Auch Pilze, die man in ein Ragout, eine Suppe oder Soße geben möchte, brät man erst auf die oben beschriebene Weise an.

✔ Konservierung

Frische Pilze sollte man möglichst rasch verbrauchen oder trocknen. Dazu schneidet man größere Exemplare in Scheiben, die man in einem speziellen Darrofen oder im Backofen bei geringer Temperatur völlig durchtrocknen lässt. Danach verwahrt man sie in luftdicht schließenden Behältern. Ehe man sie verwendet, weicht man sie in warmem Wasser wieder auf oder man gibt sie in eine Elektromühle und mahlt sie zu Pulver, das man wie ein Gewürz einsetzt.

ACHTUNG GIFTPILZE

Alle selbst gesammelten Pilze müssen vor dem Verzehr von einem fachkundigen Menschen begutachtet und eindeutig identifiziert werden. Es ist besser, einen vermeintlich guten Pilz, bei dem man sich aber nicht hundertprozentig sicher ist, wegzuwerfen, als einen zweifelhaften zu verzehren. Zudem sollte man bedenken, dass auch essbare Pilze von Krankheiten – etwa Schimmel, der selbst ein Pilz ist – befallen sein können, wodurch sie dem Menschen ebenfalls gefährlich werden können, und dass sie je nach Standort mehr oder weniger durch Umweltgifte – vor allem Kadmium und Cäsium – belastet sein können. Man sollte Wildpilze daher nie in zu großen Mengen verzehren.

ZUTATEN FÜR 4 PERSONEN
12 eingelegte Weinblätter
300 g Ziegenfrischkäse
200 g körniger Frischkäse
1 Zweig Estragon
einige weiße Pfefferkörner
Salz
200 g weiße Trauben
100 g in Öl eingelegte
getrocknete Tomaten

Mit Ziegenkäse gefüllte Weinblätter

Zubereitungszeit
15 Minuten
Schwierigkeitsgrad
einfach
Wein
Vermentino di Gallura

Die Weinblätter aus der Lake nehmen, abwaschen und auf Küchenpapier abtropfen lassen. Den Ziegenfrischkäse zusammen mit dem körnigen Frischkäse in eine Schüssel geben. Den Estragon fein hacken, die Pfefferkörner grob zerstoßen und zusammen mit etwas Salz hinzufügen. Alles gründlich durchmischen. Die Weinblätter mit der Masse füllen und zu geschlossenen Päckchen formen.

Die Trauben halbieren und entkernen, die getrockneten Tomaten aus dem Glas nehmen und abtropfen lassen. Die Weinblätter mit Trauben und Tomaten anrichten und servieren.

Man kann den Ziegenfrischkäse auch mit Sahnequark, Mascarpone oder Ricotta vermischen und die Weinblätter durch Radicchioblätter ersetzen.

ZUTATEN FÜR 4 PERSONEN
350 g mehligkochende Kartoffeln
½ Zwiebel
1 Knoblauchzehe
4 EL natives Olivenöl extra
1 TL Curry
200 g rote Linsen
0,5 l Gemüsebrühe
1 Bund Petersilie
Salz und Pfeffer
Paniermehl

FÜR DIE SOSSE
½ Zwiebel
2 EL natives Olivenöl extra
1 TL Curry
200 ml Gemüsebrühe
200 ml süße Sahne
Salz

Kartoffelring mit roten Linsen und Currysoße

Die Kartoffeln schälen, in grobe Würfel schneiden und in eine Schüssel mit kaltem Wasser legen. Zwiebel und Knoblauch schälen und in 3 EL Öl in einem Topf glasig werden lassen. Mit dem Curry überstäuben, durchrühren und die abgetropften Kartoffelwürfel sowie die verlesenen, gewaschenen Linsen dazugeben. Die Gemüsebrühe angießen und bei geschlossenem Topf etwa 20 Minuten köcheln lassen, bis die Kartoffeln weich sind.

Den Backofen auf 180 °C vorheizen. Die Kartoffelmasse mit dem Stampfer zu einem Mus zerdrücken, die gehackte Petersilie untermischen, salzen und pfeffern. Eine glatte Kranzform mit dem restlichen Öl ausstreichen, mit Paniermehl ausstäuben und die Masse hineinfüllen. Im Ofen 20 Minuten überbacken.

Für die Soße die fein gehackte Zwiebel in dem Öl glasig dünsten, mit dem Curry überstäuben, durchrühren und mit Brühe und Sahne ablöschen. Die Soße 15 Minuten leise köcheln lassen, bis sie sämig ist; mit Salz abschmecken. Den Kartoffelring aus der Form stürzen und sofort mit der Soße servieren.

Vorbereitungszeit
20 Minuten
Garzeit
40 Minuten
Schwierigkeitsgrad
mittel
Wein
Refosco dal Peduncolo Rosso

ZUTATEN FÜR 4 PERSONEN
200 g Hirse
1 Döschen Safranpulver
2 Schalotten
2 EL natives Olivenöl extra
2 TL Sojasoße
300 g Ziegenfrischkäse
1 Tablett Rucola

Ziegenkäse und Rucola auf dem Hirsebett

Die gewaschene Hirse mit 600 ml Wasser zum Kochen bringen und bei schwacher Hitze in 15 Minuten ausquellen lassen. Den Safran einrühren, die Hirse noch 5 Minuten ruhen lassen.

Die fein gehackten Schalotten in dem Öl glasig dünsten. Sojasoße und 1 EL Wasser dazugeben. Die Schalotten 5 Minuten köcheln, dann abkühlen lassen. Anschließend den Ziegenkäse hinzufügen und zu einer cremigen Paste verrühren.

Mithilfe eines Garnierrings auf jeden Teller ein Hirsebett setzen. Etwas von der Käsecreme daraufgeben und mit Rucola bekrönen. Einen Faden Öl über jede Portion laufen lassen und sofort servieren.

Die leicht erdig schmeckende Hirse lässt sich, wie alle anderen Getreide, sowohl pikant als auch süß zubereiten.

Vorbereitungszeit
15 Minuten
Garzeit
20 Minuten
Schwierigkeitsgrad
einfach
Wein
Trentino Müller-Thurgau

ZUTATEN FÜR 6 PERSONEN
500 g Spinat
6 EL natives Olivenöl extra
1 Zwiebel
1 Bund Dill
120 g Feta
Salz und Pfeffer
1 kg Hefeteig für Weißbrot
Mehl für die Arbeitsfläche
1 Ei
30 ml Milch

Mit Spinat und Feta gefüllte Brotrollen

Den verlesenen, gewaschenen Spinat tropfnass in einen Topf geben und bei mittlerer Hitze zusammenfallen lassen. Dann abtropfen lassen und fein hacken. Das Öl in einem Topf erhitzen, die gehackte Zwiebel darin glasig dünsten, den Spinat dazugeben und bei mittlerer Hitze 5 Minuten garen. Vom Herd nehmen und den gehackten Dill sowie den zerbröselten Feta untermischen. Mit Salz und Pfeffer abschmecken.

Den Hefeteig auf bemehlter Arbeitsfläche zu 4 Platten von je 50 cm Länge und 14 cm Breite ausrollen. Auf jede Platte ein Viertel der Spinatmischung als Streifen in der Mitte verteilen. Den Teig rund um die Füllung mit Wasser einpinseln und ihn so über die Füllung klappen, dass er oben überlappt. Rundherum vorsichtig festdrücken und mit einem Küchenhandtuch bedeckt 20 Minuten gehen lassen.

Den Backofen auf 200 °C vorheizen. Ei und Milch verquirlen, die Oberfläche der Brote damit bestreichen und etwa 15 Minuten backen. Die Brote in jeweils drei Stücke teilen und heiß servieren.

Verwendet man statt Hefeteig TK-Blätterteig oder Strudelteig, verkürzt sich die Zubereitungszeit, denn diese müssen nicht gehen.

Vorbereitungszeit
25 Minuten
Garzeit
30 Minuten
Schwierigkeitsgrad
mittel
Wein
Keine Empfehlung

ZUTATEN FÜR 4 PERSONEN
4 frische Artischocken
Saft von 1 Zitrone
2 Schalotten
2 EL natives Olivenöl extra
200 ml süße Sahne
3 Eier
3 EL geriebener Parmesan
Salz und Pfeffer
Butter für die Förmchen

AUSSERDEM
2 EL Sesamsamen
1 Rolle Ziegenfrischkäse
Vollkornkräcker

Artischockenflan mit Sesam-Ziegenkäse

Vorbereitungszeit
40 Minuten
Garzeit
70 Minuten
Schwierigkeitsgrad
mittel
Wein
Alto Adige Pinot Grigio

Von den Artischocken die äußeren harten Blätter und das innere Heu entfernen. Das essbare Fleisch der Böden und die Stiele klein schneiden und sofort in Wasser legen, dem der Zitronensaft zugesetzt ist.

Die geschälten, gehackten Schalotten in dem Öl andünsten, dann die gut abgetropften Artischockenstücke dazugeben und bei starker Hitze leicht anbraten. Etwas Wasser angießen und zugedeckt 20 Minuten köcheln lassen, bis die Artischocken weich sind.

Den Backofen auf 180 °C vorheizen. Die Artischocken im Mixer zu Mus pürieren. Sahne, Eier und Parmesan hinzufügen, salzen und pfeffern und nochmals durchmixen. Die Masse in gut gebutterte Förmchen füllen und im Wasserbad im Ofen in 35 Minuten stocken lassen.

Die Sesamsamen in einer beschichteten Pfanne rösten (Vorsicht, sie verbrennen sehr leicht!), abkühlen lassen und den Käse darin wenden. Die Flans aus den Förmchen auf Teller gleiten lassen, mit dicken Scheiben Ziegenkäse und Vollkornkräckern umlegen und sofort heiß servieren.

ZUTATEN FÜR 4 PERSONEN
6 mittelgroße Champignons
Saft von ½ Zitrone
1 Knoblauchzehe
1 Bund Petersilie
2 EL natives Olivenöl extra
Salz und Pfeffer

FÜR DIE KAROTTENCREME
5 junge Karotten
1 große Zwiebel
3 EL natives Olivenöl extra
Salz und Pfeffer

AUSSERDEM
4 große Scheiben Vollkornbrot
8 Kirschtomaten

Vollkorntaler mit Champignons auf Karottencreme

Zunächst für die Karottencreme die Karotten waschen, putzen und in Stücke schneiden. Die Zwiebel schälen und in Ringe schneiden. Das Öl erhitzen, die Zwiebelringe darin glasig dünsten, dann die Karotten und etwas Wasser hinzufügen und zugedeckt garen, bis die Karotten weich sind. Im Mixer pürieren, mit Salz und Pfeffer abschmecken, beiseitestellen.

Die Champignons putzen, grob raffeln und sofort mit dem Zitronensaft beträufeln. Den Knoblauch und die Petersilie hacken, zu den Champignons geben, mit Öl beträufeln und gut durchmischen; salzen und pfeffern.

Die Vollkornscheiben kross toasten. Dann mit einem runden Ausstecher aus jeder Scheibe 3 Taler ausstechen und jeweils mit einer kleinen Portion der Champignons versehen. Etwas von der Karottencreme auf jeden Servierteller geben, die Taler daraufsetzen und mit jeweils 2 geviertelten Kirschtomaten dekorieren.

Vorbereitungszeit
10 Minuten
Garzeit
25 Minuten
Schwierigkeitsgrad
einfach
Wein
Lagrein Rosato

Kochen ohne Fleisch –

Suppen und Pastagerichte

Cremige, feine Süppchen als Vorspeise, sättigende bunte Gemüsesuppen für den Sommer, dicke Suppen mit Hülsenfrüchten, die an kalten Wintertagen wärmen . . . Leckere Gerichte mit langen und kurzen Nudeln sowie Teigtaschen mit raffinierten Gemüsefüllungen . . .

ZUTATEN FÜR 4 PERSONEN
500 g kleine Zucchini
1 Zwiebel
6 EL natives Olivenöl extra
Gemüsebrühe nach Bedarf
Salz und Pfeffer
4 dicke Scheiben
Kastenweißbrot
Thymianblättchen
geriebener Parmesan

Zucchinisuppe mit Croûtons

Die gewaschenen Zucchini stifteln oder grob raffeln. Die Zwiebel fein würfeln und in 4 EL des Öls glasig dünsten. Die Zucchini dazugeben und unter Rühren bei starker Hitze etwas Farbe nehmen lassen.

1–2 Tassen Brühe angießen und bei schwacher Hitze im geschlossenen Topf köcheln lassen. Gelegentlich umrühren, mit Salz und Pfeffer abschmecken.

Während die Suppe köchelt, von den Weißbrotscheiben die Kruste abschneiden. Das Brot in gleichmäßige Würfel schneiden. Diese auf ein Backblech legen, mit Thymianblättchen bestreuen, mit dem restlichen Öl beträufeln, unter den Backofengrill schieben und rösten.

Die Suppe in Suppentassen füllen, großzügig mit geriebenem Parmesan bestreuen. Die gerösteten Brotwürfel darauf verteilen und sofort heiß servieren.

Nach Geschmack kann man die Croûtons auch durch eine Scheibe Bauernrot ersetzen, die man am Stück in der Pfanne in Öl gebraten oder unter dem Grill geröstet hat.

Vorbereitungszeit
10 Minuten
Garzeit
10 Minuten
Schwierigkeitsgrad
einfach
Wein
Bardolino Chiaretto

ZUTATEN FÜR 4 PERSONEN
500 g Karotten
2 weiße Zwiebeln
3 EL natives Olivenöl extra
2–3 Stücke Sternanis
800 ml Gemüsebrühe
100 ml Sahne
Salz
Sternanis zur Dekoration

Karottencreme mit Sternanis

Die Karotten waschen, schälen oder schaben und in Stückchen schneiden. Die Zwiebeln würfeln und im Öl in einem Topf glasig dünsten, dann die Karotten und den Sternanis dazugeben und anrösten. Mit der heißen Gemüsebrühe auffüllen und im geschlossenen Topf bei schwacher Hitze köcheln lassen, bis die Karotten weich sind.

Den Sternanis entfernen. Die Suppe im Mixer pürieren (oder die Karotten durch das Passiersieb treiben). Das dünne Püree mit Salz abschmecken und warm halten.

Die Sahne halbsteif schlagen und leicht salzen. Die Karottencreme auf vorgewärmte Teller verteilen, etwas von der Sahne daraufgeben. Mit Sternanis dekorieren und servieren. Geröstetes Baguette dazu reichen.

Obwohl ein orientalisches Gewürz, ist ganzer Sternanis heute in allen gut sortierten Supermärkten zu haben. Man kann Gebäck sowie pikante Speisen damit würzen.

Vorbereitungszeit
20 Minuten
Garzeit
30 Minuten
Schwierigkeitsgrad
einfach
Wein
Sicilia Chardonnay

ZUTATEN FÜR 4 PERSONEN
1 kg frischer Spinat
75 g Butter
1 EL natives Olivenöl
extra
2 Knoblauchzehen,
gehackt
80 g Mehl
140 g Maismehl
2 l kalte Gemüsebrühe
Salz und Pfeffer
Croûtons

Spinatcreme mit Maismehl

Vorbereitungszeit
15 Minuten
Garzeit
25 Minuten
Schwierigkeitsgrad
einfach
Wein
Isonzo Tocai Friulano

Den verlesenen, geputzten und gewaschenen Spinat 5 Minuten in kochendem Salzwasser blanchieren. Danach in Eiswasser abkühlen, gut ausdrücken und fein hacken.

In einem Topf die Butter mit dem Öl erhitzen, den Knoblauch kurz darin andünsten. Die Mehle mischen und hinzufügen. Gut rühren, bis das Mehl das Fett aufgenommen hat und eine Schwitze entstanden ist. Den Topf kurz vom Herd nehmen und 2 Kellen kalte Brühe hineingeben. Kräftig rühren, bis eine glatte Paste ohne Klümpchen entstanden ist. Danach wieder auf den Herd setzen, unter ständigem Rühren erhitzen und nach und nach weitere Brühe dazugießen. Nach jeder Zugabe die Masse aufwallen lassen.

Wenn die ganze Brühe aufgebraucht ist, unter Rühren 10 Minuten köcheln lassen. Zuletzt den gehackten Spinat einrühren und nochmals aufkochen lassen. Mit Salz und Pfeffer abschmecken und mit Croûtons bestreut servieren.

ZUTATEN FÜR 4 PERSONEN
500 g Porree
500 g festkochende Kartoffeln
20 g Butter
1 Zwiebel
100 g Reis
1,5 l heiße Gemüsebrühe
Muskatnuss
5 EL geriebener Parmesan
schwarzer Pfeffer

Reissuppe mit Porree und Kartoffeln

Den Porree in feine Ringe schneiden (nur den weißen und hellgrünen Teil), gut waschen und abtropfen lassen. Die Kartoffeln schälen und würfeln.

Die Butter in einem Topf zerlassen. Die geschälte, gehackte Zwiebel darin glasig dünsten. Den Reis dazugeben und ebenfalls glasig werden lassen. Porree und Kartoffeln hinzufügen und leicht anrösten, dann die Gemüsebrühe angießen und einmal aufwallen lassen.

Die Hitze reduzieren und die Suppe bei halb aufgelegtem Deckel 30–40 Minuten leise köcheln lassen. Mit Muskatnuss abschmecken und servieren. Bei Tisch auf jede Portion etwas Parmesan und schwarzen Pfeffer aus der Mühle geben.

Wahlweise kann man die Suppe auch mit Graupen oder reisförmiger Teigware – als Orzo oder Manestra im Handel erhältlich – zubereiten.

Vorbereitungszeit
15 Minuten
Garzeit
45 Minuten
Schwierigkeitsgrad
einfach
Wein
Lago di Caldaro Schiava

250 g festkochende Kartoffeln
1 große Karotte
1 Stange Porree
2 kleine Zucchini
250 g festes Kürbisfleisch
2 Zwiebeln
je 1 Zweig Rosmarin, Thymian und Majoran

1 Lorbeerblatt
2 EL natives Olivenöl extra
2 l Gemüsebrühe
250 g Rigatoni
200 g TK-Erbsen, aufgetaut
4 Strauchtomaten
Basilikumpesto

Minestrone mit Pesto

Kartoffeln, Karotte, Porree, Zucchini und Kürbisfleisch küchenfertig vorbereiten und wahlweise in Würfel oder Scheiben schneiden. Die Zwiebel pellen und würfeln. Die Kräuter und das Lorbeerblatt mit Küchengarn zu einem Sträußchen binden.

Das Öl in einem Topf erhitzen, Zwiebel, Porree und das Kräutersträußchen darin andünsten. Dann das andere vorbereitete Gemüse dazugeben. 4 Minuten unter Rühren anrösten, anschließend die Gemüsebrühe angießen und bei geschlossenem Deckel 10 Minuten leise köcheln lassen. Die Rigatoni hinzufügen und weitere 10 Minuten köcheln lassen.

Inzwischen die Tomaten in kochendem Wasser blanchieren, abschrecken und häuten. Das Fruchtfleisch ohne das wässrige Innere und die Kerne klein würfeln. Tomatenwürfel und Erbsen an die Suppe geben und weitere 5 Minuten köcheln lassen. Das Kräutersträußchen entfernen. Die Suppe zu Tisch geben und Basilikumpesto dazu reichen.

Für den Pesto 100 g Basilikumblätter mit 1 gehackter Knoblauchzehe, 1 EL Pinienkernen, 30 g geriebenem Parmesan, Salz und 125 ml nativem Olivenöl extra im Mixer pürieren.

Vorbereitungszeit
50 Minuten
Garzeit
40 Minuten
Schwierigkeitsgrad
einfach
Wein
Terre di Franciacorta Bianco

dann wiederum auf dem Brotfladen zum Mund führte. Flache Teller und aus Messer und Gabel bestehende Essbestecke sind ziemlich junge Erfindungen.

Seit der Mensch in grauer Vorzeit entdeckte, dass gegarte Nahrungsmittel bekömmlicher und leichter verdaulich sind, ja manche überhaupt erst durch das Garen genießbar werden, praktizierte man neben dem Rösten am offenen Feuer auch das Kochen in heißem Wasser. Freilich rätseln die Archäologen noch, welcher Art diese frühesten Kochgefäße waren. Manche meinen, man brachte Wasser in „Töpfen" aus Tierfellen zum Kochen, indem man im Feuer erhitze Steine hineinlegte. Wie auch immer die Anfänge ausgesehen haben mögen, heute kennt und liebt man Suppen in nahezu allen Kulturen der Welt.

✔ Brühe und Suppe: Gesundheitlicher Wert

Seit Menschengedenken gilt eine kräftige Brühe als eine Speise, die vor allem Schwachen und Kranken wieder auf die Beine hilft. Wird aus der Brühe durch die Zugabe von Gemüse und/oder Hülsenfrüchten eine vollwertige Suppe, liegen die Vorteile auf der Hand: Sie enthält wichtige und sättigende Proteine sowie Kohlenhydrate, Ballaststoffe, Vitamine und Mineralien. Sind die Hülsenfrüchte gar noch mit Getreideprodukten, beispielsweise Nudeln, kombiniert, ist alles vorhanden, was der Mensch für eine gesunde Ernährung braucht, da sich die Eiweiße von Hülsenfrüchten und Getreide ideal ergänzen. Es bedarf dann nicht einmal mehr der weiteren Ergänzung durch Fleisch, das ansonsten als der Lieferant von hochwertigem Eiweiß gilt.

Früher stand mindestens einmal in der Woche eine nahrhafte „dicke Suppe", mit der meist eine Bohnen-, Erbsen-, Linsen- oder Graupensuppe gemeint war, auf dem Familientisch. Im Zuge des Wirtschaftswunders bereits als „Armeleuteessen" in Misskredit geraten, waren sie mit dem Aufkommen des Fastfood völlig „out", weil ihre Zubereitung angeblich zu viel Zeit erforderte. Inzwischen hat die feine Gastronomie den Wert der guten alten Suppen wiederentdeckt und mithilfe von modernen Dampfkochtöpfen ist ihre Zubereitung auch wahrlich keine allzu zeitraubende Angelegenheit mehr.

Forscher, die sich mit der Etymologie, also der Herkunft und Geschichte der Wörter, befassen, meinen, dass das Wort „Suppe" mit dem langobardischen Wort supha („eingetunkte Brotschnitte") verwandt ist, aber auch mit dem germanischen Wort sûpan, das althochdeutsch zu sûfan und neuhochdeutsch zu saufen/schlürfen wurde. Tatsächlich war ein Großteil des Essens, das die Menschen Mitteleuropas in der Antike und im Mittelalter zu sich nahmen, „Schlürfspeisen", also wässrige bis festere Breie aus Getreide und Gemüse, die man aus tiefen Schalen mithilfe eingetunkten Brotes sowie eines kruden, meist aus Holz geschnitzten Löffels zu sich nahm. Hörbares Schlürfen ließ sich dabei kaum vermeiden und galt auch keineswegs als ungebührlich. Nur für Fleisch, das aber bei ärmeren Menschen – und sie machten immer das Gros der Menschheit aus – nur selten auf den Tisch kam, hatte man ein Messer, mit dem man Stücke oder Scheiben vom Braten säbelte, die man

1

2

3

4

5

Als Basis einer guten Suppe sollte immer die selbst gemachte Gemüsebrühe dienen. Zwar gibt es Pulver oder Brühwürfel für Gemüsebrühe zu kaufen, doch sie sind weder geschmacklich noch von ihrem gesundheitlichen Wert her mit einer selbst gemachten Brühe zu vergleichen. Die geringe Mühe lohnt sich also, zumal man eine große Menge auf einmal zubereiten und portioniert einfrieren kann.

Gemüsebrühe
Zutaten

4 l Wasser, **4** Karotten, **4** Stangen Staudensellerie mit Blättern, **3** Tomaten, **2** weiße Zwiebeln, die äußeren Blätter von **2** Stangen Porree

1. Das Gemüse waschen, putzen und in grobe Stücke schneiden.

2-3. Das kalte Wasser in einen großen Topf geben und das Gemüse hinzufügen.

4-5. Die Brühe auf sehr kleiner Flamme 3 Stunden köcheln lassen. Dann durch ein Sieb abgießen, das Gemüse mit der Kelle ausdrücken und wegwerfen. Die Brühe erst bei Verwendung salzen.

ZUTATEN FÜR 4 PERSONEN

4 mittelgroße Zwiebeln
2 mittelgroße Kartoffeln
75 g Butter
1 EL Mehl
1,5 l Milch
0,5 l Wasser
4 dicke Scheiben
Kastenweißbrot
1 EL natives Olivenöl extra
je 50 g geriebener
Parmesan und Pecorino
Salz und Pfeffer
4 frische Eier

Zwiebelsuppe mit Kartoffeln

Die Zwiebeln schälen und in Ringe schneiden. Die Kartoffeln schälen und würfeln. Die Butter in einem Topf zerlassen und die Zwiebelringe darin glasig dünsten. Das Mehl darüberstäuben und anschwitzen, aber nicht bräunen. Die Kartoffeln hinzufügen, durchrühren, dann Milch und Wasser angießen und 30 Minuten köcheln lassen. Gelegentlich umrühren.

Während die Suppe köchelt, von den Weißbrotscheiben die Kruste abschneiden. Das Brot in gleichmäßige Würfel schneiden. Die Würfel auf ein Backblech legen, mit dem Öl beträufeln, unter den Backofengrill schieben und rösten.

Die Suppe im Mixer pürieren (oder durch ein Sieb streichen), die geriebenen Käse einrühren, mit Salz und Pfeffer abschmecken und erneut erhitzen. In jeden Suppenteller ein rohes Ei gleiten lassen, die kochendheiße Suppe darüber geben. Mit Croûtons bestreuen und servieren.

Vorbereitungszeit
15 Minuten
Garzeit
30 Minuten
Schwierigkeitsgrad
einfach
Wein
Pinot Grigio del Piave

ZUTATEN FÜR 4 PERSONEN
500 g Linsen
2 EL natives Olivenöl extra
1 Zwiebel, gehackt
1 Stange Staudensellerie,
klein gewürfelt
1 Karotte, klein gewürfelt
3 l ungesalzene Gemüsebrühe
125 ml Weißwein
Salz und Pfeffer

Linsensuppe

Die Linsen über Nacht in Wasser einweichen, abgießen und gut abtropfen lassen.

Das Öl in einem Topf erhitzen, Zwiebel, Staudensellerie und Karotte darin leicht Farbe nehmen lassen. Die Linsen hinzufügen und mit der Gemüsebrühe auffüllen. Im geschlossenen Topf bei schwacher Hitze köcheln lassen, bis die Linsen weich sind. Den Weißwein dazugeben, mit Salz und Pfeffer abschmecken.

Die Suppe heiß servieren und nach Geschmack frisches Brot dazu reichen.

Die Kochzeit der Linsen variiert je nach Sorte. Große Tellerlinsen brauchen länger als die feineren braunen Berglinsen aus Umbrien oder Puylinsen, die beide für diese Suppe zu empfehlen sind.

Vorbereitungszeit
15 Minuten
Garzeit
30–60 Minuten
Schwierigkeitsgrad
einfach
Wein
Barbera d'Alba

ZUTATEN FÜR 4 PERSONEN

500 g junge Karotten
1 Stange Staudensellerie
1 kleine Zwiebel
2 EL natives Olivenöl extra
6 EL Weißwein
Saft von 2 Orangen

100 ml süße Sahne
je 1 Msp. Kreuzkümmel, Koriander,
Ingwerpulver und Muskatnuss
Salz
Öl zum Frittieren
1 EL gehackte Petersilie

Karottensuppe mit Orangensaft

Die Karotten waschen, schälen oder schaben und bis auf ein oder zwei in Scheiben schneiden. Den Sellerie putzen und klein würfeln. Die Zwiebel ebenfalls würfeln.

Das Öl in einem Topf erhitzen, Zwiebel und Sellerie darin andünsten, die Karottenscheiben dazugeben und ebenfalls leicht anrösten. Mit dem Weißwein ablöschen. Den Wein verdampfen lassen, 1 Tasse Wasser und den Orangensaft angießen, den Topf schließen und die Suppe 10 Minuten köcheln lassen.

Die Suppe mit dem Stabmixer pürieren. Die Sahne und die Gewürze dazugeben und mit Salz abschmecken. Auf der ausgeschalteten Herdplatte 1 Stunde ziehen lassen.

Die restlichen Karotten in Julienne schneiden. Das Frittieröl in einer tiefen Pfanne erhitzen, die Karottenjulienne darin kross ausbraten, auf Küchenpapier abtropfen lassen.

Die Suppe in Teller füllen. Auf jede Portion etwas von den frittierten Karottenjulienne und etwas gehackte Petersilie geben, sofort servieren.

Die Säure des Orangensafts kontrastiert angenehm mit der Süße der Karotten, während die Gewürze der Suppe einen exotischen Hauch verleihen. Sie eignet sich sehr gut als Vorspeise zu einem orientalisch ausgerichteten Menü.

Vorbereitungszeit
25 Minuten
Garzeit
90 Minuten
Schwierigkeitsgrad
einfach
Wein
Keine Empfehlung

ZUTATEN FÜR 4 PERSONEN
1 Aubergine, gewürfelt
Salz
3 EL natives Olivenöl extra
6 festkochende Kartoffeln,
geschält und gewürfelt
1 Stange Staudensellerie,
gewürfelt
1 Karotte, gewürfelt
je 1 rote und gelbe
Paprikaschote, entkernt
und gewürfelt
2 Gemüsezwiebeln, in
Ringe geschnitten
Gemüsebrühe nach Bedarf
Salz und Pfeffer

Mediterrane Gemüsesuppe

Vorbereitungszeit
20 Minuten
Garzeit
40–50 Minuten
Schwierigkeitsgrad
einfach
Wein
Vesuvio Lacryma Christi

Die Auberginenwürfel in ein Sieb geben und großzügig mit Salz bestreuen. 10 Minuten ziehen lassen, dann gründlich abspülen, abtropfen lassen und mit der Hand ausdrücken. Griffbereit halten.

Das Öl in einem großen Topf erhitzen. Die Kartoffeln hineingeben und unter Rühren etwas Farbe nehmen lassen, dann nach und nach das andere Gemüse, zuletzt auch die Auberginen hinzufügen. Durchrühren, salzen und pfeffern und so viel Gemüsebrühe angießen, dass das Gemüse gut bedeckt ist. Salzen und pfeffern.

Zugedeckt bei schwacher Hitze köcheln lassen, bis alles Gemüse weich ist. Heiß servieren.

Nach Geschmack kann man die Suppe zusätzlich mit frischen Kräutern wie Liebstöckel, Oregano oder Thymian aromatisieren.

ZUTATEN FÜR 4 PERSONEN
120 g getrocknete
Cannellinibohnen
4 Kartoffeln
400 g Mangold
8 kleine Strauchtomaten
4 Schalotten
2 EL natives Olivenöl extra
Salz und Pfeffer
1 Bund Petersilie, gehackt

Mangoldsuppe mit Cannellinibohnen

Die Cannellinibohnen 12 Stunden (oder über Nacht) in kaltem Wasser einweichen. In einem großen Topf in 1 l frischem ungesalzenem Wasser etwa 50 Minuten kochen.

In der Zwischenzeit die Kartoffeln schälen und würfeln. Den Mangold waschen und putzen, die weißen Stiele entfernen und in Stücke schneiden, zusammen mit den Kartoffelwürfeln an die Suppe geben und weitere 20 Minuten kochen. Die grünen Mangoldblätter in feine Streifen schneiden und nach 10 Minuten ebenfalls hinzufügen.

Die Strauchtomaten in kochendem Wasser blanchieren, häuten und das Fruchtfleisch klein schneiden. Die Schalotten in Ringe schneiden und in dem Öl glasig dünsten. Zusammen mit den Tomaten zur Suppe geben. Die Suppe mit Salz und Pfeffer abschmecken.

Kurz vor dem Servieren mit gehackter Petersilie bestreuen. Man kann Croûtons zur Suppe reichen oder einfach eine Scheibe getoastetes Bauernbrot.

Die Cannellinibohnen kann man auch durch andere kleine weiße Bohnen ersetzen.

Vorbereitungszeit
20 Minuten
Garzeit
ca. 90 Minuten
Schwierigkeitsgrad
einfach
Wein
Riviera Ligure di Ponente Pigato

ZUTATEN FÜR 4 PERSONEN

100 g Borlottibohnen
80 g Kichererbsen
2 Zweige Rosmarin
4 EL natives Olivenöl extra
je 200 g Sellerie, Karotten
und Zwiebeln, gewürfelt
80 g Hirse
50 g Grünkern
50 g Perlgraupen
1 l Gemüsebrühe
80 g rote Linsen
Salz und Pfeffer

Suppe mit gemischten Hülsenfrüchten und Getreide

Bohnen und Kichererbsen 12 Stunden (oder über Nacht) einweichen. Zusammen mit 1 Zweig Rosmarin mit frischem ungesalzenem Wasser, 2 Finger hoch, bedeckt im Schnellkochtopf 30 Minuten bei Stufe 2 garen.

Das Öl in einem Topf erhitzen und das gewürfelte Gemüse darin anrösten. Hirse, Grünkern, Graupen und den verbliebenen Rosmarin dazugeben und ebenfalls anrösten. Mit der Gemüsebrühe ablöschen. 20 Minuten köcheln lassen, dann die Linsen hinzufügen und weitere 10 Minuten köcheln. Den Rosmarin entfernen.

Die Hälfte der gegarten Bohnen und Kichererbsen (Rosmarin entfernen) im Mixer mit der Kochflüssigkeit pürieren. Püree und ganze Hülsenfrüchte zum Getreide geben. Mit Salz und Pfeffer abschmecken und eventuell noch weitere 10–15 Minuten ziehen lassen.

Vorbereitungszeit
20 Minuten
Garzeit
40–60 Minuten
Schwierigkeitsgrad
einfach
Wein
Chianti Classico

ZUTATEN FÜR 4 PERSONEN
2 kg Karden
1 Zwiebel
4 EL natives Olivenöl extra
2 EL Mehl
0,5 l Milch
100 g Mandeln, geschält
und gerieben
Salz und weißer Pfeffer
2 EL Mandelblättchen

Kardensuppe mit Mandeln

Die Karden waschen, putzen, in Stücke schneiden und in reichlich Wasser 1½ Stunden kochen. Das Wasser abgießen, die Kardenstücke mit frischem gesalzenem Wasser weiterkochen, bis sie gar sind. (Durch den Wasserwechsel verlieren sie ihren bitteren Geschmack.)

Die Zwiebel schälen, würfeln und in dem Öl glasig dünsten. Das Mehl darüberstäuben und rühren, bis eine Schwitze entsteht. Portionsweise unter ständigem Rühren die Milch angießen. Die Mandeln dazugeben, salzen und pfeffern und unter gelegentlichem Rühren 5 Minuten köcheln lassen.

Die Karden mit etwas Kochwasser dazugeben und weitere 10 Minuten köcheln. Inzwischen die Mandelblättchen in einer beschichteten Pfanne vorsichtig rösten. Die Suppe mit den Mandelblättchen garniert servieren.

Karde – auch Cardy, Distelkohl oder Spanische Artischocke genannt – ist ein selten angebotenes Stängelgemüse, das botanisch und geschmacklich mit der Artischocke verwandt ist. Zarte, junge Stängel brauchen eine geringere Kochzeit.

Vorbereitungszeit
10 Minuten
Garzeit
110 Minuten
Schwierigkeitsgrad
einfach
Wein
Cesanese del Piglio

ZUTATEN FÜR 4 PERSONEN
1 Zwiebel
2 Karotten
100 g Knollensellerie
2 EL natives Olivenöl extra
250 g Perlgraupen
4 Mangoldblätter
150 g gekochte
weiße Bohnen (Dose)
2 mittelgroße Tomaten
Salz und Pfeffer

Graupensuppe mit Bohnen und Mangold

Vorbereitungszeit
20 Minuten
Garzeit
40 Minuten
Schwierigkeitsgrad
einfach
Wein
Bardolino Chiaretto

Zwiebel, Karotten und Sellerie waschen, putzen und in kleine Würfel schneiden. In einem großen Topf mit dem Öl leicht anrösten. Die Graupen dazugeben, ebenfalls kurz anrösten, dann so viel Wasser angießen, dass die Graupen bedeckt sind. Bei geschlossenem Topf etwa 20 Minuten köcheln lassen.

Das Grün der Mangoldblätter in Streifen schneiden, zusammen mit den Bohnen aus der Dose an die Suppe geben und weitere 10 Minuten kochen. Die Tomaten ohne Kerne in kleine Würfel schneiden, zur Suppe geben und 5 Minuten mitgaren. Die Suppe mit Salz und Pfeffer abschmecken und servieren.

Wer einen kräftigeren Geschmack liebt, kann 2 Zweige Rosmarin oder Liebstöckel mitkochen. Statt Mangold kann man auch würzigen Winterspinat verwenden.

ZUTATEN FÜR 4 PERSONEN
1,5 kg gemischte Wildpilze
8 EL natives Olivenöl extra
2 Knoblauchzehen
1 frische rote Pfefferschote
0,5 l Gemüsebrühe
4 Scheiben Mischbrot
2 Eier
je 5 EL geriebener Parmesan
und Pecorino
2 EL gehackte Petersilie

Wildpilzsuppe

Die Pilze sorgfältig putzen und in Stücke schneiden. Das Öl in einem Topf erhitzen, die ganzen geschälten Knoblauchzehen und die halbierte Pfefferschote kräftig darin anbraten, dann beides wieder entfernen. Die Pilze in den Topf geben und unter ständigem Rühren (oder Schwenken des Topfs) bei starker Hitze garen, bis alles Wasser aus ihnen verdunstet ist.

Die Gemüsebrühe angießen und die Pilze etwa 5 Minuten leise köcheln lassen. Währenddessen die Brotscheiben toasten und die Eier mit den geriebenen Käsen verquirlen.

In jeden Suppenteller eine Scheibe Brot legen und jeweils ein Viertel der Eiermischung darauf verteilen. Die heiße Pilzsuppe darübergeben und sofort mit Petersilie bestreut servieren.

Noch schmackhafter wird die Suppe, wenn man über jede Portion etwas frischen schwarzen Trüffel hobelt.

Vorbereitungszeit
35 Minuten
Garzeit
30 Minuten
Schwierigkeitsgrad
einfach
Wein
Montescudaio Rosso

Die Zwiebel (Allium cepa) gehört zu der Familie der Liliaceen und wurde schon vor Jahrtausenden zur Ernährung genutzt. Inschriften und Wandbilder aus dem alten Ägypten zeigen, dass Zwiebeln und Knoblauch ein wichtiges Grundnahrungsmittel der Bauarbeiter an den Pyramiden waren. Den alten Persern galt die Zwiebel als heilige Pflanze und Griechen und Römern war sie, ebenso wie uns noch heute, in der alltäglichen Küche unverzichtbar – ist sie doch Gemüse und Würze zugleich.

Mittlerweile werden Zwiebeln weltweit kultiviert, als Wildpflanze findet man sie nicht mehr. Die Formenvielfalt der Speisezwiebeln ist riesig; sie unterscheiden sich in Größe, Farbe der pergamentenen Außenhaut, die bräunlich, weiß oder rotviolett sein kann, sowie im Grad ihrer Schärfe.

Rote Zwiebeln stammen meist aus Italien und haben eine dünne rote bis rotviolette Außenhaut und ebensolche Innenhäute, sodass sie im Anschnitt konzentrische rote Kreise aufweisen. Da sie ebenfalls mild bis süßlich im Geschmack sind, nimmt man sie gern als Rohwürze zu Salaten, denen sie durch ihre Färbung einen besonderen Akzent verleihen.

Perl- oder Silberzwiebeln sind kleine, maximal 3,5 Zentimeter große Zwiebeln mit weißer oder brauner Außenhaut und weißem Fleisch. Sie sind mild im Geschmack und werden meist als Ganzes in Essig und Salz eingelegt, können aber auch am Stück geschmort als Gemüsebeilage dienen.

Gemüsezwiebeln sind große braunschalige Zwiebeln mit mildem, weißem Fleisch. Die einzelne Zwiebel kann bis zu 200 Gramm wiegen. Wegen ihres süßlich-

Je nach Aussaat unterscheidet man zwischen den meist etwas milderen Sommerzwiebeln und den beißenderen Winterzwiebeln, die aber beide in der Erde völlig ausreifen und nach der Ernte getrocknet werden. Sie kommen lose oder in luftige Netze abgepackt in den Handel. Neben ihnen gibt es die frischen Zwiebeln, die im Grunde unreif geerntet werden, bevor sie die dicke Knolle ausbilden, und als Frühlings- oder Lauchzwiebeln verkauft werden.

✓ Die wichtigsten Sorten

Die normale Haushaltszwiebel, auch Küchen- oder Gewürzzwiebel genannt, ist die gängigste und gebräuchlichste in unseren Küchen. Die trockene Außenhaut ist mattbraun, das Fleisch weiß und von unterschiedlicher Schärfe. Sie werden meist gegart. Weiße Zwiebeln, eine Variante der Haushaltszwiebeln, haben eine weiße Außenhaut und weißes Fleisch. Sie werden ihres zarteren Aromas wegen gern auch roh verwendet.

würzigen Geschmacks nimmt man sie gern roh zu Salaten, grillt sie aber auch oder höhlt sie aus, füllt sie und schmort sie am Stück.

Flache Zwiebeln kommen ebenfalls aus Italien. Sie sind klein, mit zarter brauner Haut und weißem Fleisch, von mildem Geschmack und können wie Silberzwiebeln geschmort oder eingelegt werden.

Schalotten haben unter den Speisezwiebeln das mildeste Aroma und sind die von den Gourmetköchen bevorzugten Würzzwiebeln für Soßen und Fonds. Wie Knoblauch bilden Schalotten mehrere, von der rötlich-braunen Pergamenthaut umschlossene Zehen.

✓ Tipps für Kauf und Lagerung

Besonders wenn man in Netzen abgepackte Zwiebeln kauft, sollte man darauf achten, dass möglichst alle Exemplare im Netz prall, trocken und fest sind und sich keine grünen Spitzen an ihnen zeigen. Ware in Plastikbeuteln sollte man meiden, die Zwiebeln „schwitzen"

Der Zwiebel werden viele heilende Eigenschaften nachgesagt. Tatsächlich wirkt sie aufgrund der in ihr enthaltenen organischen Schwefelverbindungen antibakteriell sowie senkend auf Blutdruck, Blutzucker und Blutfettwerte. Mit Honig versetzt gilt ihr Saft als wirksames Hausmittel gegen Husten. Neben Kalium und Zink enthalten Zwiebeln das Provitamin A und 100 Gramm schlagen im Schnitt mit 26 Kalorien zu Buche.

darin und beginnen schnell zu schimmeln. Entdeckt man bei gekaufter Ware ein fauliges Exemplar, muss man es sofort entfernen, denn es kann leicht alle anderen Zwiebeln anstecken.

Alle Arten von Zwiebeln die gut durchgetrocknet sind, lassen sich kühl, trocken und möglichst dunkel gelagert 2 bis 3 Monate aufbewahren.

✔ Küchentipps

Zum Würfeln die Zwiebel schälen, den Stängelansatz, aber nicht das Wurzelende, abschneiden und die Zwiebel längs halbieren. Auf die Schnittfläche legen und der Länge nach in gleichmäßigen Abständen parallel bis fast zum Wurzelende einschneiden, dann quer je nach Dicke der Zwiebelhälfte ein- oder zweimal vom Stielende zum Wurzelende hin einschneiden. Nun vom Stielende beginnend Würfel schneiden. Dafür immer ein scharfes Messer benutzen. Je weniger die Zwiebel durch eine stumpfe Klinge gepresst wird, desto weniger beißender Saft tritt aus. Deshalb Zwiebeln auch nicht hacken; außerdem werden sie davon bitter. Die Zwiebeln immer erst direkt vor dem Gebrauch schneiden, damit sie nicht braun oder bitter werden. Zwiebeln, die man roh verwendet, immer sofort in die Salatsoße geben.

Sehr scharfe Zwiebeln, die man roh verzehren möchte, kurz in kochendem Wasser blanchieren und danach in Eiswasser abschrecken, das nimmt die Schärfe. Beim Anrösten in Fett die Zwiebeln immer in Bewegung halten, denn sie verbrennen leicht und werden dann bitter. Wenn sie zu dunkel zu werden drohen, Kochgeschirr sofort vom Herd nehmen und etwas Flüssigkeit angießen.

SCHNITT OHNE TRÄNEN

Was der Zwiebel ihren charakteristischen Geruch und Geschmack verleiht, sind die Glucosinolate, schwefelige Aromastoffe, welche die Schleimhaut reizen und uns deshalb beim Schneiden der Zwiebel zu Tränen rühren. Es gilt: Je älter eine Zwiebel, desto mehr der Aromastoffe gibt sie ab. Junge Zwiebeln der Frühsommerernte treiben weniger Tränen als lange gelagerte Winterzwiebeln. Am besten ist, bei offenem Fenster zu arbeiten. Grundsätzlich hilft es auch ein wenig, die Zwiebel kalt zu waschen und mit tropfnassen Händen zu arbeiten. Unter fließendem Wasser zu arbeiten empfiehlt sich hingegen nicht, weil dabei zu viele Nährstoffe aus der Zwiebel ausgeschwemmt werden.

ZUTATEN FÜR 4 PERSONEN

1 kg gemischtes grünes Blattgemüse
(z.B. Spinat, Mangold, Borretsch, Pac-Choi,
Brennnessel, Zichorie)
1 l Gemüsebrühe
200 g gekochter Reis
100 g Basilikumblätter

1 Knoblauchzehe
1 EL Pinienkerne
2 EL geriebener Parmesan
Salz und Pfeffer
125 ml natives Olivenöl extra
Salz und Pfeffer

Grüne Gemüsesuppe mit Basilikum

Das grüne Blattgemüse waschen, putzen, in Streifen schneiden und in der Gemüsebrühe garen (je nach Art der Gemüse 10–30 Minuten), dann den gekochten Reis dazugeben und erhitzen.

In der Zwischenzeit die Basilikumblätter mit Knoblauch, Pinienkernen, Parmesan und Öl im Mixer zu einem Pesto pürieren. Mit Salz und Pfeffer abschmecken.

Die Suppe heiß servieren und bei Tisch auf jede Portion etwas von dem Basilikumpesto geben. Nach Geschmack weiteren geriebenen Parmesan dazu reichen.

Es ist wenig bekannt, aber auch die grünen Blätter von Kohlrabi und Brokkoli sind essbar und können sehr gut für diese Suppe verwendet werden. Den Reis kann man durch Nudeln ersetzen.

Vorbereitungszeit
15 Minuten
Garzeit
30 Minuten
Schwierigkeitsgrad
einfach
Wein
Riviera a Ligure di Ponente Pigato

ZUTATEN FÜR 4 PERSONEN
1 Zwiebel
½ rote Pfefferschote
3 EL natives Olivenöl extra
250 g große
Gerstengraupen
2 l Gemüsebrühe
80 g geschälte Erbsen
80 g rote Linsen
Salz und Pfeffer

Graupensuppe mit Hülsenfrüchten

Die Zwiebel schälen und würfeln. Aus der Pfefferschote die Kerne entfernen und die Schote in hauchfeine Streifen schneiden. Das Öl in einem großen Topf erhitzen, Zwiebel und Pfefferschote darin andünsten.

Die gewaschenen, gut abgetropften Graupen dazugeben, kurz anrösten, dann die Gemüsebrühe angießen. Die Erbsen hinzufügen und bei geschlossenem Topf 30 Minuten köcheln lassen. Die gut verlesenen Linsen dazugeben und weitere 15 Minuten garen. Mit Salz und Pfeffer abschmecken und heiß servieren.

Man kann die Suppe auch mit dem üblichen Suppengemüse (Karotte, Sellerie, Lauch) anreichern und statt der Gerstengraupen die kleineren Perlgraupen verwenden.

Vorbereitungszeit
15 Minuten
Garzeit
40 Minuten
Schwierigkeitsgrad
einfach
Wein
Refosco dal Peduncolo Rosso

ZUTATEN FÜR 4 PERSONEN
2 Stangen Porree
3 EL natives Olivenöl extra
500 g Kürbis
1,2 l Gemüsebrühe
1 Zweig Rosmarin
Zimtpulver
Salz und Pfeffer
4 EL geriebener Parmesan

Kürbissuppe mit Porree

Den Porree waschen, putzen und den weißen sowie hellgrünen Teil in feine Ringe schneiden. Das Öl in einem großen Topf erhitzen und den Porree darin andünsten. Den geschälten, in Würfel geschnittenen Kürbis hinzufügen und die Gemüsebrühe angießen. Die von dem Stängel gezupften Rosmarinblätter dazugeben, alles etwa 25 Minuten köcheln lassen.

Die Suppe mit Zimt, Salz und Pfeffer abschmecken und heiß servieren. Bei Tisch mit Parmesan bestreuen.

Für diese Suppe braucht man einen Kürbis mit festem Fleisch, das beim Kochen nicht zerfällt. Gut geeignet sind Moschuskürbis, Hokkaido oder Potimarron.

Vorbereitungszeit
20 Minuten
Garzeit
30 Minuten
Schwierigkeitsgrad
einfach
Wein
Alto Adige Gewürztraminer

ZUTATEN FÜR 4 PERSONEN
je 250 g Cannellini- und
Borlottibohnen
6 EL natives Olivenöl extra
1 Zwiebel, gehackt
1 Knoblauchzehe, gehackt
1 EL Tomatenmark
300 g Kartoffeln, geschält,
gewürfelt
150 g Karotten, in Scheiben
150 g Staudensellerie,
in Stücken
½ Wirsing, klein geschnitten
1 l Gemüsebrühe
Salz und Pfeffer

Gemüsesuppe nach toskanischer Art

Die Bohnen 8 Stunden (oder über Nacht) einweichen. Mit frischem ungesalzenem Wasser im Schnellkochtopf 30 Minuten auf Stufe 2 kochen.

Das Öl in einem großen Topf erhitzen, Zwiebel und Knoblauch darin glasig dünsten. Das Tomatenmark dazugeben und leicht anbraten, dann mit ½ Tasse Wasser ablöschen. Die restlichen Gemüse hinzufügen, mit der Brühe auffüllen und 30 Minuten köcheln lassen.

Die gegarten Bohnen untermischen, mit Salz und Pfeffer abschmecken und heiß servieren. Geröstetes Mischbrot dazu reichen.

Man kann dem Kochwasser der Bohnen 2 Lorbeerblätter und dem Gemüse einige Blättchen Salbei oder etwas Rosmarin zugeben. Die in der Toskana Ribollita („Aufgewärmte") genannte Suppe wird in der Tat schmackhafter, wenn man sie über Nacht ziehen lässt und dann am nächsten Tag aufwärmt.

Vorbereitungszeit
20 Minuten
Garzeit
40 Minuten
Schwierigkeitsgrad
einfach
Wein
Chianti Classico

ZUTATEN FÜR 4 PERSONEN
100 g Borlottibohnen
100 g ganze Dinkelkörner
1 Knoblauchzehe
1 kleine Zwiebel
2 EL natives Olivenöl extra
1 Zweig Rosmarin
1 Tässchen Espresso
150 g frische dicke Bohnen
Salz und Pfeffer
das Weiße von 1 dünnen
Stange Porree
Öl zum Frittieren

Bohnensuppe mit Dinkel und Espresso

Borlottibohnen und Dinkelkörner getrennt 8 Stunden einweichen. Die Bohnen in frischem ungesalzenem Wasser mit der ganzen Knoblauchzehe 60 Minuten garen.

Die Zwiebel würfeln und in 2 EL des Öls glasig dünsten. Den Rosmarin und den abgetropften Dinkel zugeben und leicht anrösten. Mit dem Espresso ablöschen und einkochen lassen. Den Dinkel mit Wasser bedecken und 30 Minuten köcheln, dann auf der ausgeschalteten Herdplatte nachquellen lassen, bis auch die Bohnen gar sind.

Die frischen dicken Bohnen in kochendem Wasser 2 Minuten blanchieren. Borlotti- und dicke Bohnen zum Dinkel geben, durchmischen und mit Salz und Pfeffer abschmecken. Den Porree in sehr feine Ringe schneiden und in heißem Öl kurz kross frittieren. Die Suppe in Tassen füllen und auf jede Portion etwas von dem frittierten Porree geben.

Vorbereitungszeit
25 Minuten
Garzeit
70 Minuten
Schwierigkeitsgrad
mittel
Wein
Alto Adige Gewürztraminer

ZUTATEN FÜR 3–4 PERSONEN
350 g Spaghetti
1 Bund Frühlingszwiebeln
1 Knoblauchzehe
1 rote Pfefferschote

4 EL natives Olivenöl extra
Salz
2 Scheiben Kastenweißbrot

Spaghetti mit Frühlingszwiebeln

3,5 l Wasser zum Kochen bringen und die Spaghetti darin al dente kochen.

Währenddessen die Frühlingszwiebeln waschen, putzen und in feine Ringe schneiden. Den Knoblauch fein hacken, die Pfefferschote halbieren, die Kerne entfernen, das Fruchtfleisch in feinste Streifchen schneiden.

Vorbereitungszeit
15 Minuten
Garzeit
20 Minuten
Schwierigkeitsgrad
einfach
Wein
Keine Empfehlung

Das Öl in einer Pfanne erhitzen, die grünen Teile der Frühlingszwiebel und den Knoblauch darin 1 Minute anbraten, dann ½ Tasse Wasser angießen und fast einkochen lassen. Das Weiße der Frühlingszwiebeln und die Pfefferschote dazugeben, nochmals ½ Tasse Wasser angießen und salzen. Die Kruste von dem Brot abschneiden, das weiche Füllsel direkt über der Pfanne mit den Händen zerbröseln.

Die Spaghetti abgießen und mit der Soße sofort heiß servieren.

ZUTATEN FÜR 3–4 PERSONEN
350 g Fusilli
6 Artischockenherzen
(Dose)
200 g Kirschtomaten
1 Schalotte
4 EL natives Olivenöl extra
4 EL Cognac
Salz und Pfeffer

Fusilli mit Artischockenherzen

3,5 l Wasser zum Kochen bringen und die Fussili darin al dente kochen.

Die Artischockenherzen abtropfen lassen und in feine Streifen schneiden. Die Kirschtomaten waschen und vierteln.

Die Schalotte würfeln und in dem Öl glasig dünsten. Den Cognac hinzufügen und einkochen lassen. Die Artischockenstreifen und die Kirschtomaten in die Pfanne geben und zugedeckt 5 Minuten köcheln lassen, salzen und pfeffern.

Die Fusilli abgießen, in die Pfanne geben und in der Soße durchschwenken, sofort heiß servieren.

Wenn man kleine, junge Artischocken bekommt, die man im Ganzen zubereiten kann, so sollte man sie der Dosenware vorziehen. Man schneidet sie roh in Streifen; sie benötigen eine Garzeit von 20 Minuten.

Vorbereitungszeit
10 Minuten
Garzeit
20 Minuten
Schwierigkeitsgrad
einfach
Wein
Lago di Caldaro Schiava

ZUTATEN FÜR 3–4 PERSONEN
350 g Bavette
1 Zwiebel
6 EL natives Olivenöl extra
300 g gelbe Kirschtomaten
1 Bund Minze
1 Knoblauchzehe
30 g geschälte Mandeln
4 EL geriebener Parmesan
100 g frisch geriebener Pecorino
einige Blättchen frischer Oregano

Bavette mit gelben Kirschtomaten und Minzepesto

3,5 l Wasser zum Kochen bringen und die Bavette darin al dente kochen.

Die geschälte Zwiebel in feine Ringe schneiden und in einer Pfanne mit 2 EL des Öls glasig dünsten. Die gewaschenen, geachtelten Kirschtomaten hinzufügen und 5 Minuten dünsten.

Die Blätter von der Minze zupfen, mit dem Knoblauch, den Mandeln, dem Parmesan, dem restlichen Olivenöl und so viel von dem Kochwasser der Nudeln wie nötig in einen Mixer geben und zu einem Pesto pürieren.

Die gegarten Nudeln abgießen, zu den Tomaten in die Pfanne geben, Pesto und Pecorino hinzufügen und gut durchschwenken. Mit einigen Oreganoblättchen garnieren und heiß servieren.

Vorbereitungszeit
15 Minuten
Garzeit
20 Minuten
Schwierigkeitsgrad
einfach
Wein
Cinque Terre

ZUTATEN FÜR 3–4 PERSONEN

500 g grüne Bohnen
350 g Farfalle
12 Basilikumblätter
12 Blätter glatte Petersilie
4 EL geriebener Parmesan
3 EL natives Olivenöl extra
Salz und Pfeffer

Farfalle mit Soße von grünen Bohnen

Die gewaschenen und geputzten Bohnen in 3 l Wasser bissfest kochen. Mit der Schaumkelle herausheben, das Wasser erneut zum Kochen bringen und die Farfalle darin al dente kochen.

Währenddessen die Bohnen in Stücke schneiden, zusammen mit Basilikum, Petersilie, Parmesan, Olivenöl und etwas Kochwasser von den Nudeln zu einer glatten Soße pürieren. Mit Salz und Pfeffer abschmecken.

Die gegarten Farfalle abgießen, in eine vorgewärmte Schüssel geben und mit der Bohnensoße übergießen. Durchmischen und sofort servieren.

Vorbereitungszeit
15 Minuten
Garzeit
30–35 Minuten
Schwierigkeitsgrad
einfach
Wein
Cinque Terre

Zarte Prinzessbohnen sind für dieses Gericht besonders gut geeignet. Man kann dabei durchaus auf Tiefkühlware zurückgreifen. Die aufgetauten Bohnen haben eine kürzere Kochzeit als die frischen.

ZUTATEN FÜR 3–4 PERSONEN
300 g kleine Muschelnudeln
je 300 g in Öl eingelegte
gegrillte Paprika und
Auberginen
1 kleiner Zucchino
30 g entsteinte grüne Oliven
300 g geräucherter Scamorza
einige Basilikumblätter
2–3 El natives Olivenöl extra
Salz

Nudelsalat mit gegrilltem Gemüse

3 l Wasser zum Kochen bringen und die Nudeln darin al dente kochen, abgießen, kalt abschrecken und kalt werden lassen.

Das gegrillte Gemüse aus dem Glas nehmen, abtropfen lassen, in Stücke schneiden und in eine Schüssel füllen. Den Zucchino, die Oliven und den Scamorza in kleine Stücke, das Basilikum in Streifen schneiden, alles zusammen mit den Nudeln in die Schüssel geben. Mit dem Öl beträufeln, salzen, gut durchmischen und vor dem Servieren 1 Stunde durchziehen lassen.

Vorbereitungszeit
5 Minuten
Garzeit
12 Minuten
Schwierigkeitsgrad
einfach
Wein
Ribolla Gialla

🫑 Scamorza ist gereifter Büffelmozarella, der häufig geräuchert angeboten wird. Man erkennt ihn an seiner typisch runden Form mit dem kleinen Köpfchen und der vom Räuchern braunen Außenhaut.

ZUTATEN FÜR 3–4 PERSONEN
350 g Penne
4 kleine Zucchini
300 g küchenfertig
geputzte frische Steinpilze
50 g Butter
1 Knoblauchzehe
1 EL Schnittlauchröllchen
Salz und Pfeffer
50 g geriebener Parmesan

Penne mit Steinpilzen und Zucchini

Vorbereitungszeit
10 Minuten
Garzeit
15 Minuten
Schwierigkeitsgrad
einfach
Wein
Colli Bolognesi Barbera

3,5 l Wasser zum Kochen bringen und die Penne darin al dente kochen.

Die Zucchini in feine Streifen, die Steinpilze in Stücke schneiden. Die Butter in einer großen Pfanne zerlassen und die Zucchinistreifen darin 5 Minuten anbraten. Dann die Steinpilze zugeben, unter häufigem Wenden weitere 10 Minuten braten. Den sehr fein gehackten Knoblauch und die Schnittlauchröllchen hinzufügen und untermischen. Salzen und pfeffern.

Die gegarten Nudeln tropfnass in die Pfanne geben, alles gut durchschwenken und sofort heiß servieren. Bei Tisch nach Geschmack mit Parmesan bestreuen.

Statt der frischen kann man auch 30 g getrocknete Steinpilze nehmen, die man vorher 30 Minuten in warmem Wasser eingeweicht hat, oder 300 g TK-Steinpilze.

ZUTATEN FÜR 3–4 PERSONEN
350 g Spaghetti
1 großer Radicchio
2 Zucchini
2 Karotten
1 Schalotte
4 EL natives Olivenöl extra
4 EL Weißwein
Salz und Pfeffer
1 EL gehackte Petersilie
50 g geriebener Parmesan

Spaghetti mit Gemüse in drei Farben

3,5 l Salzwasser zum Kochen bringen und die Nudeln darin al dente kochen.

Von dem Radicchio die äußeren Blätter entfernen, den restlichen Kopf in feine Streifen schneiden. Zucchini und Karotten waschen, längs in dünne Scheiben und diese in lange, schmale Streifen schneiden. Alle drei Gemüsesorten in kochendem Wasser 2 Minuten blanchieren, dann abgießen.

Die Schalotte schälen, in feine Ringe schneiden und in dem Öl andünsten. Das abgetropfte Gemüse zugeben, den Wein angießen und bei geschlossenem Deckel etwa 10 Minuten dünsten, dann salzen und pfeffern.

Die gegarten Spaghetti tropfnass in die Pfanne geben. Alles gut durchschwenken, mit der Petersilie bestreuen, nochmals durchschwenken und sofort heiß servieren. Bei Tisch nach Geschmack mit Parmesan bestreuen.

Statt der Spaghetti kann man auch Trenette oder Linguine (sehr schmale, flache Nudeln) verwenden.

Vorbereitungszeit
15 Minuten
Garzeit
15 Minuten
Schwierigkeitsgrad
mittel
Wein
Keine Empfehlung

ZUTATEN FÜR 3–4 PERSONEN

200 g Kirschtomaten
4 EL natives Olivenöl extra
1 Knoblauchzehe, gehackt
je 4–5 Blätter Basilikum und Minze, gehackt
Blättchen von 3 Zweigen Thymian
1 scharfe kleine Chilischote

FÜR DIE RAVIOLI

1 Aubergine
2 EL natives Olivenöl extra
1 Knoblauchzehe, gehackt
250 g Ricotta
8 EL geriebener Parmesan
5 Basilikumblätter, gehackt
Salz und Pfeffer
400 g frischer Pastateig

Ravioli mit Auberginenfüllung und Tomaten

Die Kirschtomaten waschen, halbieren und in eine flache Schale legen. Das Öl erhitzen, Knoblauch, Kräuter und die halbierte Chilischote kurz darin angehen lassen. Das Gemisch über die Tomaten träufeln und zugedeckt mindestens 30 Minuten marinieren lassen.

Die Aubergine schälen und klein würfeln. Das Öl in einer Pfanne erhitzen, den Knoblauch darin anbraten, dann die Auberginenwürfel dazugeben und zugedeckt 10 Minuten garen. In eine Schüssel umfüllen und abkühlen lassen. Ricotta, 5 EL des Parmesans, Basilikum, Salz und Pfeffer hinzufügen und alles gut vermengen.

Den Pastateig dünn ausrollen und Kreise von 3–4 cm Durchmesser ausstechen. Die Hälfte der Teigkreise leicht mit Wasser benetzen. In die Mitte der benetzten Teigkreise jeweils etwas Füllung setzen. Mit den restlichen Teigkreisen bedecken und an den Rändern gut zusammendrücken. Die Ravioli in kochendem Salzwasser garen, bis sie an die Oberfläche steigen. Mit den Kirschtomaten und gehobeltem Parmesan servieren.

Vorbereitungszeit
40 Minuten
Garzeit
20 Minuten
Schwierigkeitsgrad
schwierig
Wein
Falanghina

ZUTATEN FÜR 3–4 PERSONEN

400 g mehlig-
kochende Kartoffeln
5 EL Milch
4 EL geriebener Pecorino
2 EL geriebener Parmesan
1 Bund Schnittlauch
Salz und Pfeffer
350 g frische
Lasagneblätter
Butter für die Form
200 g ausgepalte
dicke Bohnen
400 g geschälte Tomaten
(Dose)
1 Knoblauchzehe, gehackt

Cannelloni mit würziger Kartoffelfüllung

Die Kartoffeln schälen, in grobe Würfel schneiden und im Schnellkochtopf in etwa 6 Minuten garen. Durch die Presse in eine Schüssel drücken, die Milch, den geriebenen Käse und den in Röllchen geschnittenen Schnittlauch dazugeben und zu einem Püree verrühren. Salzen und pfeffern.

Die Lasagneblätter in kochendem Salzwasser al dente kochen und auf frischen Küchenhandtüchern ausbreiten. Auf jedes Blatt etwas Kartoffelmasse geben, zu Cannelloni rollen und nebeneinander in eine gebutterte flache Auflaufform setzten.

Die dicken Bohnen 1 Minute in kochendem Salzwasser blanchieren, in Eiswasser abschrecken und aus den harten Schalen drücken. Nebenbei die geschälten Tomaten in einem Topf erhitzen, den Knoblauch und dann die Bohnenkerne dazugeben, salzen und pfeffern und auf den Cannelloni verteilen. Die Cannelloni 10 Minuten in den auf 200 °C vorgeheizten Backofen geben und sofort servieren.

Vorbereitungszeit
50 Minuten
Garzeit
30 Minuten
Schwierigkeitsgrad
mittel
Wein
Collio Bianco

Statt der frischen dicken Bohne kann man auch tiefgefrorene oder Flageoletts aus der Dose beziehungsweise TK-Erbsen nehmen.

ZUTATEN FÜR 3–4 PERSONEN
1 große oder 2 kleine
Auberginen
300 g Linguine
2 EL natives Olivenöl extra
2 Knoblauchzehen, gehackt
5 Basilikumblätter, gehackt
Salz und Pfeffer
120 g gesalzener Ricotta

Linguine mit Auberginenpüree

Die Auberginen waschen, putzen und mit der Schale in Würfel schneiden. Die Würfel in ein Sieb geben, das über einer Schüssel hängt. Großzügig mit Salz bestreuen und 30 Minuten stehen lassen.

Die Auberginenwürfel abbrausen und gut trockentupfen. Das Öl in einer Pfanne erhitzen und den gehackten Knoblauch sowie die Auberginenwürfel dazugeben. Bei starker Hitze anbraten. Dann die Hitze reduzieren und die Auberginen zugedeckt etwa 20 Minuten garen, bis ein grobes Püree entstanden ist. Das gehackte Basilikum untermischen, mit Salz und Pfeffer abschmecken.

Nebenher die Lingiune in 3 l gesalzenem Wasser al dente kochen. Auf Teller geben und das Auberginenpüree darüber verteilen. Gesalzenen Ricotta darüberhobeln und sofort servieren.

Statt des gesalzenen Ricotta kann man auch gut gereiften Pecorino verwenden.

Vorbereitungszeit
40 Minuten
Garzeit
20 Minuten
Schwierigkeitsgrad
einfach
Wein
Colli di Luni Vermentino

ZUTATEN FÜR 3–4 PERSONEN
350 g Reginette
200 g Kirschtomaten
100 g Rucola

3 EL natives Olivenöl extra
2 Knoblauchzehen
100 g geriebener Pecorino

Reginette mit Rucola und Kirschtomaten

3,5 l Salzwasser zum Kochen bringen und die Reginette darin al dente kochen.

Die Kirschtomaten waschen und halbieren. Den Rucola verlesen, waschen, gut abtropfen lassen und grob in Streifen schneiden. Das Öl in einer Pfanne erhitzen und den geschälten Knoblauch darin rundherum kräftig anrösten, dann aus der Pfanne entfernen und die Tomaten mit der Schnittfläche nach unten hineinlegen.

Die Pfanne rütteln damit die Tomaten nicht ansetzen. Nach 2–3 Minuten den Rucola dazugeben und bei schwacher Hitze und aufgelegtem Deckel leicht zusammenfallen lassen.

Die gegarten Reginette abgießen und auf Teller verteilen. Rucola und Kirschtomaten darübergeben, bei Tisch großzügig mit Pecorino bestreuen.

Vorbereitungszeit
20 Minuten
Garzeit
20 Minuten
Schwierigkeitsgrad
einfach
Wein
Ribolla Gialla

Man meint immer, Italien sei das Ursprungsland der Nudeln, doch so einfach ist die Sache nicht. Zwar darf man vermuten, dass Italien die Heimat der europäischen Teigwaren ist, aber auch in Asien haben Nudeln eine sehr lange Tradition und Geschichte, wobei asiatische Nudeln nicht nur aus Weizenmehl hergestellt werden, sondern vielfach auch aus Reis- und Buchweizenmehl sowie aus Mungbohnenstärke.

Seit die Menschen vor rund 7000 Jahren sesshaft wurden und Getreide anbauten, um daraus Mehl zu gewinnen, bereitete man aus diesem Mehl Teig, der zu Fladen und Broten gebacken oder roh in Streifen geschnitten und dann in Wasser oder Brühe gegart wurde. Schon Griechen und Römer kannten Gerichte mit gegarten dünnen Teigplatten, die eine Art Vorläufer der heutigen Lasagne darstellten.

Es waren aber wohl die Araber, die als Erste auf die Idee kamen, den frischen Pastateig zu trocknen und ihn so nahezu unbegrenzt haltbar zu machen. Eine Methode, die bald auch in Italien Fuß fasste. Getrocknete Bandnudel aus Hartweizengrieß, „trie" genannt, kamen zuerst in Palermo auf, während die „Maccheroni" 1279 in Genua erstmals urkundlich erwähnt wurden.

In Neapel setzte die Nudelproduktion erst später ein, doch im 18. Jahrhundert gab es dort bereits mehr als 200 Pastahersteller und überall fanden sich Garküchen, die Pastagerichte anboten, welche die Menschen gleich auf der Straße mit den Fingern verzehrten.

Die typische Zusammenstellung von Nudeln und Tomatensoße ist eine relativ junge Erscheinung, denn die Tomate war ja bis zur Entdeckung Amerikas in Europa unbekannt. Seit dem 19. Jahrhundert aber ist die Pastasciutta das italienische Nudelgericht schlechthin, das seinen Siegeszug rund um den Globus antrat.

✔ Pasta in allen Formen

In Italien unterscheidet man mindesten 300 verschiedene Nudelformen, die aber alle in einige wenige Grundkategorien fallen: **Lange, runde** Nudeln wie Spaghetti und hohle Bucatini sowie **lange flache** Bandnudeln mit glattem Rand, die sehr schmal sein können wie Trenette, etwas breiter wie Fettuccine oder sehr breit wie Pappardelle. Daneben es gibt lange Bandnudeln mit gewelltem Rand wie die Reginette. Darüber hinaus kennt man **kurze Hohlnudeln** wie Penne, die glatt oder gerillt sind, sowie unzählige **kurze geformte** Nudeln wie Farfalle, Fussili, Orecchiette, Rotelle und viele andere. Zu guter Letzt wären da noch die winzigen Nüdelchen zu erwähnen, die meist als Suppeneinlage dienen, sowie die großen Blätter, die man für Lasagne und Cannelloni verwendet.

Fast all diese Formen stellt man aus zwei grundsätzlich verschiedenen Nudelteigen her: **Eiernudelteig**, der mit Mehl und Eiern zubereitet wird und beim Garen sehr weich werden kann, sowie ein nur aus **Hartweizengrieß und Wasser** hergestellter Teig. Frische Teigwaren, die nur wenige Minuten Garzeit benötigen und als Fertigware leicht verderblich sind, werden immer mit Eiern hergestellt. Hartweizennudeln sind nur als Trockennudeln erhältlich. Beide Sorten können mit Spinat, Tomatemark, Safran und/oder Speisefarben bunt gefärbt sein, was aber auf den Geschmack meist nur wenig Einfluss hat. Lediglich die mit Tin-

Die Nudeln immer in sprudelnd kochendes Wasser geben. Lange Nudeln aufrecht am Stück, wie ein Bündel Mikadostäbe, ins Wasser stellen und auseinanderfallen lassen. Sofern sie aus dem Wasser ragen, mit dem Kochlöffel vorsichtig ganz hineinschieben. Geformte Nudeln sofort mit einem Holzkochlöffel durchrühren und trennen, geradrandige Nudeln in dem Maße, wie sie weich werden, langsam ganz ins Wasser schieben und dann durch wiederholtes Rühren verhindern, dass sie aneinanderkleben.

Zur Verkürzung der Kochzeit die Nudeln je nach Art etwa 5 bis 7 Minuten sprudelnd kochen lassen, dann abgießen und in die vorbereitete Soße geben. Diese eventuell mit etwas Nudelkochwasser oder passender Brühe verdünnen und die Nudeln darin zu Ende garen. Statt das Kochwasser auf dem Herd zu erhitzen, kann man es auch in der Mikrowelle (4 Minuten bei maximaler Leistung) zum Kochen bringen oder in einem elektrischen Wasserkocher erhitzen.

Die al dente, also bissfest, gekochte Pasta sofort abgießen, nicht bloß vom Herd nehmen, denn sie gart in dem heißen Wasser nach. Sollte die Soße noch nicht fertig sein, das Sieb mit der Pasta in den Topf hängen und diesen mit ein wenig Wasser wieder auf die Herdplatte stellen. Die Pasta zusätzlich mit einem Deckel bedecken. So bleibt sie warm.

Da jede Nudelart ihre eigene Kochzeit hat, ermittelt man den richtigen Zeitpunkt durch Probieren. Oder man entnimmt eine Nudel und teilt sie. Ist sie im Kern noch weiß, die Kochzeit um etwa 1 Minute verlängern. Beim Abgießen immer etwas vom Kochwasser zurückbehalten, um die Soße damit gegebenenfalls etwas verflüssigen zu können.

Die abgegossenen Nudeln in eine vorgewärmte Schüssel füllen, mit der Soße übergießen und vermischen. Sieht das Rezept vor, dass man die Nudeln mit der Soße im Topf oder in der Pfanne durchschwenkt, gießt man sie ab, ehe sie völlig gar sind.

Die gekochte Pasta nicht kalt abbrausen, sie verliert sonst den sie umgebenden Stärkemantel, der dazu dient, die Soße besser zu halten. Eine Ausnahme bilden Nudeln, zu denen man fette Buttersoßen reicht oder die man kalt an Salate geben möchte. Sie muss man gut abspülen, damit sie beim Auskühlen nicht aneinanderkleben.

tenfischtinte schwarz gefärbten Nudeln haben einen typischen Meerwassergeschmack und werden vor allem zu Soßen mit Meeresfrüchten gereicht.

Eine eigene Kategorie bilden die **Vollkornnudeln**, die ebenfalls aus Hart- oder Weichweizen hergestellt werden, doch gibt es auch Sorten aus Roggen-, Dinkel-, Hirse- oder Mais-, Buchweizen- und Kastanienmehl.

✔ Das Geheimnis einer perfekt gekochten Pasta

Man braucht mindestens 1 Liter kochendes Wasser pro 100 Gramm Pasta, außerdem einen großen und hohen Topf. Das gewährleistet eine gleichbleibende Wassertemperatur und die Nudeln kleben nicht so leicht aneinander.

Das Wasser erst salzen, wenn es kocht. Man nimmt 10 Gramm oder 1 Teelöffel pro 100 Gramm Pasta/ 1 Liter Wasser und rührt das Wasser durch, ehe man die Nudeln hinzufügt.

ZUTATEN FÜR 3–4 PERSONEN
6 Strauchtomaten
1–2 getrocknete Chilischoten
½ TL getrockneter Thymian
Salz und Pfeffer
2 Knoblauchzehen
4 EL natives Olivenöl extra
400 g frische Eiernudelfarfalle
100 g geriebener Pecorino

Farfalle mit Tomaten aus dem Ofen

Den Backofen auf 150 °C vorheizen. Die gewaschenen Tomaten halbieren und mit der Schnittfläche nach oben in eine flache Auflaufform setzen. Die zerrebelten Chilischoten und den Thymian darüberstreuen, salzen und pfeffern. Die geschälten Knoblauchzehen in feine Scheiben schneiden, auf den Tomaten verteilen. Etwas Olivenöl über die Tomaten träufeln, im Ofen 30 Minuten schmoren lassen.

Die Eiernudeln in 4 l Salzwasser in wenigen Minuten al dente kochen. Mit der Schaumkelle aus dem Wasser heben, gut abtropfen lassen und auf Teller geben. Die geschmorten Tomaten dazu reichen. Bei Tisch nach Geschmack mit Pecorino bestreuen.

Um die Farfalle selbst herzustellen, aus 125 g Hartweizengrieß, 125 g Mehl, 2 Eiern, 1 Eigelb und ½ TL Salz einen geschmeidigen Nudelteig kneten und in Klarsichtfolie gewickelt 1 Stunde ruhen lassen. Von Hand oder mit der Nudelmaschine zu dünnen Blättern ausrollen, mit dem gezahnten Teigrad Rechtecke ausradeln und in der Mitte leicht zusammendrücken, damit die „Schmetterlinge" entstehen.

Vorbereitungszeit
10 Minuten
Garzeit
30 Minuten
Schwierigkeitsgrad
einfach
Wein
Fiano di Avelino

ZUTATEN FÜR 3–4 PERSONEN
250 g Trenette
400 g Radicchio
4 Knoblauchzehen
4 EL natives Olivenöl extra
frische rote Pfefferschoten
Salz und Pfeffer

Trenette mit Radicchio und Knoblauch

2,5 l Salzwasser zum Kochen bringen und die Trenette darin al dente kochen.

Den Radicchio putzen, waschen, gut abtropfen lassen und in feine Streifen schneiden. Den Knoblauch schälen und längs stifteln. Die Pfefferschoten halbieren und die Kerne entfernen.

Das Öl in einer großen Pfanne erhitzen, Knoblauch und Pfefferschoten darin leicht anbraten, den Radicchio hinzufügen und zugedeckt bei mittlerer Hitze 2–3 Minuten schmoren lassen. Salzen und pfeffern.

Die gegarten Trenette abgießen, in die Pfanne geben und mit dem Radicchio gründlich durchschwenken. Sofort servieren. Besonders hübsch sieht es aus, wenn man die einzelnen Portionen in Radicchioblättern anrichtet.

Wenn man ihn bekommt, sollte man für dieses Rezept den länglichen Radicchio di Treviso wählen, ein „Winterradicchio" mit lockeren, weniger bitteren Blättern.

Vorbereitungszeit
10 Minuten
Garzeit
15–20 Minuten
Schwierigkeitsgrad
einfach
Wein
Terre di Franciacorta Rosso

ZUTATEN FÜR 3–4 PERSONEN

2–3 getrocknete
Shiitakepilze
2 Karotten
1 Stange Staudensellerie
1 weiße Zwiebel
2 EL Sesamöl
1 l heiße Gemüsebrühe
1 TL Reis-Miso (Aka-Miso)
200 g Reisnudeln
4–5 Stängel Schnittlauch

Reisnudeln mit Shiitakepilzen in Brühe

Die Shiitakepilze 10 Minuten in warmem Wasser einweichen, dann abgießen und ohne die harten Stiele in feine Streifen schneiden. Die Karotten und den Staudensellerie waschen und putzen, die Karotten in dünne Scheiben, den Sellerie in kleine Stücke schneiden. Die Zwiebel schälen und in feine Ringe schneiden.

Das Sesamöl in einem Topf erhitzen und die Zwiebelringe darin andünsten. Karotten und Sellerie hinzufügen und unter Rühren anbraten. Die Shiitakepilze und die heiße Gemüsebrühe dazugeben und zugedeckt 20 Minuten köcheln lassen. 5 Minuten vor Ende der Garzeit das Miso hinzufügen.

Die Reisnudeln auf 4 Suppenschalen verteilen und jede Schale mit kochender Suppe auffüllen. Die Schalen bedecken und 7 Minuten ruhen lassen, bis die Nudeln bissfest sind. Den Schnittlauch in Röllchen schneiden, über der Suppe verteilen und servieren.

Aka-Miso ist eine hellrote japanische Würzpaste von mild-süßlichem Geschmack aus Sojabohnen, fermentiertem Reis und Salz. Man bekommt ihn, wie die Reisnudeln (die nicht mit Glasnudeln zu verwechseln sind), in Asialäden.

Vorbereitungszeit
12 Minuten
Garzeit
30 Minuten
Schwierigkeitsgrad
einfach
Wein
Keine Empfehlung

ZUTATEN FÜR 3–4 PERSONEN
250 g Weizenmehl
6–8 Eigelb (je nach Größe)
½ TL Salz

FÜR DIE FÜLLUNG
250 g gereifter Robiola, klein
gewürfelt
mehrere Stängel Basilikum

AUSSERDEM
2 Tomaten
3 Lauchzwiebeln
50 g Butter
Salz
2 EL Zucker
Basilikumblätter

Frische Tortelli mit Robiolafüllung

Aus Mehl, Eigelben und Salz einen geschmeidigen Nudelteig kneten, in Klarsichtfolie gewickelt 1 Stunde ruhen lassen.

Inzwischen die Tomaten ohne das wässrige Innere und die Kerne in kleine Würfel schneiden. Die Lauchzwiebeln putzen, waschen und in Ringe schneiden. Die Butter in einem Topf zerlassen und die Lauchzwiebeln darin schwenken. Leicht salzen, den Zucker darüberstreuen und die Zwiebeln karamellisieren. Dann die Tomaten hinzufügen und den Topf bei aufgelegtem Deckel auf der ausgeschalteten Herdplatte stehen lassen.

Den Nudelteig von Hand oder mit der Nudelmaschine zu nicht zu dünnen Blättern ausrollen. Mit dem runden Ausstecher 5 cm große Teigkreise ausstechen. Auf jeden Teigkreis 1 Stück Robiola und ein Blatt Basilikum legen, die Ränder mit etwas Wasser benetzen und die Teigkreise über der Füllung zu Halbkreisen schließen und gut festdrücken. In reichlich siedendem Salzwasser garen, bis sie an die Oberfläche steigen. Mit dem Sieblöffel herausheben, auf Teller verteilen. Die vorbereitete Beilage darübergeben, mit Basilikum garnieren und sofort servieren.

Statt des Robiola kann man auch einen anderen würzigen halbfesten Schnittkäse verwenden.

Vorbereitungszeit
30 Minuten
Garzeit
10 Minuten
Schwierigkeitsgrad
mittel
Wein
Terre di Franciacorta Bianco

Ob weiße oder grüne, weißviolette oder grünviolette Stangen, der Spargel (Asparagus officinalis) ist ein edles Gemüse, das frisch aus heimischem Anbau nur von **April/Mai bis Ende Juni Saison** hat. Als TK-Ware oder auch als Import aus mehr oder weniger fernen Ländern ist er aber ganzjährig verfügbar, wobei meist grüner Spargel importiert wird. Dieser erfreute sich bereits in der Antike großer Beliebtheit. Von Berühmtheiten wie dem griechischen Philosophen Platon ist ebenso überliefert, dass er die grünen Stangen schätzte, wie von dem als Feinschmecker bekannten Lucullus und Kaiser Augustus.

Im Grunde handelt es sich bei Spargel um die fingerdicken **Sprossen der unterirdischen Wurzelstöcke**. Die unterschiedlichen Farben sind durch die Art des Anbaus bedingt: Bleiben die Sprossen nämlich völlig von Erde bedeckt (eine Anbauweise, die man erst seit dem 19. Jahrhundert pflegt), so bilden sie kein **Chlorophyll** und bleiben weiß. Lässt man lediglich die Köpfe aus der aufgeschütteten Erde herauswachsen, werden sie rosa, später violett und dann grün. Gestochen wird der weißviolette Spargel, ehe die Köpfe grün werden. Lässt man den Spargel oberirdisch auf flachen Beeten wachsen, bekommt er Sonnenlicht, bildet Chlorophyll und wird grün. Der grüne Spargel unterscheidet sich auch geschmacklich vom weißen: Die Stangen sind zarter und müssen meist auch nicht geschält werden, was beim weißen Spargel unerlässlich ist. Außerdem ist die Ernte des weißen Spargels arbeitsintensiver – jede einzelne Stange muss von Hand gestochen werden –, was sich im Preis niederschlägt. Relativ neu im Angebot ist sogenannter **Wildspargel**, der aber längst ebenfalls kultiviert wird, im strengen Sinne also gar kein Wildgewächs ist. Die sehr dünnen grünen Stangen haben einen angenehm bitteren, sehr aromatischen Geschmack.

WISSENSWERTES RUND UM DIE SPARGELPFLANZE

Da immer nur die Sprossen auf den Märkten als Gemüse angeboten werden, ist wenig bekannt, dass der Spargel oberirdische Triebe mit nadeligen grünen Scheinblättern ausbildet, die man als sogenannten Zierspargel früher gern als dekoratives Grün in Blumensträuße steckte. Aus den weißlich-gelben Blüten des Spargels entwickeln sich kleine rote Beeren, die als giftig gelten und meist nur einen Samen enthalten. Früher verwertete man den getrockneten Samen als Kaffeeersatz.

Tipps zum Spargelkauf

Weiße Stangen sollten eine seidig glänzende Schale und geschlossene Köpfe haben und „quietschen", wenn man sie aneinanderreibt. Die Schnittfläche am Fuß der Stange sollte frisch sein; wenn man sie drückt, sollte sich ein Tropfen Flüssigkeit bilden. Holzige, braune Schnittstellen, gar gespaltene, unten hohle Stangen sind ein Zeichen für zu lange Lagerung und mindere Qualität. Auch grüner Spargel sollte frische Schnittstellen aufweisen, die Köpfe sind aber typischerweise deutlicher ausgebildet und lockerer.

Frischen Spargel kann man ungeschält – in ein feuchtes Tuch gewickelt – im Gemüsefach des Kühlschranks 2 bis 3 Tage aufbewahren. Man kann ihn unblanchiert einfrieren, er verliert dadurch aber, da es sich um ein sehr wasserhaltiges Gemüse handelt, an Geschmack und Konsistenz. Gefrorenen Spargel immer direkt in das Kochwasser geben, nicht erst vorher auftauen.

Die Zubereitung von Spargel

Weißer Spargel muss geschält werden. Bei grünem Spargel ist das nur bedingt nötig. Am besten verwendet man einen Sparschäler, mit dem man, immer am Kopf beginnend, die ungewaschenen Stangen dünn abschält. Dann schneidet man das holzige Schnittende ab, bündelt die Stangen mit Küchengarn und gibt sie möglichst aufrecht stehend in einen hohen Topf in so viel kochendes Wasser, dass die Köpfe gerade noch herausragen. Dem Wasser setzt man Salz, etwas Zitronensaft und 1 Teelöffel Zucker zu. Je nach Dicke der Stangen braucht der Spargel 12 bis 18 Minuten, bis er gar ist; er sollte bissfest, nicht weich gekocht sein. Der zartere grüne Spargel benötigt eine Garzeit von 8 bis 10 Minuten. Beide Spargelsorten kann man auch dämpfen, wobei man auf den Schnellkochtopf lieber verzichten sollte, weil man zu wenig Kontrolle über den genauen Garpunkt hat. In größere Stücke geschnitten kann man weißen wie grünen

Mit durchschnittlich 17 Kalorien pro 100 Gramm gehört Spargel zu den kalorienarmen Nahrungsmitteln, was viele gern für eine Frühlingsdiät nutzen. Er enthält Kalium und Eisen sowie die Vitamine A und E, B1, B2, B6 und C. Er wirkt entwässernd und regt seines hohen Ballaststoffgehalts wegen die Verdauung an. Grüner Spargel hat einen höheren Anteil an Mineralstoffen, Vitamin C und B-Vitaminen sowie an Carotinoiden als weißer Spargel.

So gesund und beliebt Spargel auch ist, Menschen, die an erhöhten Harnsäurewerten leiden, sollten ihn mit Zurückhaltung genießen, denn er hat auch einen hohen Gehalt an Purin, das vom Körper zu Harnsäure abgebaut wird.

Spargel zudem in Öl in der Pfanne oder dem Wok unter Rühren braten. Und in feine Scheiben geschnitten kann man ihn als Salat roh verzehren.

Bereitet man in einer Saison häufiger Spargel zu, sollte man das Kochwasser nicht wegschütten, sondern einfrieren und immer wieder verwenden. Zum Ende der Spargelsaison kann man dann noch eine schmackhafte Suppe daraus zubereiten.

Als klassische Beilage zu weißem Spargel gilt zerlassene Butter oder eine Sauce Hollandaise sowie gekochter Schinken und kleine junge Kartoffeln, aber es sind zahlreiche andere Zubereitungsarten möglich. So kann man ihn etwa vorgaren und dann im Ofen mit Käse überbacken, in ein Ragout geben oder mit anderem Gemüse mischen (klassisch ist die als Leipziger Allerlei bekannte Mischung aus weißen Spargelspitzen, Pariser Karotten und Erbsen). Wichtig ist nur, dass man etwas Fetthaltiges zusammen mit dem Spargel verzehrt, denn nur dann kann der Körper die im Spargel enthaltenen fettlöslichen Vitamine A und E optimal verwerten.

200 g Mehl	2 EL natives Olivenöl extra
0,5 l Milch	150 g geriebener Parmesan
½ TL Salz	200 g Mozzarella
2 Eier	300 g Ricotta
5 Strauchtomaten	2 EL natives Olivenöl extra
Salz und Pfeffer	Basilikumblätter

Crêpes mit Käsefüllung und Tomaten

Das Mehl in eine Rührschüssel geben. Unter Rühren Milch und Salz hinzufügen. Die Eier getrennt verquirlen und dann ebenfalls unter den Teig rühren. Den Teig bedeckt 30 Minuten ruhen lassen.

In der Zwischenzeit die Tomaten ohne das wässrige Innere und die Kerne in kleine Stücke schneiden, in eine Schüssel geben, salzen, pfeffern und durchziehen lassen. Den Mozzarella in kleine Würfel schneiden und in einer Schüssel mit dem Ricotta vermischen.

Den Backofen auf 180 °C vorheizen. Mit jeweils etwas Öl in einer beschichteten Pfanne nach und nach 6 Crêpes ausbacken. Jede Crêpe mit Basilikumblättern belegen, Ricottamasse darauf verteilen und zu einer Rolle formen. Jede Rolle in 4 Stücke teilen, die Stücke in kleine feuerfeste Formen setzen. Die Tomaten darüber verteilen und im Ofen 20 Minuten überbacken. Heiß servieren und bei Tisch mit Parmesan bestreuen.

Vorbereitungszeit
30 Minuten
Garzeit
30 Minuten
Schwierigkeitsgrad
mittel
Wein
Terlano

Wie viel Gutes steckt doch in einer Handvoll frischer grüner Spinatblätter. Und wer denkt beim Stichwort Spinat nicht an den Comic-Helden Popeye, der seinen geschwollenen Bizeps vorrangig diesem angeblich so eisenreichen Blattgemüse verdankt. Zwar weiß man inzwischen, dass der Eisengehalt des Spinats (Spinacia oleracea) bei Weitem nicht so hoch ist, wie man einst vermutete, dennoch ist er ausgesprochen gesund.

Je nach dem Aussaattermin unterscheidet man zwischen dem zarten **Frühjahrsspinat**, der kleine, glatte Blätter hat, die man auch roh als Salat verzehren kann, dem **Sommerspinat**, der von April bis Mitte Juni angeboten wird und dessen Blätter schon leicht gewellt sind, sowie dem recht groben **Winterspinat**, der stark gekrauste Blätter hat und zum rohen Verzehr nicht geeignet ist. Außerdem unterscheidet man je nach Ernteverfahren zwischen dem etwas teureren **Blattspinat** (einzeln geerntete Blätter) und dem **Wurzelspinat**, der maschinell geerntet werden kann, weil die gesamte Blattrosette intakt bleibt.

✔ Tipps für Kauf und Lagerung

Frischer Sommerspinat hat **von September bis November, Winterspinat von März bis Mai** Saison: Gewächshausspinat ist ebenso wie TK-Spinat ganzjährig im Handel. Freilandspinat ist empfehlenswerter als der aus dem Gewächshaus, da er natürliches Sonnenlicht „getankt" hat und weniger Nitrate enthält. Blätter und Stiele sollten immer kräftig **grün und knackig** sein. Frischer Spinat wird vorsichtig gewaschen und wie Salat trockengetupft oder -geschleudert. Danach kann man ihn **im Gemüsefach des Kühlschranks 1 Tag** (Winterspinat 2 bis 3 Tage) aufbewahren. Oder man blanchiert ihn kurz und friert ihn ein.

✔ Spinat richtig zubereiten

Zunächst muss man den Spinat verlesen, das heißt alle Blätter aussortieren, die welk, angegilbt oder von Insekten angenagt sind. Sodann kürzt man die Stiele von jungem Spinat, beim derberen Winterspinat entfernt man sie ganz und auch die dickeren Blattrippen schneidet man weg. Der Gesamtverlust kann dabei groß sein: Von 1 Kilogramm frischem Winterspinat kann die Hälfte Abfall sein, was man beim Kauf bedenken muss. Winterspinat muss zudem sehr sorgfältig gewaschen werden, denn an den krausen Blättern sitzt oft viel Sand. Dennoch den Spinat nie im Wasser liegen lassen, dadurch werden die Nährstoffe ausgewaschen. Frühlingsspinat kann mit einer Vinaigrette angemacht **roh als Salat** verzehrt werden oder man gibt ihn tropfnass in einen Topf, in dem man ihn bei geschlossenem Deckel **eben gerade zusammenfallen lässt**. Größere Blätter zerpflückt man mit der Hand und **dämpft sie in etwas Butter** und/oder Öl bei starker Hitze und aufgelegtem Deckel 2 bis 4 Minuten. Winterspinat sollte man kurz in kochendem Wasser **blanchieren** und kalt abschrecken, ehe man ihn weiterverarbeitet. Mann kann ihn beispielsweise hacken, um ihn dann – mit Sahne verfeinert – **als Gemüsebeilage** zu reichen, **in Füllungen** zu geben, zu **gratinieren** oder als **Belag von pikanten Torten** zu verwenden. Sehr große **Blätter** kann man auch **füllen**.

Klassisch ist die Kombination von Spinat und Ei, er verträgt sich aber auch mit Käse ausgezeichnet. Gewürzt wird er mit Salz, Pfeffer und Muskat oder – sofern er mit Olivenöl gedünstet wurde – mit Knoblauch und einem Schuss Zitronensaft.

Spinat ist reich an Vitaminen. Neben den Vitaminen A, C und K enthält er B-Vitamine, Niacin und Folsäure. An Mineralstoffen hat er Eisen, Kalium, Kalzium und Magnesium zu bieten und ist mit 15 Kalorien pro 100 Gramm zudem kalorienarm. Mangold verfügt über dieselben Vitamine und Mineralstoffe, ist damit aber noch reicher ausgestattet. Er weist jedoch – leider – auch dieselben Nachteile wie der Spinat auf: viel Oxalsäure (welche die Resorption von Kalzium blockiert und zur Bildung von Nierensteinen führen kann) und in der Regel auch viel Nitrat.

✔ Mangold

Botanisch mit den Roten Beten, nicht mit dem Spinat, verwandt, erobert sich Mangold bei uns langsam den Platz zurück, den er früher eingenommen hat, ehe er vom Spinat verdrängt wurde. Die grünen Blätter sind würziger als Spinat, können aber genauso verwendet und zubereitet werden. Darüber hinaus sind auch die weißlichen Stiele essbar und ihres an Spargel erinnernden Geschmacks wegen besonders begehrt.

Man unterscheidet zwischen **Blattmangold**, der breite Blätter und schmale Stiele hat – und den man wählt, wenn es auf die Blätter ankommt, etwa weil man sie füllen möchte –, und **Stiel- oder Rippenmangold**, der lange, breite, besonders fleischige Stiele hat. Von beiden Sorten kann man sowohl Blätter wie Stiele verwenden. Neuerdings werden auch Sorten mit roten Stielen angeboten, die Farbe verblasst aber beim Garen.

Eine einzelne Mangoldstaude kann bis zu 1 Kilogramm wiegen, meist liegt das Gewicht bei etwa 500 Gramm. In ein feuchtes Tuch eingeschlagen hält sie sich im Gemüsefach des Kühlschranks 2 Tage.

Die **Stiele** haben eine etwas **längere Garzeit** als die Blätter, mit denen man wie beim Spinat beschrieben umgeht. Die Stiele werden geputzt, indem man die faserige Haut abzieht. Dann schneidet man sie längs in 2 bis 3 Zentimeter breite Streifen und bereitet sie wie Spargel zu. Oder man schneidet sie quer in 2 Zentimeter große Stücke und dünstet sie 10 bis 15 Minuten in Olivenöl. Die Stiele rasch anrichten, sie bekommen sonst ein glasiges Aussehen (oder in einer Bechamel mit Sahne servieren).

189

ZUTATEN FÜR 3–4 PERSONEN

300 g Tagliatelle

250 g grüner Spargel

3 EL Pinienkerne (+ weitere zum Bestreuen)

4 EL geriebener Parmesan

2 EL natives Olivenöl extra

Muskatnuss

Salz

Tagliatelle mit Spargelcreme

3 l Salzwasser zum Kochen bringen und die Tagliatelle darin al dente kochen.

Den Spargel putzen, waschen und in wenig Wasser 15 Minuten dämpfen. Die Köpfe abschneiden und beiseitelegen. Die Stiele in Stücke schneiden und mit Pinienkernen, Parmesan und Öl im Mixer zu einer Creme pürieren (bei Bedarf etwas von dem Kochwasser des Spargels hinzufügen). Mit Muskat und Salz abschmecken, in eine Schüssel geben.

Die Tagliatelle abgießen und abtropfen lassen, in der Schüssel mit der Spargelcreme vermischen und auf Portionsteller verteilen. Auf jede Portion ein paar Spargelköpfe geben, mit Pinienkernen bestreuen und sofort servieren.

Man kann die Pinienkerne vorher in einer beschichteten Pfanne ohne alle weiteren Zugaben etwas anrösten. Vorsicht, sie verbrennen leicht. Drohen sie zu braun zu werden, sofort aus der Pfanne entfernen und auf Küchenpapier ausbreiten.

Vorbereitungszeit
10 Minuten
Garzeit
20 Minuten
Schwierigkeitsgrad
einfach
Wein
Keine Empfehlung

ZUTATEN FÜR 3–4 PERSONEN
400 g Linguine
je 1 rote und gelbe
Paprikaschote
2 Zucchini
1 Schalotte
2 EL natives Olivenöl extra
Salz und Pfeffer

Linguine mit Paprika und Zucchini

4 l Salzwasser zum Kochen bringen und die Linguine darin al dente kochen.

Die Paprikaschoten und die Zucchini waschen, putzen und in feine Streifen schneiden. Die Schalotte schälen und in feine Ringe schneiden. Das Öl in einer großen Pfanne erhitzen und die Schalotte darin anbraten. Die Paprika- und Zucchinistreifen hinzufügen, 2–3 EL Wasser dazugeben und bei geschlossenem Deckel und mittlerer Hitze 5–6 Minuten dünsten. Mit Salz und Pfeffer abschmecken.

Die gegarten Linguine abgießen, mit dem Gemüse in der Pfanne gut durchschwenken und sofort servieren.

Nach Geschmack kann man bei Tisch gehacktes Basilikum oder gehackte Petersilie und/oder geriebenen Parmesan über das Gericht streuen.

Vorbereitungszeit
15 Minuten
Garzeit
15 Minuten
Schwierigkeitsgrad
einfach
Wein
Alto Adige Sauvignon

ZUTATEN FÜR 3–4 PERSONEN
500 g Weizenmehl
5 Eier
5 EL natives Olivenöl extra

FÜR DIE FÜLLUNG
400 g gemischte Wildpilze
1 kleine Zwiebel
1 Knoblauchzehe
20 g Butter
extrazarte Haferflocken
nach Bedarf
1 EL gehackte Petersilie
Salz und Pfeffer

AUSSERDEM
40 g Butter, zerlassen
Schnittlauch

Ravioli mit Pilzfüllung

Das Mehl auf die Arbeitsfläche geben und eine Mulde hineindrücken. Die Eier und das Öl hineingeben und mit einer Gabel vermischen. Langsam das Mehl vom Rand her einarbeiten und kneten, bis ein glatter Teig entstanden ist. Den Teig in Klarsichtfolie gehüllt mindestens 30 Minuten ruhen lassen.

Für die Füllung die Pilze gründlich putzen und klein schneiden. Zwiebel und Knoblauch schälen und fein würfeln. Die Butter in einer Pfanne zerlassen, Zwiebel und Knoblauch darin andünsten. Die Pilze dazugeben und bei starker Hitze unter ständigem Schwenken der Pfanne einige Minuten garen. So viel Haferflocken darüberstreuen, dass die Flüssigkeit aufgesogen wird (1–2 EL). Die Petersilie hinzufügen, salzen und pfeffern und beiseitestellen.

Den Nudelteig dünn ausrollen und 6 cm große Kreise ausstechen. Auf jeden Teigkreis 1 TL Füllung setzen, Teigkreis zusammenklappen und gut festdrücken. Die Raviolo in ausreichend Salzwasser garen, bis sie an die Oberfläche steigen. Herausheben und abtropfen lassen. Mit zerlassener Butter beträufeln, mit Schnittlauchröllchen bestreuen und sofort servieren.

Vorbereitungszeit
60 Minuten
Garzeit
20 Minuten
Schwierigkeitsgrad
schwierig
Wein
Trentino Pinot Nero

Keine andere Gemüsefamilie wartet mit einer derart großen Zahl von Varietäten auf wie die Kohlfamilie (Brassica). Die Palette reicht vom Blumenkohl bis zum Wirsing, ergänzt durch Sorten, die erst neuerdings aus Italien und vor allem auch aus Asien zu uns kommen und die Kohlpalette noch einmal erweitern.

Beim **Blumenkohl** handelt es sich um den fleischig verdickten Blütenstand einer Kohlart. Damit er weiß bleibt, werden die grünen Hüllblätter über dem weißen Blütenstand zusammengefaltet. Da er so keine Sonne bekommt, kann er kein Chlorophyll bilden. Blumenkohl ist ganzjährig im Angebot, neuerdings auch in sehr kleinen, nur knapp faustgroßen und noch kleineren Köpfen. Aus Frankreich und Italien wird in jüngster Zeit zudem hellgrüner und violetter Blumenkohl importiert. Interessant ist die Unterart **Romanesco**, deren Röschen hellgrün sind und wie kleine Türmchen aussehen. Die farbigen Sorten

schmecken intensiver und sind nährstoffreicher. Sie können genau wie alle anderen Sorten auch roh verzehrt werden.

Der **Brokkoli** ist mit dem Blumenkohl verwandt, aber würziger im Geschmack und deutlich nährstoffreicher. Meist werden nur die grünen Blütenstände gegessen, doch auch die Stiele und Blätter sind essbar, wobei die Stiele (sie werden vor der Zubereitung geschält) eine etwas längere Garzeit haben.

Chinakohl ist eine Kreuzung aus Senfkohl und Speiserübe. Er unterscheidet sich von anderen Kopfkohlarten durch den fehlenden Strunk, den milden Geschmack und die leichte Verdaulichkeit. Man kann ihn roh als Salat verzehren oder als Gemüse zubereitet, wobei er weder den typischen, oft als unangenehm empfundenen Kohlgeruch verströmt noch eine lange Garzeit hat.

Der intensiv grüne, stark krausblättrige **Grünkohl** ist ein typisches Wintergemüse, denn die Blätter schmecken am besten, wenn sie vor der Ernte einmal Frost bekommen haben (es mildert ihren intensiven Kohlgeschmack). Er wird auch Braunkohl genannt, weil man ihn früher zusammen mit Gepökeltem, Geräuchertem oder Grützwurst (Pinkel) so lange kochen ließ, bis er braun wurde. Heute bevorzugt man kürzere Garzeiten, welche die wertvollen Nährstoffe, vor allem den hohen Vitamin-C-Gehalt, des Grünkohls schonen. Er ist ausgezeichnet gefriergeeignet, weshalb die im Handel erhältliche Tiefkühlware der frischen meist in nichts nachsteht.

Kohlrabi wird oft fälschlich für ein Wurzelgemüse gehalten, tatsächlich aber handelt es sich bei den „Knollen" nicht um die Wurzel, sondern um den verdickten Stängel der Kohlpflanze. Es gibt Sorten mit hellgrüner und – seltener – rötlicher bis blauvioletter Schale. Das Fruchtfleisch ist immer weiß und auch im Geschmack unterscheiden sie sich nicht. Die Schale wird vor der Zubereitung (oder danach) entfernt. Das Fleisch der Knolle kann roh verzehrt oder auf verschiedene Weise gegart werden. Weniger bekannt ist, dass auch die Blätter, vor allem die zarten Herzblätter, essbar sind und wie anderes Blattgemüse zubereitet werden können, ja sie sind im Grunde sogar gesünder und enthalten mehr Nährstoffe als die Knolle.

GESUNDHEITLICHER WERT

Alle Kohlsorten sind kalorienarm – die meisten Kalorien hat Rosenkohl (38 Kalorien je 100 Gramm) – und enthalten in mehr oder weniger großer Menge Ballaststoffe, Vitamine (C, E, K, B-Vitamine), Folsäure und Mineralstoffe wie Kalium, Magnesium und Phosphor. Die grünen Sorten wie Brokkoli enthalten darüber hinaus auch Kalzium.

Rosenkohl: Die Minikohlköpfchen sind am Ansatz der Stängelblätter der Kohlpflanze wachsende Sprossen, die, wie der Grünkohl, vorzugsweise als Wintergemüse angeboten werden, weil sie durch Frost an Geschmack gewinnen. Man kennt sie erst seit dem 19. Jahrhundert, als sie erstmals in Belgien angebaut wurden, daher auch ihr zweiter Name, Brüsseler Sprossen. Meist werden die ganzen Köpfchen am Stück in Wasser gekocht, dann in Butter geschwenkt und mit Muskat gewürzt als Beilage gereicht. Man kann die zarten Blättchen auch ablösen und unter Rühren in Fett garen oder als Rohkost verzehren. Die Kohlköpfchen enthalten mehr Eiweiß als andere Kohlsorten und sie haben unter allen Kohlarten die meisten Kalorien. Da Rosenkohl selten an der Pflanze in den Handel kommt, ist weitgehend unbekannt, dass auch seine Blätter als Blattkohl zubereitet werden können.

Der **Rotkohl**, auch Rot- oder Blaukraut genannt, ist ein Kopfkohl mit intensiv violetten Blättern, die auch beim Garen die Farbe bewahren. Da die Strünke und Blattrippen weiß sind, sieht der angeschnittene Kopf marmoriert aus. Mit dem Weißkohl eng verwandt, ist er ihm an gesunden Inhaltsstoffen etwas überlegen. In feine Streifen gehobelt kann man ihn roh verzehren,

meist wird er – ebenfalls zuvor in Streifen geschnitten – gedünstet. Man kann die Blätter aber auch gefüllt als Kohlrouladen zubereiten.

Der **Stängelkohl**, in Italien Cima di rape genannt und unter diesem Namen gelegentlich auch hier im Angebot, ist eine Wildpflanze mit kleinen Blütenständen, die ebenso verzehrt werden wie die Blätter und Stiele. Letztere haben eine leicht bittere Note.

Der **Weißkohl**, der auch Weißkraut genannt wird, ist ein Kopfkohl, der ganzjährig angeboten wird und entweder lockerere oder sehr feste Köpfe mit eng anliegenden, sehr hellen Blättern bildet. Er kann von runder, plattrunder und deutlich spitz zulaufender Form sein (**Spitzkohl**). Wie Rotkraut verzehrt man auch Weißkraut sowohl als Rohkost, für sich gegart, als Zutat von Eintöpfen oder die gefüllten Blätter als Rouladen. Außerdem ist Weißkraut die Grundlage für das milchsauer vergorene, besonders gesunde **Sauerkraut**, das es das ganze Jahr über als Konserve gibt. Frischkost-Sauerkraut ist ihm aber vorzuziehen, weil es noch mehr Vitamine hat. Man kann es roh oder gegart verzehren, sollte es aber möglichst nur erhitzen und nicht lange garen.

Wie Rot- und Weißkohl ist auch **Wirsing** ein Kopfkohl, doch sind seine Blätter typisch gekraust und gerippt und die Köpfe sind deutlich lockerer. Ganzjährig im Angebot, ist der hellere Frühwirsing mit seinen gelben Innenblättern ein zartes Gemüse, das man auch roh verzehren kann. Der kräftigere dunkelgrüne Winterkohl sollte immer gegart werden, doch hat er eine kurze Garzeit.

ZUTATEN FÜR 3–4 PERSONEN

6 junge kleine Artischocken (je etwa 150 g)

Saft von 1 Zitrone

1 Knoblauchzehe

4 EL natives Olivenöl extra

Salz und Pfeffer

1 EL gehackte Petersilie

350 g frische kurze Eiernudeln (Fertigprodukt)

4 EL geriebener Parmesan

Gratinierte Eiernudeln mit Artischocken

Die Artischocken putzen (dabei alle harten Blätter und strohigen Teile sowie das Heu entfernen), in feine Streifen schneiden und sofort in Wasser legen, das mit dem Zitronensaft gesäuert ist, damit sie nicht braun werden. Den Knoblauch schälen und hacken. Das Öl in einer großen Pfanne erhitzen. Den Knoblauch kurz darin anbraten, dann die abgetropften Artischockenstreifen dazugeben und zunächst bei starker Hitze und unter häufigem Wenden anbraten. Dann ein wenig Wasser hinzufügen und bei geschlossenem Deckel und mittlerer Hitze 30 Minuten dünsten. Salzen und pfeffern und die Petersilie untermischen.

Die Eiernudeln in reichlich Salzwasser in wenigen Minuten garen, abgießen und zu den Artischocken in die Pfanne geben. Gut durchmischen, in eine feuerfeste Form umfüllen, mit dem Parmesan bestreuen und für 5–6 Minuten unter dem vorgeheizten Backofengrill gratinieren. Sofort heiß servieren.

Kurze Nudeln – zum Beispiel Farfalle – sind für das Gericht am besten geeignet. Kann man keine frischen Eiernudeln bekommen, kann man auch getrocknete nehmen, die aber eine längere Garzeit haben.

Vorbereitungszeit

20 Minuten

Garzeit

40 Minuten

Schwierigkeitsgrad

einfach

Wein

Bardolino Chiaretto

ZUTATEN FÜR 3–4 PERSONEN

300 g Lasagneblätter
600 g Brokkoli
1 Schalotte
3 EL natives Olivenöl extra
Salz und Pfeffer

300 ml Sahne
300 ml Gemüsebrühe
40 g Butter, zerlassen
400 g Gorgonzola, in kleinen Stücken
5 EL geriebener Parmesan

Lasagne mit Brokkoli

3 l Salzwasser zum Kochen bringen und die Lasagneblätter darin 5–6 Minuten vorgaren. Mit der Schaumkelle herausheben und auf frischen Küchenhandtüchern ausbreiten.

Den Brokkoli putzen und in kleine Röschen schneiden. Die Röschen in dem Wasser der Lasagneblätter einige Minuten vorgaren, abgießen und abtropfen lassen. Die Schalotte schälen, in feine Ringe schneiden und in einer großen Pfanne mit dem Öl anbraten. Die Brokkoliröschen dazugeben, bei geschlossenem Deckel 5–10 Minuten dünsten, dann salzen und pfeffern. Nebenher die Sahne mit der Gemüsebrühe zum Kochen bringen und leicht einkochen lassen.

Den Backofen auf 180 °C vorheizen. Eine Lasagneform mit zerlassener Butter auspinseln, den Boden mit Lasagneblättern belegen. Brokkoli, Gorgonzola und etwas Brühe-Sahne-Mischung daraufgeben, mit weiteren Lasagneblättern bedecken. So fortfahren, bis die Zutaten aufgebraucht sind – mit einer Lage Lasagneblättern enden. Diese mit dem Parmesan bestreuen und der restlichen zerlassenen Butter beträufeln. In den Ofen geben und 25 Minuten überbacken.

Vorbereitungszeit
10 Minuten
Garzeit
50 Minuten
Schwierigkeitsgrad
einfach
Wein
Ribolla Gialla

Statt des strengen Gorgonzola kann man auch den milderen Dolcelatte oder einen Ziegenweichkäse verwenden.

Kochen ohne Fleisch – Hauptgerichte

Pikante Torten und Aufläufe, Omeletts, gefüllte Eierkuchen, Gerichte mit Couscous, Getreide oder Hülsenfrüchten und viele andere Vorschläge, um aus Gemüse ein feines, sättigendes und leckeres Hauptgericht zu zaubern, das keiner weiteren Ergänzung bedarf.

ZUTATEN FÜR 4 PERSONEN

6 kleine Zucchini
2 Karotten
200 g TK-Erbsen
(aufgetaut)
200 g Kastenweißbrot
125 ml Milch
2 Eier
200 g geriebener
Parmesan
2–3 EL Paniermehl
Salz und Pfeffer
1 EL natives Olivenöl extra

Vegetarischer Auflauf

Zucchini und Karotten waschen, putzen und in feine Scheiben schneiden. In einen Dämpfkorb geben und über wenig Wasser 8 Minuten dämpfen, dann etwas abkühlen lassen.

Den Backofen auf 190 °C vorheizen. Von dem Kastenweißbrot die Rinde entfernen. Das weiche Füllsel zerpflücken, in eine große Schüssel geben und mit der Milch übergießen. Mit dem Elektroquirl Eier, Parmesan und Paniermehl mit dem aufgeweichten Brot verrühren, salzen und pfeffern. Zucchini, Karotten und Erbsen untermischen.

Einen großen Bogen extrastarke Alufolie mit Öl einpinseln. Die Gemüsemasse daraufgeben und zu einem länglichen Laib formen, die Alufolie darüber schließen. Auf ein Backblech setzen und 35–40 Minuten backen. Etwas abkühlen lassen und in breite Scheiben geschnitten servieren.

Nach Geschmack kann man noch gehackte Nüsse an den Teig geben und eine Tomatensoße dazu reichen.

Vorbereitungszeit
15 Minuten
Garzeit
50 Minuten
Schwierigkeitsgrad
einfach
Wein
Cinque Terre

ZUTATEN FÜR 4-6 PERSONEN
200 g Kamutmehl
200 g Weizenvollkornmehl
½ TL Salz
15 g frische Hefe
1 EL natives Olivenöl extra

FÜR DIE FÜLLUNG
6 EL natives Olivenöl extra
2 Knoblauchzehen
1 kleine getrocknete
Chilischote
400 g TK-Brokkoli
(aufgetaut)
200 g Tofu, klein gewürfelt
Salz und Pfeffer

Mit Brokkoli gefülltes Kamut-Brot

Die beiden Mehle in einer großen Schüssel mit dem Salz vermischen und eine Mulde hineindrücken. Die Hefe in einer Tasse mit handwarmem Wasser anrühren und mit dem Öl in die Mulde geben. Vom Rand her Mehl in den Hefeansatz rühren. Dann langsam so viel Wasser einarbeiten, dass ein knetbarer Teig entsteht. 30 Minuten mit einem Tuch bedeckt gehen lassen.

Für die Füllung das Öl erhitzen und die halbierten Knoblauchzehen sowie die zerbröselte Chilischote darin anbraten, dann beiseitestellen. Den Brokkoli über Dampf oder in der Mikrowelle erhitzen und vorgaren. Zusammen mit den Tofuwürfeln im Mixer pürieren. Salzen, pfeffern und 2 EL des aromatisierten Olivenöls untermischen.

Den Teig teilen. Mit einer Teighälfte den Boden und den Rand einer Springform auskleiden. Die Brokkolimasse darauf verteilen, die zweite Teighälfte als Deckel daraufsetzen. Mit dem Kochlöffelstiel Dellen in den Teigdeckel drücken und das abgefilterte restliche Öl darauf verteilen. Nochmals 20 Minuten gehen lassen, dann bei 180 °C 35 Minuten backen. Etwas abkühlen lassen und in Stücke geschnitten lauwarm servieren.

Kamutmehl bekommt man in gut sortierten Bioläden. Man kann es auch durch Dinkelmehl ersetzen.

Vorbereitungszeit
30 Minuten
Garzeit
50 Minuten
Schwierigkeitsgrad
mittel
Wein
**Metodo Classico
Franciacorta Brut**

ZUTATEN FÜR 3–4 PERSONEN

300 g Instant-Couscous

100 g gegarte Kichererbsen (Dose)

je 1 EL frisch gehackte Minze und Petersilie

½ TL Kreuzkümmel (Cumin)

Saft von 1 Zitrone

4 EL natives Olivenöl extra

Salz und Pfeffer

200 g Strauchtomaten

100 g rote Zwiebeln

Couscous mit Kichererbsen, Tomaten und Zwiebeln

Vorbereitungszeit
10 Minuten
Garzeit
5 Minuten
Schwierigkeitsgrad
einfach
Wein
Sorni Bianco

Den Couscous nach Packungsanweisung in einer Schüssel mit kochendem Wasser übergießen und zugedeckt 5 Minuten quellen lassen.

Den gequollenen Couscous mit der Gabel lockern. Die abgespülten Kichererbsen, die gehackten Kräuter und den Kreuzkümmel dazugeben. Mit Zitronensaft und Öl beträufeln, salzen und pfeffern und gut durchmischen. Mit Klarsichtfolie bedeckt 1–2 Stunden im Kühlschrank ziehen lassen.

Die Tomaten waschen, in Scheiben schneiden und diese auf 4 Teller verteilen. Die Zwiebeln schälen und in hauchfeine Ringe schneiden. Die Couscousmischung auf den Tomatenscheiben verteilen, Zwiebelringe darüberstreuen und servieren.

ZUTATEN FÜR 4 PERSONEN
500 g grüner Spargel
4 dicke Scheiben
Weizenmischbrot
6 Eier
½ Tasse Milch
4 EL geriebener Parmesan
Salz und Pfeffer
30 g Butter
etwas heiße Gemüsebrühe

Röstbrot mit Rührei und Spargel

Den Spargel putzen, waschen und in kochendem Salzwasser in etwa 10 Minuten bissfest garen.

Die Brotscheiben im Backofen oder im Toaster beidseitig kross rösten. Die Eier in einer Schüssel mit Milch, Parmesan, Salz und Pfeffer verquirlen. Die Butter in einer Pfanne zerlassen und die Eimasse hineingeben. Bei schwacher Hitze zu einem cremigen Rührei stocken lassen.

Die Brotscheiben in tiefe Teller legen und mit Brühe beträufeln, um sie in der Mitte anzuweichen. Rührei und Spargel darauf verteilen und sofort servieren.

Die extrem dünnen, im Geschmack leicht herben Stangen des Wildspargels sind für dieses schnelle Gericht ganz besonders gut geeignet.

Vorbereitungszeit
10 Minuten
Garzeit
10 Minuten
Schwierigkeitsgrad
einfach
Wein
Alto Adige Terlano

ZUTATEN FÜR 4 PERSONEN
2 EL Mehl
½ Tasse Milch
150 g geriebener Parmesan
8 Eier, getrennt
Salz
1 Bund glatte Petersilie,
gehackt
30 g Butter

Käseschmarren mit Petersilie

Den Backofen auf 180 °C vorheizen. Das Mehl mit Milch, Parmesan, den Ei-gelben und etwas Salz zu einem glatten Teig verrühren. Die gehackte Peter-silie untermischen. Das Eiweiß zu steifem Schnee schlagen. Einen Teil davon in den Teig rühren, den Rest locker unterheben.

In einer großen Pfanne mit hitzebeständigem (oder abnehmbarem) Stiel die Butter zerlassen und den Teig hineingießen. Den Schmarren kurz auf dem Herd anbacken, dann die Pfanne in den Ofen stellen und den Schmarren in 8–10 Minuten fertig backen.

Den Schmarren mit zwei Gabeln in große Stücke reißen, auf Teller verteilen und sofort servieren.

Zur Variierung des Geschmacks kann man ein paar gehackte Minzeblättchen unter die Petersilie mischen.

Vorbereitungszeit
10 Minuten
Garzeit
12–15 Minuten
Schwierigkeitsgrad
einfach
Wein
Albana di Romagna

ZUTATEN FÜR 4 PERSONEN
1 kg rote Zwiebeln
4 EL natives Olivenöl extra
4 Eier
4 EL geriebener Parmesan
2 EL fein gehackte Petersilie
Salz und Pfeffer

Omelett mit roten Zwiebeln

Die Zwiebeln schälen und in sehr feine Ringe schneiden. In einen Topf geben, mit 2 EL Öl beträufeln, bei mittlerer Hitze auf den Herd stellen und zugedeckt dünsten, bis die Zwiebeln weich sind. Abkühlen lassen.

In einer Schüssel die Eier mit dem Parmesan und der Petersilie verquirlen, salzen und pfeffern und die Zwiebeln untermischen.

Das restliche Öl in einer großen Pfanne erhitzen. Die Zwiebelmasse hineingeben und bei mittlerer Hitze auf der einen Seite braten, bis die Oberfläche gestockt ist und stumpf aussieht. Das Omelett wenden und die andere Seite ebenfalls leicht bräunen. Auf einen großen vorgewärmten Teller gleiten lassen und sofort servieren.

Um das Gericht ein wenig pikanter zu machen, ersetzt man den Parmesan durch gereiften Pecorino.

Vorbereitungszeit
20 Minuten
Garzeit
25 Minuten
Schwierigkeitsgrad
einfach
Wein
Melissa Bianco

ZUTATEN FÜR 4 PERSONEN

6 kleine Artischocken
(je etwa 150 g)
Saft von 1 Zitrone
20 g getrocknete Pilze
1 Knoblauchzehe
3 EL natives Olivenöl extra
1 EL gehackte Petersilie
2 Scheiben Toastbrot
½ Tasse Milch
5 Eier
5 EL geriebener Parmesan

Omelett mit Artischocken und Pilzen

Vorbereitungszeit
30 Minuten
Garzeit
40 Minuten
Schwierigkeitsgrad
mittel
Wein
Colli di Luni Vermentino

Die Artischocken putzen (dabei alle harten Blätter und strohigen Teile sowie das Heu entfernen), in feine Streifen schneiden und sofort in Wasser legen, das mit dem Zitronensaft gesäuert ist, damit sie nicht braun werden. Die Pilze in warmem Wasser einweichen, dann ebenfalls in Streifen schneiden.

Den Knoblauch schälen und hacken. 2 EL Öl in einer großen Pfanne erhitzen. Den Knoblauch kurz darin anbraten. Anschließend die abgetropften Artischocken- und Pilzstreifen dazugeben und zunächst bei starker Hitze und unter häufigem Wenden anbraten. Dann ein wenig Wasser angießen und bei geschlossenem Deckel und mittlerer Hitze 30 Minuten garen. Salzen und pfeffern und die Petersilie untermischen. Abkühlen lassen.

Das Toastbrot in der Milch einweichen, die Eier dazugeben und verquirlen, den Parmesan und die abgekühlten Artischocken untermischen. Das restliche Öl in einer Pfanne erhitzen, die Masse hineingeben und auf beiden Seiten goldbraun werden lassen. In Stücke schneiden und auf grünem Salat servieren.

ZUTATEN FÜR 4 PERSONEN
500 g Radicchio di Treviso
5 Eier
0,5 l Sahne
250 g geriebener Parmesan
Salz und Pfeffer
3 EL natives Olivenöl extra
25 g Butter

Käseomelett mit Radicchio

Den Radicchio waschen und in feine Streifen schneiden. Eier und Sahne verquirlen. Parmesan, Salz und Pfeffer sowie den Radicchio untermischen.

In einer großen Pfanne Öl und Butter zusammen heiß werden lassen. Die Eiermasse hineingeben und bei schwacher Hitze und aufgelegtem Deckel stocken lassen. Dabei die Pfanne zwischendurch etwas rütteln, damit nichts ansetzt. Wenn die Oberfläche des Omeletts stumpf aussieht, das Omelett wenden und auch auf der anderen Seite leicht bräunen.

Auf einen großen vorgewärmten Teller gleiten lassen und wie eine Torte in Stücke schneiden. Sofort servieren.

Nach Geschmack kann man unter den Eier-Sahne-Teig noch eine fein geriebene Zwiebel mischen.

Vorbereitungszeit
10 Minuten
Garzeit
15 Minuten
Schwierigkeitsgrad
einfach
Wein
Raboso del Piave

ZUTATEN FÜR 4 PERSONEN
2 kleine Auberginen
Salz
2 Zwiebeln
2 EL natives Olivenöl extra
2 Knoblauchzehen
6 Eier
Salz und Pfeffer

Omelett mit Aubergine und Zwiebeln

Die Aubergine putzen und ungeschält in kleine Würfel schneiden. Die Würfel in ein Sieb geben, über eine Schüssel hängen und großzügig mit Salz bestreuen. 30 Minuten ziehen lassen, dann gründlich abspülen, abtropfen lassen und mit der Hand ausdrücken. Griffbereit halten.

Die geschälten Zwiebeln in Ringe schneiden und in einer Pfanne mit dem Öl goldbraun werden lassen. Die Auberginen und die zerdrückten Knoblauchzehen dazugeben. Bei aufgelegtem Deckel 20 Minuten schmoren lassen.

Die Eier mit Salz und Pfeffer verquirlen, über die Auberginen geben und bei schwacher Hitze 10 Minuten stocken lassen. Das Omelett wenden, weitere 5 Minuten garen, auf einen vorgewärmten Teller gleiten lassen und sofort heiß servieren.

Vorbereitungszeit
20 Minuten
Garzeit
35 Minuten
Schwierigkeitsgrad
einfach
Wein
Alto Adige Pinot Grigio

ZUTATEN FÜR 4 PERSONEN
4 mittelgroße Zucchini
3 EL natives Olivenöl extra
1 Knoblauchzehe
Salz und Pfeffer
8 Eier
4 EL geriebener Parmesan
2 EL gehackte Petersilie

Zucchiniomelett

Die gewaschenen Zucchini in sehr dünne Scheiben schneiden. Das Öl in einer großen Pfanne erhitzen, die Knoblauchzehe kurz darin anbraten, dann herausnehmen. Die Zucchinischeiben in der Pfanne verteilen, salzen und pfeffern und bei aufgelegtem Deckel und mittlerer Hitze einige Minuten schmoren lassen.

Die Eier in einer Schüssel verquirlen. Salz, Pfeffer, Parmesan und Petersilie dazugeben und vermischen. Die Eiermasse über die Zucchini gießen. Die Pfanne bewegen, damit sich das Ei gut verteilt, und leicht rütteln, damit nichts ansetzt. Den Deckel auflegen und das Ei stocken lassen.

Das Omelett aus der Pfanne auf einen Teller gleiten lassen, nach Belieben in Stücke schneiden und warm oder kalt servieren.

Als Variante kann man die Zucchini auf der Gemüsereibe grob raffeln, salzen und mit dem verquirlten Ei vermischen. Aus diesem Teig dann 4 kleinere Omeletts backen, abwechselnd mit Scheiben von kräftigem Käse übereinanderschichten und wie eine Torte in keilförmige Stücke schneiden.

Vorbereitungszeit
15 Minuten
Garzeit
10 Minuten
Schwierigkeitsgrad
einfach
Wein
Alto Adige Sauvignon

ZUTATEN FÜR 4 PERSONEN
2 Fenchelknollen
100 g Feldsalat
5 Eier
2 EL geriebener Parmesan
Salz und Pfeffer
2 EL natives Olivenöl extra

Fenchelomelett mit Feldsalat

Vorbereitungszeit
15 Minuten
Garzeit
25 Minuten
Schwierigkeitsgrad
einfach
Wein
**Prosecco di Conegliano
e Valdobbiadene Brut**

Den Fenchel putzen und waschen, das Fenchelgrün abschneiden und beiseitelegen. Die Knollen halbieren und über Dampf oder in kochendem Salzwasser etwa 15 Minuten garen. Herausheben, abtropfen und etwas abkühlen lassen, dann in Streifen schneiden. Das Fenchelgrün grob hacken. Den Feldsalat verlesen, waschen, trockenschleudern und in Streifen schneiden.

Die Eier verquirlen, den Parmesan und das vorbereitete Gemüse sowie den Salat hineingeben. Salzen und pfeffern.

Das Öl in einer großen beschichteten Pfanne erhitzen. Die Eier-Gemüse-Salat-Masse hineingeben und bei mittlerer Hitze auf beiden Seiten je 4 Minuten braten; sofort heiß servieren.

ZUTATEN FÜR 4 PERSONEN
100 g junger Spinat
250 g Büffelmozzarella
4 Eier
Salz und Pfeffer
1 EL geriebener Parmesan
2 EL natives Olivenöl extra
Radicchio zur Garnierung

Spinatrührei mit Büffelmozzarella

Den Spinat verlesen und waschen. Tropfnass in einen heißen Topf geben, in 2 Minuten bei aufgelegtem Deckel zusammenfallen und in einem Sieb abkühlen lassen. Anschließend den Spinat mit der Hand ausdrücken und hacken. Den Büffelmozzarella in kleine Würfel schneiden und griffbereit stellen.

Die Eier in einer Schüssel verquirlen, salzen und pfeffern, dann den Paremsan und den Spinat untermischen. Das Öl in einer mittelgroßen Pfanne erhitzen, die Eiermasse hineingeben und bei nicht zu starker Hitze stocken lassen. Dabei die Masse mit dem Pfannenmesser vorsichtig vom Rand zur Mitte schieben, bis sie stockt, aber in der Mitte noch cremig ist.

Sofort auf einen vorgewärmten Teller geben und die Mozzarellawürfel in die Mitte des Rühreis setzen. Mit Radicchioblättern umlegen und servieren.

Vorbereitungszeit
15 Minuten
Garzeit
10 Minuten
Schwierigkeitsgrad
einfach
Wein
Ischia Bianco

ZUTATEN FÜR 4 PERSONEN
500 g Stängelkohl
2 Knoblauchzehen
Salz
8 Eier
natives Olivenöl extra

Miniomeletts mit Stängelkohl

Den Stängelkohl putzen, waschen und im Ganzen in reichlich Salzwasser in etwa 10 Minuten bissfest kochen. Herausheben, abtropfen und abkühlen lassen und in kleine Stücke schneiden. Den Knoblauch schälen und hacken. In einer Pfanne 2 EL Öl erhitzen. Knoblauch und Kohl darin 5 Minuten anbraten. Salzen und etwas abkühlen lassen.

Den Backofen auf 180 °C vorheizen. 6–8 kleine Tortelettförmchen mit Öl auspinseln. Die Eier verquirlen, den Kohl hinzugeben und gut verrühren. Die Masse auf die Förmchen verteilen und im Ofen etwa 10 Minuten backen. Die Omeletts aus den Förmchen stürzen und sofort heiß servieren.

Stängelkohl, manchmal auch unter seinem italienischen Namen Cima di rapa im Angebot, ähnelt im Aussehen dem Brokkoli, hat aber kleinere, lockerere Blütenstände und größere Blätter.

Vorbereitungszeit
15 Minuten
Garzeit
25 Minuten
Schwierigkeitsgrad
einfach
Wein
Alto Adige Terlano

ZUTATEN FÜR 4 PERSONEN
2 EL Mehl
4 EL Milch
4 ganze Eier
Salz und Pfeffer
4 Eiweiß
2 EL natives Olivenöl extra
250 g frischer junger Spinat
2 Knoblauchzehen
15 g Butter
100 g Leerdammer
Muskatnuss

Gefüllte Eierkuchenrolle

Den Backofen auf 200 °C vorheizen. Das Mehl in einer Schüssel mit Milch und Eiern verrühren, etwas Salz und Pfeffer zugeben. Die Eiweiße zu Schnee schlagen, den Schnee unter die Eiermasse ziehen. Eine flache, rechteckige Form mit dem Öl ausstreichen, den Teig einfüllen und im Ofen 8–10 Minuten backen.

Den Spinat verlesen und waschen, tropfnass in einen heißen Topf geben und zusammenfallen lassen. Die geschälten Knoblauchzehen in feine Scheiben schneiden, in einer kleinen Pfanne mit Butter leicht anbraten. Den Käse in Streifen schneiden.

Den Eierkuchen aus dem Ofen nehmen und auf einen Bogen Backpapier stürzen. Den Spinat darauf verteilen. Salzen, pfeffern und etwas Muskat darüberreiben. Den Knoblauch und den Käse darauf verteilen, zu einer Rolle formen und diese mithilfe des Backpapiers wieder in die Form setzen. Im Ofen erneut 5 Minuten backen. In dicke Scheiben geschnitten sofort servieren.

Vorbereitungszeit
15 Minuten
Garzeit
20 Minuten
Schwierigkeitsgrad
mittel
Wein
Friuli Collio Sauvignon

A nders als die meisten Gemüsesorten, die wir zu verzehren pflegen, ist die Artischocke (Cynara cardunculus) keine Wurzel, kein Stängel, Kopf, Blatt oder die Sprosse einer Pflanze, sondern die noch geschlossene Blütenknospe einer distelartigen Pflanze aus der Familie der **Asteraceae**, der Asterngewächse. Außer den ganz jung geernteten kleinköpfigen Sorten, die man im Ganzen verzehren kann, genießt man von den Artischocken nur die fleischig verdickten unteren Teile der Hüllblätter sowie die fleischigen Blütenböden. Es ist also ein Nahrungsmittel mit einem hohen Anteil an ungenießbarem Abfall. Entsprechend teuer ist das „Gemüse", es hat aber andererseits große gesundheitliche Vorteile zu bieten.

✓ Eine lange Geschichte

Bereits um 500 v. Chr. kannte und schätzte man die Artischocke in Ägypten als Nahrungsmittel. Durch die Araber soll sie nach Europa gekommen sein. Im christlichen Rom galt sie als begehrte Spezialität, die man zunächst vor allem in Spanien zu kultivieren begann. Ab dem 15. Jahrhundert baute man sie auch in Italien an, vor allem in der Gegend um Neapel, doch waren die wohlschmeckenden Blütenknospen bis weit ins 18. Jahrhundert hinein den Reichen vorbehalten; in Frankreich sogar nur dem Adel. Heute wird die Artischocke in vielen Mittelmeerländern kultiviert, findet sich aber auch als Zierpflanze in vielen Gärten, denn wenn man die Blüte ausreifen lässt, bekommt sie sehr hübsche blaue Röhrenblüten, die einen dichten Bausch bilden. Die wichtigsten Anbauländer sind Spanien, Italien, Frankreich, Marokko, Israel, Algerien, Ägypten und die Türkei. Aus all diesen Ländern kommt Importware zu uns, und da die Erntezeiten in den Anbauländern unterschiedlich sind, können wir ganzjährig über dieses Edelgemüse verfügen. Daneben werden Artischockenböden und -herzen auch als Konserve angeboten.

GESCHÄTZTER APERITIF

Der Saft der Artischocken enthält den Bitterstoff Cynasin, der für den typisch herben Artischockengeschmack verantwortlich ist. Man schätzt diesen Geschmack aber nicht nur beim Gemüse, sondern auch bei einem Getränk, dem berühmten Cynar, der als herb-bitterer Aperitif gereicht und aus Artischockensaft hergestellt wird. Genau diesen Aperitif zu wählen ist insofern sinnvoll, als der Extrakt der Artischocke die Gallenproduktion anregt, was wiederum die Verdauung fördert.

✔ Vielfalt der Sorten

Die äußeren Hüllblätter der Artischocken können grün, grünlich-violett oder ganz violett sein, wie beispielsweise bei der in Italien sehr beliebten Sorte Violetto di Toscana – einer kleinköpfigen Artischocke, deren Köpfe wie die der spanischen Tudela eher länglich sind. Auch die Tudela hat kleine Köpfe, deren Blätter jedoch grün sind. Junge Exemplare dieser beiden Arten kann man im Ganzen zubereiten.

Eher groß und kugelig sind die vor allem aus Italien (Romanesco) und Frankreich (Camus de Bretagne) nach Deutschland importieren Sorten, die man auf die klassische Art zubereitet und sie als exquisite Mahlzeit mit Dip-Soßen verzehrt.

Große runde Artischocken mit dickem, fleischigem Blütenboden wiegen 350 bis 450 Gramm pro Stück, die mittelgroßen, länglichen etwa 150 Gramm und die kleinen, die man ganz verzehren kann, nur etwa 40 Gramm.

✔ Tipps für Kauf und Aufbewahrung

Ob große, mittlere oder kleine Exemplare, sie alle sollten prall, fest und unverletzt sein, die Blätter möglichst keine braunen Spitzen haben und es sollte immer ein Stück vom Stil daran sein. Mit Frischhaltefolie abgedeckt halten sich Artischocken im Gemüsefach des Kühlschranks bis zu 2 Wochen, wenn möglich, sollte man sie aber früher verbrauchen. Vor allem die kleinen Artischocken, die man als Ganze zubereiten möchte, sollte man nicht länger als 5 bis 6 Tage lagern.

✔ Zubereitung

Frische junge, kleine Exemplaren kann man roh verzehren. Meist aber werden Artischocken gegart, wozu sich verschiedene Methoden anbieten. Die klassische Zubereitung der großen Exemplare ist das Kochen in reichlich Salzwasser. Dazu wird zunächst das Stielende abgeschnitten, dann kürzt man die äußeren Blattspitzen mit einer Schere oder einem Messer und benetzt die Schnittstellen mit Zitronensaft, damit sie

GESUNDHEITLICHER WERT

Artischocken enthalten praktisch keine Fette, trotzdem sind sie mit etwa 46 Kalorien pro 100 Gramm nicht gerade das kalorienärmste Gemüse. Lediglich die sehr kleinen Exemplare mit kaum ausgeprägten Blütenböden enthalten weniger Kalorien. Dafür aber liefern sie reichlich Ballaststoffe und verfügen über viel Eisen, Kalium und Magnesium. Sie fördern die Gallenproduktion und den Gallenfluss, weshalb sie seit alters her gegen Verdauungsschwäche eingesetzt werden. Und sie helfen, den Cholesterinspiegel zu senken.

nicht braun werden. Je nach Größe, Sorte und Alter benötigen die Artischocken eine Garzeit von 30 bis 45 Minuten. Wenn sich ein mittleres Schuppenblatt ohne Widerstand herausziehen lässt, sind sie gar. Man hebt sie mit der Schaumkelle aus dem Wasser, lässt sie abtropfen und serviert sie heiß oder abgekühlt zu Vinaigrette oder verschiedenen Dips und Soßen. Zum Kochen niemals einen Aluminiumtopf verwenden, darin verfärben sie sich grauschwarz.

Vor allem die mittelgroßen und kleinen Artischocken werden gern geschmort. Dazu schneidet man das obere Drittel ab und entfernt die äußeren Blätter sowie das Heu und schmort sie in Öl mit Knoblauch. Bei dieser Zubereitungsweise kann man sie auch füllen. Möchte man das nicht, bietet es sich an, sie längs zu halbieren, das Heu lässt sich dann leichter entfernen. Eine im italienischen Latium besonders beliebte Zubereitungsart nennt sich Carciofi alla giudia (Artischocken auf jüdische Art): Von jungen, kleinen Artischocken die holzigen Stiele und äußeren Blätter entfernen, von den übrigen Blättern die Spitzen kappen. Dann die Artischocken halbieren und das Heu entfernen. Anschließend in einen breiten Topf legen und mindestens bis zur Hälfte mit Olivenöl bedecken. Die Artischocken in dem Öl langsam erhitzen und dann insgesamt etwa 30 Minuten braten, bis sie knusprig sind. Mit Salz bestreut und Zitronensaft beträufelt servieren.

ZUTATEN FÜR 6 PERSONEN
500 g Mehl
Salz
2 EL natives Olivenöl extra

FÜR DIE FÜLLUNG
500 g Artischockenböden
oder -herzen (Dose)
1 Zwiebel
50 g Butter
250 g Ricotta
8 Eier
1 Bund gehackte Petersilie
1 TL gehackter Majoran
6 EL geriebener Parmesan
Salz und Pfeffer
6 EL natives Olivenöl extra

Artischockentorte

Mehl mit einer Prise Salz, dem Öl und so viel Wasser verkneten, bis ein glatter, geschmeidiger Teig entsteht. 10 Minuten durchkneten. Daraus 12 gleich große Kugeln formen, mit einem feuchten Tuch zugedeckt 1 Stunde ruhen lassen.

Inzwischen die Artischockenböden in Stücke schneiden. Die geschälte Zwiebel hacken, in 20 g Butter glasig dünsten. Den Ricotta mit zwei verquirlten Eiern verrühren, die Zwiebel, die Artischocken, die gehackten Kräuter und 3 EL Parmesan dazugeben, alles gut vermischen, kräftig pfeffern und salzen.

Eine der Teigkugeln zu einem hauchdünnen Blatt ausrollen, mit Öl einpinseln und so in eine geölte Springform (26 cm) legen, dass der Teig den Rand gut 2 cm überlappt. 5 weitere Teigkugeln ausrollen und ebenfalls in die Form legen, dabei jede Schicht, bis auf die letzte, mit Öl einpinseln. Nun die Füllung hineingeben, glatt streichen und mit einem Löffelrücken in gleichmäßigem Abstand 6 Mulden hineindrücken. In jede Mulde ein Butterflöckchen setzen und ein aufgeschlagenes rohes Ei gleiten lassen. Die Eier salzen und pfeffern und mit dem restlichen Parmesan bestreuen.

Den Backofen auf 180 °C vorheizen. Die restlichen 6 Teigkugeln nacheinander ausrollen, mit Öl bestreichen und auf die Füllung legen. Die überlappenden Teigränder nach innen einrollen. Die Oberfläche mit Öl einpinseln. Mit einer Gabel mehrfach einstechen und etwa 60 Minuten backen. Lauwarm servieren.

Vorbereitungszeit
60 Minuten
Garzeit
65 Minuten
Schwierigkeitsgrad
schwierig
Wein
Colli di Luna Bianco

ZUTATEN FÜR 4 PERSONEN
200 g Weizenvollkornmehl
1 EL Sesamsamen
½ TL Salz
3 EL natives Olivenöl extra

FÜR DIE FÜLLUNG
500 g Brokkoli
1 Knoblauchzehe
3 EL natives Olivenöl extra
250 g Ricotta
Salz

Vollkornkuchen mit Brokkoli

Mehl, Sesam und Salz in einer Schüssel mischen. Mit dem Öl und so viel Wasser wie nötig zu einem glatten, weichen Teig verkneten. Den Teig mit einem Tuch zugedeckt mindestens 30 Minuten ruhen lassen.

Den Brokkoli putzen, waschen und in kleine Röschen teilen. In kochendem Salzwasser bissfest garen. Die geschälte Knoblauchzehe hacken. In einer Pfanne mit 2 EL Öl andünsten, den abgetropften Brokkoli dazugeben, gut durchschwenken und abkühlen lassen. Den Ricotta in eine Schüssel füllen, den Brokkoli hinzufügen, salzen, pfeffern und alles gut verrühren.

Den Backofen auf 180 °C vorheizen. Den Teig zu zwei dünnen Platten ausrollen, die eine etwas größer als die andere. Mit der größeren eine flache, geölte Springform so auslegen, dass der Teig etwa 3 cm weit über den Rand hinausragt. Die Ricottamasse einfüllen und glatt streichen. Mit der zweiten Teigplatte abdecken, den überstehenden Rand nach innen einklappen, mit dem restlichen Öl einpinseln und etwa 30 Minuten backen. Die Torte heiß oder lauwarm servieren.

Statt des Brokkoli kann man auch Zucchini, Stängelkohl, Romanesco oder Zichorie verwenden.

Vorbereitungszeit
40 Minuten
Garzeit
40 Minuten
Schwierigkeitsgrad
mittel
Wein
Sicilia Chardonnay

ZUTATEN FÜR 4–6 PERSONEN

4 Stangen Staudensellerie
4 Karotten
1 Radicchio di Treviso
2 Knoblauchzehen
1 kleine Zwiebel
3 EL natives Olivenöl extra
2 Eier

100 g Ricotta
60 g geriebener Pecorino
60 g geriebener Parmesan
100 g Emmentaler, grob geraffelt
Salz und Pfeffer
200 g TK-Hefeteig, aufgetaut
1 EL Sesamsamen

Pikante Torte mit Käse und Gemüse

Sellerie und Karotten putzen, waschen und in Stücke beziehungsweise Scheiben schneiden. Über Dampf bissfest garen, dann abkühlen lassen. Den gewaschenen Radicchio in Streifen schneiden. Knoblauch und Zwiebel schälen, würfeln und in dem Öl glasig dünsten. Den Radicchio dazugeben und einige Minuten schmoren, ebenfalls abkühlen lassen.

Die Eier in einer Schüssel mit dem Ricotta verquirlen, die Käse und das vorbereitete Gemüse dazugeben, gut vermischen, mit Salz und Pfeffer abschmecken.

Den Backofen auf 180 °C vorheizen. Den Hefeteig ausrollen und eine Springform (22 cm) so damit auslegen, dass ein 3 cm hoher Rand entsteht. Die Füllung hineingeben, glatt streichen und mit Sesam bestreuen. Den Teigrand nach innen über die Füllung klappen, etwa 40 Minuten backen, vor dem Servieren 10 Minuten ruhen lassen.

Vorbereitungszeit
30 Minuten
Garzeit
60 Minuten
Schwierigkeitsgrad
einfach
Wein
Alto Adige Sauvignon Riserva

ZUTATEN FÜR 3–4 PERSONEN
200 g Instant-Couscous
6 EL natives Olivenöl extra
20 Kirschtomaten
100 g Rucola
150 g Mozzarella
Salz und Pfeffer

Couscous mit Rucola, Tomaten und Mozzarella

Den Couscous in einen Topf geben, einen Faden Öl darüberlaufen lassen und unter Rühren etwas anrösten. Mit kochendem Wasser bedecken und auf der ausgeschalteten Herdplatte 10 Minuten bei aufgelegtem Deckel quellen lassen.

Die Tomaten waschen und halbieren oder vierteln. Den Rucola verlesen, gründlich waschen, trockentupfen und quer in Streifen schneiden. Den Mozzarella würfeln.

Den Couscous mit einer Gabel lockern. Wenn er abgekühlt ist, Tomaten, Rucola und Mozzarella untermischen, das restliche Öl darüberträufeln, salzen und pfeffern. Einige Minuten durchziehen lassen und servieren.

Couscous, ein Grundnahrungsmittel der nordafrikanischen Küche, wird aus Hartweizen oder Hirse hergestellt. Der nicht vorgegarte Couscous wird in eine Art Siebaufsatz gegeben und gart in dem Dampf über dem Topf, in dem auch das Fleisch und das Gemüse schmoren.

Vorbereitungszeit
15 Minuten
Garzeit
20 Minuten
Schwierigkeitsgrad
einfach
Wein
Soave

ZUTATEN FÜR 3–4 PERSONEN
½ Gemüsezwiebel
3 EL natives Olivenöl extra
180 g Instant-Couscous
600 ml kochende
Gemüsebrühe
150 g Zucchini
150 g Aubergine
1 unbehandelte Orange
1 unbehandelte Zitrone
1 EL Schnittlauchröllchen
Salz und Pfeffer

Couscous mit Zitrusfrüchten und Grillgemüse

Die Gemüsezwiebel würfeln. Das Öl in einem Topf erhitzen, die Zwiebel darin andünsten. Den Couscous dazugeben und kurz bei starker Hitze unter Rühren anrösten. Mit der kochenden Gemüsebrühe ablöschen, vom Herd nehmen und 10 Minuten quellen lassen.

Inzwischen Zucchini und Aubergine längs in Scheiben schneiden und in einer gerillten Grillpfanne ohne Zugabe von Fett auf beiden Seiten braten, bis sich braune Streifen zeigen. Dann in grobe Stücke schneiden. Von der Orange und der Zitrone die Schale abreiben, die Orange danach schälen und filetieren. Alles zusammen mit den Schnittlauchröllchen unter den mit einer Gabel gelockerten Couscous mischen. Mit Salz und Pfeffer abschmecken und servieren.

Vorbereitungszeit
20 Minuten
Garzeit
30 Minuten
Schwierigkeitsgrad
einfach
Wein
Roero Arneis

Als Couscous bezeichnet man Kügelchen aus Hartweizengrieß (er kann aber auch aus Hirse, Mais oder Gerste gemacht sein), die mit Wasser und Öl befeuchtet, getrocknet und dann gedämpft werden. Traditionell gart er sehr langsam in einem Siebeinsatz über dem Schmorgericht, zu dem er als Beilage gereicht wird. Instant-Couscous ist hingegen sehr schnell, innerhalb weniger Minuten zubereitet.

Couscous
Zutaten für 4 Personen

250 g Instant-Couscous, natives Olivenöl extra
200 ml Wasser, Salz

1-2. Den Couscous in eine Schüssel geben, Öl als Faden darüberlaufen lassen, dabei durchrühren, damit sich das Öl verteilt.

3-4. Das Wasser mit 1 EL Öl zum Kochen bringen, den Couscous hineingeben, durchrühren und auf dem ausgeschalteten Herd 5 Minuten quellen lassen, dann mit der Gabel lockern.

Der auch unter der Bezeichnung Polenta angebotene Maisgrieß kann fein oder grob sein. Beide Arten eignen sich zur Zubereitung der Polenta. Das hellere Maismehl ist dafür hingegen ungeeignet.

Polenta
Zutaten für 4 Personen

250 ml Wasser, **250 g** Maisgrieß
4 EL natives Olivenöl extra, **½ TL** Salz

1-2. Wasser und Salz in einem großen Topf zum Kochen bringen. Unter Rühren (mit dem Schneebesen) den Maisgrieß einrieseln lassen. Bei geringer Hitze im geschlossenen Topf 30 Minuten ausquellen lassen. Dann auf ein Holzbrett geben.

3-4. Die Polenta 2 cm dick verstreichen und auskühlen lassen. In Stücke schneiden und beidseitig in der gerillten Grillpfanne braten.

ZUTATEN FÜR 3–4 PERSONEN
400 g entrindetes Mischbrot
1 Tasse warme Milch
4 EL geriebener Pecorino
1 Knoblauchzehe, zerdrückt
1 Bund Petersilie, gehackt
1 Ei
Salz
4 EL natives Olivenöl extra
Tomatensoße (Fertigprodukt)

Brotklößchen mit Käse und Petersilie

Vorbereitungszeit
30 Minuten
Garzeit
75 Minuten
Schwierigkeitsgrad
einfach
Wein
Nardò Rosso

Das Brot würfeln, in einer Schüssel mit der Milch übergießen und weich werden lassen. Das Brot etwas ausdrücken und in eine andere Schüssel geben. Pecorino, Knoblauch, Petersilie, Ei und Salz dazugeben und das Ganze zu einem Teig verkneten. Mit angefeuchteten Händen walnussgroße Klößchen daraus formen.

Das Öl in einer großen Pfanne erhitzen und die Brotklößchen darin rundherum goldgelb braten.

Die Tomatensoße erhitzen, die Klößchen hineingeben und in der Soße 1 Stunde bei schwacher Hitze ziehen lassen.

Auberginenauflauf

ZUTATEN FÜR 4–6 PERSONEN
4 mittelgroße Auberginen
Salz
Öl zum Frittieren und für
die Form
5 EL Mehl
200 g Mozzarella, in Scheiben
1 Bund Basilikum
100 g geriebener Parmesan
40 g Butter

Die Auberginen putzen, waschen und längs in 1 cm dicke Scheiben schneiden. Die Scheiben nebeneinander auf Küchenpapier legen, großzügig mit Salz bestreuen und zum Entwässern 15 Minuten ziehen lassen. Dann mit Küchenpapier gründlich abtupfen.

Das Frittieröl erhitzen. Das Mehl in eine flache Schale geben, Auberginenscheiben beidseitig darin wenden und portionsweise im Öl wenige Minuten ausbacken. Auf Küchenpapier abtropfen lassen.

Den Backofen auf 180 °C vorheizen. Eine flache Auflaufform mit Öl auspinseln und der Boden mit Auberginenscheiben belegen. Mozzarellascheiben und Basilikumblätter darauf verteilen, mit Parmesan bestreuen. Auf diese Weise mit Auberginenscheiben, Mozzarella und Basilikum fortfahren, bis die Zutaten aufgebraucht sind. Zuletzt mit Parmesan bestreuen, die Butter als Flöckchen daraufsetzen und im Ofen 15 Minuten überbacken. Heiß servieren.

Vorbereitungszeit
20 Minuten
Garzeit
30 Minuten
Schwierigkeitsgrad
einfach
Wein
Falanghina

ZUTATEN FÜR 4–6 PERSONEN

600 g Gemüsezwiebeln
½ l Gemüsebrühe
250 ml Sahne
1 Eigelb
Salz und Pfeffer
3 Eier
100 ml Weißwein
18–20 dünne Scheiben
Kastenweißbrot, entrindet
50 g weiche Butter
200 g Groviera, geraffelt

Brotterrine mit Groviera

Die Gemüsezwiebel schälen und grob in Stücke schneiden. In der Brühe 20 Minuten garen, herausheben, abtropfen lassen und durch ein Sieb streichen. In das Püree 50 ml Sahne und das Eigelb einrühren, salzen, pfeffern und beiseitestellen.

Die Eier in einem Mixbecher mit der restlichen Sahne und dem Wein verquirlen, mit Salz und Pfeffer würzen.

Den Backofen auf 190 °C vorheizen. Eine 30 cm lange Terrinenform mit Butter ausstreichen. Mit der restlichen Butter die Brotscheiben bestreichen. Boden und Wände der Terrine mit Brot auskleiden. Etwas von der Eiersahne auf das Brot am Boden träufeln, darauf geriebenen Käse geben und darauf etwas von dem Zwiebelpüree. Mit einer Lage Brot bedecken. Auf diese Weise mit Eiersahne, Käse und Zwiebelpüree fortfahren, bis die Zutaten aufgebraucht sind. Mit einer letzten Lage Brot, über die man den Rest der Eiersahne gießt, abschließen.

Den Deckel der Terrine auflegen und im Backofen im Wasserbad 40 Minuten garen. Aus der Form stürzen und heiß oder lauwarm in Scheiben servieren.

Vorbereitungszeit
30 Minuten
Garzeit
60 Minuten
Schwierigkeitsgrad
mittel
Wein
Gavi

Den Groviera, ein halbfester Schnittkäse aus der Lombardei, kann man auch durch einen entsprechenden anderen Käse, etwa Fontina, ersetzen.

ZUTATEN FÜR 4–6 PERSONEN
30 g getrocknete Pilze
nach Wahl
1 kg mehligkochende
Kartoffeln
400 ml Milch
50 g Butter
6 EL geriebener Parmesan
1 Knoblauchzehe
2 EL natives Olivenöl extra
180 g Provolone

Gratinierter Kartoffelauflauf

Die getrockneten Pilze mit warmem Wasser bedecken und 30 Minuten einweichen. Inzwischen die Kartoffeln schälen und würfeln. In einem Topf mit der Milch in etwa 15 Minuten garen. Dann mit dem Kartoffelstampfer zerdrücken, dabei die Hälfte der Butter und des Parmesans einarbeiten. Mit Salz und Pfeffer abschmecken.

Den Backofen auf 180 °C vorheizen. Die Pilze abgießen und – falls nötig – klein schneiden. Den Knoblauch fein hacken. Das Öl in einer Pfanne erhitzen, Knoblauch und Pilze darin dünsten, bis alle Flüssigkeit verdampft ist, dann unter das Kartoffelpüree mischen. Den Provolone würfeln und ebenfalls untermischen.

Das Püree in eine gebutterte Auflaufform füllen, mit dem restlichen Parmesan bestreuen und die noch übrige Butter in kleinen Flöckchen daraufsetzen. Etwa 15 Minuten überbacken und servieren.

Vorbereitungszeit
40 Minuten
Garzeit
30 Minuten
Schwierigkeitsgrad
einfach
Wein
Rossese di Dolceacqua

ZUTATEN FÜR 4–6 PERSONEN
200 g Mehl
130 g Butter
1 Eigelb
Salz

FÜR DIE FÜLLUNG
1 Radicchio di Treviso
1 weiße Zwiebel

3 EL natives Olivenöl extra
350 g kalte Pellkartoffeln
350 g festfleischiger Kürbis (am Stück gegart)
2 Eier
200 ml süße Sahne
Salz und Pfeffer
Muskatnuss

Quiche mit Kartoffeln, Radicchio und Kürbis

Aus Mehl, 120 g Butter, Eigelb und Salz einen Mürbeteig kneten und in Klarsichtfolie gewickelt 30 Minuten ruhen lassen. Den Backofen auf 180 °C vorheizen. Mit der restlichen Butter eine Quicheform einfetten.

Während der Teig ruht, den Radicchio putzen, waschen und in Streifen schneiden. Die Zwiebeln schälen und in Ringe schneiden. Das Öl in einer Pfanne erhitzen. Die Zwiebel darin andünsten, dann den Radicchio dazugeben und bei aufgelegtem Deckel 10 Minuten dünsten. Beiseitestellen.

Den Teig auf bemehlter Arbeitsfläche ausrollen und Boden sowie Rand der Quicheform damit auslegen. Den Teigboden mehrmals mit einer Gabel einstechen, im Ofen 10 Minuten vorbacken. Inzwischen die Pellkartoffeln in nicht zu dünne Scheiben schneiden. Den gegarten Kürbis würfeln und unter den Radicchio mischen.

Den Quicheboden aus dem Ofen nehmen, mit den Kartoffelscheiben belegen, das Radicchio-Kürbis-Gemisch darüber verteilen. Die Eier mit der Sahne verquirlen, salzen, pfeffern, mit Muskat abschmecken und über die Gemüsefüllung gießen. Die Quiche für weitere 30 Minuten in den Ofen geben.

Vorbereitungszeit
30 Minuten
Garzeit
40 Minuten
Schwierigkeitsgrad
mittel
Wein
Ribolla Gialla

ZUTATEN FÜR 4 PERSONEN
1 kg Spinat (600 g
geputzte Rohware)
3 Eier
50 g Mehl
5 EL geriebener Parmesan
Muskatnuss
Öl zum Frittieren
Salz

Frittierte Spinatklößchen

Den Spinat verlesen und alle harten Stiele entfernen. Gründlich waschen, tropfnass in einem Topf auf die heiße Herdplatte stellen und in wenigen Minuten gerade eben zusammenfallen lassen. In ein Sieb geben, gut abtropfen lassen – eventuell mit der Hand weiter ausdrücken – und mit einem scharfen Messer möglichst fein hacken.

Das Frittieröl erhitzen. Die Eier mit Mehl, Parmesan und Muskat in einer Schüssel zu einem Teig verrühren und den gehackten Spinat untermischen. Mithilfe von zwei Esslöffeln Klößchen von der Spinatmasse abstechen und in das heiße Öl schieben. Ausbacken, bis sie beidseitig gebräunt sind. Herausheben, auf Küchenpapier abtropfen lassen, salzen und heiß zu einer beliebigen Dip-Soße reichen.

Ein scharfer Ketchup passt besonders gut zu diesen Spinatklößchen, die man als „Fingerfood" verzehren kann, indem man sie in die Soße dippt. Man kann sie aber auch auf den Teller geben, mit Soße übergießen und mit der Gabel essen.

Vorbereitungszeit
15 Minuten
Garzeit
10–15 Minuten
Schwierigkeitsgrad
einfach
Wein
Passerina

ZUTATEN FÜR 4 PERSONEN
1 Paket TK-Blätterteig
300 g Tomaten
200 g junger Provolone
50 g grüne Olivenringe
25 g Kapern
½ TL getrockneter Oregano
Salz und Pfeffer

Strudel mit Gemüsefüllung

Den Blätterteig auftauen lassen. Die Tomaten in kochendem Wasser blanchieren, bis die Haut aufplatzt. Dann häuten, das wässrige Innere und die Kerne entfernen, das Fruchtfleisch würfeln und beiseitestellen. Den Provolone in dünne Scheiben schneiden.

Den Backofen auf 200 °C vorheizen. Die Blätterteigplatten ganz leicht überlappend auf eine bemehlte Arbeitsfläche legen und zu einem 3 mm dicken Rechteck ausrollen. Mit den Käsescheiben belegen, die Tomatenwürfel, die abgetropften Olivenringe, die Kapern und den Oregano darauf verteilen. Den Teig locker aufrollen und auf ein mit Wasser benetztes oder mit Backpapier ausgelegtes Backblech legen.

Den Strudel etwa 30 Minuten backen, aus dem Ofen nehmen und sofort heiß oder lauwarm servieren.

Wer keinen Blätterteig verwenden möchte, der bekanntlich sehr fett ist, kann stattdessen Strudelteig (gibt es als Fertigprodukt im Kühlregal gut sortierter Supermärkte) oder Filoteig (gibt es in Läden mit türkisch-griechischen Spezialitäten) verwenden.

Vorbereitungszeit
30 Minuten
Garzeit
40 Minuten
Schwierigkeitsgrad
einfach
Wein
Greco di Tufo

Ob rot, gelb oder grün, mild oder höllisch scharf, groß und fleischig oder winzig klein – die botanische Gattung Capsicum annuum, die wie Tomate und Kartoffel zur Familie der Nachtschattengewächse gehört, verfügt über eine unglaublich große Vielfalt an Arten. Eine erste große Trennlinie verläuft zwischen den immer milden und großen Schoten des Gemüsepaprikas und den Pfeffer- oder Chilischoten. Während sich die große Vielfalt bei den scharfen Schoten findet, die ihre Schärfe dem Alkaloid **Capsaicin** verdanken, das sich in den Kernen und den weißen inneren Trennwänden der Früchte in besonders großer Menge sammelt, sind die Arten des Gemüsepaprikas recht überschaubar. Die fleischigen Schoten können kugelig, flachrund, walzenförmig oder wie eine Tüte spitz zulaufend sein. Die Form aber wirkt sich auf den Geschmack deutlich weniger aus als die Farbe, denn dunkelgrüne Schoten sind im Grunde

das berühmte gulyás ohne den für die Küche dieses Landes so typischen Paprika – sei es als mehr oder weniger scharfes Gewürz oder als Gemüse – völlig undenkbar wäre.
Eine weitere Sorte ist der dunkelrote, stark gerippte, unten vierkantig abgeflachte Tomatenpaprika, eine Kreuzung aus Gemüsepaprika und Fleischtomaten, der aber nur sehr selten im normalen Handel angeboten wird. Die Lebensmittelindustrie nutzt ihn zur Herstellung von Tomatenmark.

✔ Tipps für Kauf und Aufbewahrung

Heute werden Paprikaschoten ganzjährig angeboten. Die beste Qualität erhält man von Juli bis November, den Rest des Jahres ist Importware aus Südeuropa erhältlich. Die Schoten sollten glänzend und fest sein. Früchte mit schrumpeliger Haut rund um den Stielansatz sind nicht mehr frisch. Und Schoten mit fauligen

Paprika

unreif und entsprechend herb im Geschmack, während gelbe und rote Schoten vollreif und daher mild bis süßlich sind und sehr fruchtig schmecken. Eine deutlich größere Rolle spielen Form und Größe bei den Chilisorten. Denn in der Regel gilt: Je kleiner und schmaler die Frucht, desto schärfer ist sie. Die Schärfe der Früchte wird übrigens weltweit einheitlich nach der sogenannten Scolville-Skala bestimmt.
Bis ins 16. Jahrhundert waren Gewürz- und Gemüsepaprika in Europa unbekannt, denn die Pflanze stammt aus Amerika. Als die spanischen Eroberer sie erstmals aus der Neuen Welt mitbrachten, wurden die kuriosen Pflanzen mit ihren erstaunlich vielfältigen Früchten sehr bewundert, doch es dauerte fast bis zur Mitte des letzten Jahrhunderts, bis der Gemüsepaprika sich seinen festen Platz in der deutschen Küche erobern konnte. Fuß fasste er zunächst in Ungarn, wo nicht nur

Stellen sollte man sowieso nicht kaufen. Besondere Vorsicht ist bei den als „Paprikaampel" bezeichneten Paketen geboten, die in einer meist stark bedruckten Tüte je eine rote, grüne und gelbe Schote anbieten. Oft kann man bei diesen Packungen kaum sehen, ob wirklich alle Früchte in der Packung in Ordnung sind. **Grüne Schoten** (im Grunde unreif) halten sich im Gemüsefach des Kühlschranks bis zu 4 Tage, wenn sie beim Kauf frisch waren. Ebenso Arten mit violetter bis schwarzer Haut, bei denen es sich um Neuzüchtungen handelt. Diese Schoten verlieren die außergewöhnliche Farbe aber beim Garen. **Gelbe** sowie **orangefarbene Schoten**, im Geschmack mild bis lieblich, sind ausgereift und halten sich lediglich 2 Tage, ebenso die **roten Schoten**, die den fruchtigsten Geschmack haben. Man kann Paprika sowohl roh als auch gegart sehr gut einfrieren.

Paprikaschoten (zumal die reifen roten und gelben Schoten) verfügen über einen hohen Anteil an den Vitaminen A und C (der Anteil der grünen Schoten an diesen Vitaminen ist etwas geringer), außerdem an den Vitaminen E, K, B6 sowie Folsäure. Daneben sind sie ballaststoffreich und enthalten die Mineralien Kalium und Eisen. Mit etwa 20 Kalorien pro 100 Gramm sind sie zudem kalorienarm.

✔ Paprika in der Küche

Egal wie man die Schoten des Gemüsepaprikas zubereitet, immer werden die ungenießbaren **Kerne und die inneren weißen Trennhäute entfernt.**

Dann kann man die Schoten als Teil von Salaten wie etwa dem Griechischen Bauernsalat **roh verzehren** (grüne Paprika sind etwas schwerer verdaulich als die vollreifen gelben oder roten). Man kann die geputzten Schoten auch in Stücke oder Streifen schneiden und sie allein oder zusammen mit anderem Gemüse **dämpfen oder dünsten.** So sind sie beispielsweise Bestandteil des französischen Gemüseeintopfs **Ratatouille** oder der italienischen **Peperonata.** Oder man **grillt** sie und reicht sie als Beilage. Gegrillte Paprika kann man zusätzlich mit Öl und Zitronensaft sowie Kräutern und Knoblauch **marinieren** und zum Teil eines bunten Vorspeisentellers machen.

Zudem gibt man die Schoten **in Eintöpfe** mit Hülsenfrüchten oder Reis (Pilaw) und verwendet sie zur Zubereitung von dicken oder pürierten sahnigen Suppen und Soßen. Schließlich kann man sie – eine ebenfalls sehr beliebte Zubereitungsart – mit anderem Gemüse sowie Hülsenfrüchten/und oder Getreide **füllen und am Stück schmoren.**

Lediglich die vollreifen gelben, orangefarbenen und roten Schoten lassen sich auf verschiedene Weise (siehe nebenstehender Tipp) sehr leicht **häuten.** Bei grünen Schoten ist das schon deutlich schwieriger, da die Haut der unreifen grünen Früchte zu dünn ist. Die sehr feine Haut des hellgelben oder hellgrünen Spitzpaprikas braucht man überhaupt nicht zu entfernen. Grundsätzlich ist das Häuten bei keiner Paprika-Sorte zwingend notwendig.

PAPRIKA HÄUTEN

Obwohl die Haut aller Paprikasorten essbar ist, möchte man sie aus verschiedenen Gründen – nicht zuletzt aus ästhetischen – manchmal gern entfernen, denn wie die Haut von Tomaten löst sie sich ab, wenn die Frucht gekocht wird, und findet sich dann im Gericht, wo sie störend wirken kann.

Eine Methode besteht darin, die ganze Schote mit etwas Öl beträufelt in den Backofen (180 °C) zu legen und zu warten, bis die Haut sich schwärzlich verfärbt und Blasen wirft. Dann nimmt man sie mit der Küchenzange heraus und steckt sie in eine Papiertüte, wo die feuchte Hitze den Ablösungsprozess fortsetzt. Nach 5 bis 10 Minuten lässt sich die Haut mit den Fingern abziehen. Man kann die halbierten Schoten auch unter den Grill legen, bis sich die Haut löst. Da beide Methoden die Frucht vorgaren, kann man sie, wenn das nicht erwünscht ist, auch roh abschälen.

ZUTATEN FÜR 4 PERSONEN
2 EL natives Olivenöl extra
1 Zwiebel, in Ringe
geschnitten
2 gelbe Paprikaschoten,
entkernt, klein gewürfelt
2 Tomaten, gehäutet,
klein gewürfelt
6 Eier
300 g altbackenes Brot,
entrindet und zerbröselt
150 g geriebener Pecorino
1 Bund Petersilie, gehackt
Salz

Käseklößchen mit Paprikasoße

Das Öl in einer Pfanne erhitzen. Die Zwiebelringe und die Paprikawürfel kurz darin andünsten, dann die Tomaten hinzufügen. Zugedeckt bei schwacher Hitze köcheln lassen.

Währenddessen die Eier in einer Schüssel verquirlen. Die Brotbrösel, den Pecorino, die Petersilie und etwas Salz dazugeben und alles zu einer Paste verarbeiten. (Falls sie zu feucht ist, mehr Brot hinzufügen.) Aus der Paste mit feuchten Händen walnussgroße Bällchen formen, in die Pfanne zur Paprikasoße geben und etwa 5 Minuten bei aufgelegtem Deckel darin garen. Sofort heiß servieren.

Statt des Pecorino kann man auch frisch geriebenen Parmesan nehmen und die gelben Paprikaschoten kann man durch orangefarbene oder rote ersetzen.

Vorbereitungszeit
30 Minuten
Garzeit
15 Minuten
Schwierigkeitsgrad
einfach
Wein
Molise Rosato

ZUTATEN FÜR 6 PERSONEN
250 g Kamut
20 g getrocknete Steinpilze
2 Äpfel (Golden Delicious)
4 EL natives Olivenöl extra
1 Zweig Rosmarin
Salz und Pfeffer
30 g Walnüsse
1–2 Stangen Lauch
Saft von 1 Zitrone
Salz

Kamut, Äpfel, Nüsse und Pilze im Lauchmantel

Den Kamut 1 Stunde in leicht gesalzenem Wasser garen. Die Steinpilze in warmem Wasser einweichen. Die Äpfel schälen, in kleine Würfel schneiden und in 2 EL Öl zusammen mit dem Rosmarin dünsten. Die abgetropften, klein geschnittenen Pilze hinzufügen, salzen und pfeffern. Bei aufgelegtem Deckel 10 Minuten garen.

Die Walnüsse hacken und zusammen mit den Äpfeln und Pilzen (Rosmarin entfernen) unter den Kamut mischen. Mit Salz und Pfeffer abschmecken.

Den Backofen auf 180 °C vorheizen. Die Lauchstange längs halbieren, den dunkelgrünen Teil abschneiden, die Blätter voneinander lösen, gut waschen und in kochendem Wasser blanchieren. 6 Timbaleförmchen mit den blanchierten Lauchblättern auslegen, mit der Kamutmischung füllen und mit Lauch bedecken. Die Förmchen 20 Minuten im Backofen im Wasserbad garen, herausnehmen und die Lauchtimbales auf Teller stürzen. Das restliche Öl mit dem Zitronensaft verrühren, salzen und über die Timbales träufeln.

Kamut ist eine Urgetreideart aus Ägypten mit deutlich größeren Körnern als Weizen. Er hat einen hohen Gehalt an Eiweiß und Aminosäuren und einen kernigen, nussigen Geschmack. Ersatzweise kann man auch Dinkel oder Grünkern verwenden.

Vorbereitungszeit
35 Minuten
Garzeit
90 Minuten
Schwierigkeitsgrad
mittel
Wein
Colli Orientali
del Friuli Chardonnay

ZUTATEN FÜR 4 PERSONEN

1 Zwiebel
30 g Butter
2 EL natives Olivenöl extra
300 g passierte Tomaten
(Dose)
Salz
1 EL frisch gehacktes
Basilikum
Öl zum Frittieren
600 g zarte junge
Artischocken
Mehl
1 Ei
1 EL Milch
100 g Mozzarella,
in dünnen Scheiben
4 EL geriebener Parmesan

Auflauf mit frittierten Artischocken

Die Zwiebel schälen und würfeln. Butter und Öl in einem Topf erhitzen und die Zwiebel darin goldbraun rösten. Die passierten Tomaten dazugeben, salzen und bei schwacher Hitze unter gelegentlichem Rühren 20 Minuten köcheln lassen. Dann das Basilikum hinzufügen. Griffbereit stellen.

Das Frittieröl erhitzen. Von den Artischocken die äußeren harten Blätter und die holzigen Spitzen der Innenblätter entfernen. Halbieren und das Heu entfernen. Die Artischocken in Streifen schneiden und mit Mehl bestäuben. Das Ei in einem tiefen Teller mit der Milch verquirlen. Die bemehlten Artischockenstreifen portionsweise durch das Ei ziehen und goldbraun ausbacken. Auf Küchenpapier abtropfen lassen.

Den Backofen auf 200 °C vorheizen. Die Hälfte der frittierten Artischocken auf dem Boden einer flachen Auflaufform verteilen, die Hälfte der Mozzarellascheiben und der Tomatensoße darübergeben. Die Schichtung wiederholen. Zuletzt mit dem Parmesan bestreuen, dann 20 Minuten im Ofen überbacken und sofort heiß servieren.

Wenn man die Zubereitung etwas bereichern möchte, kann man zusätzlich Scheiben von hart gekochten Eiern mit einschichten.

Vorbereitungszeit
40 Minuten
Garzeit
40 Minuten
Schwierigkeitsgrad
mittel
Wein
Sicilia Chardonnay

ZUTATEN FÜR 4 PERSONEN
200 g Mehl
130 g Butter
1 Eigelb
Salz

FÜR DIE FÜLLUNG
1 Radicchio di Treviso
1 Zwiebel
3 EL natives Olivenöl extra
300 g kalte Pellkartoffeln
200 g geräucherter Provolone
2 Eier
150 g Ricotta
Salz und Pfeffer

Quiche mit Käse, Radicchio und Kartoffeln

Aus Mehl, 120 g Butter, Eigelb und Salz einen Mürbeteig kneten und in Klarsichtfolie gewickelt 30 Minuten ruhen lassen. Den Backofen auf 180 °C vorheizen. Mit der restlichen Butter eine Quicheform einfetten.

Während der Teig ruht, den Radicchio putzen, waschen und in Streifen schneiden, die Zwiebel schälen und in Ringe schneiden. Das Öl in einer Pfanne erhitzen. Die Zwiebel darin andünsten, dann den Radicchio dazugeben und bei aufgelegtem Deckel 10 Minuten schmoren. Beiseitestellen.

Den Teig auf bemehlter Arbeitsfläche ausrollen und Boden sowie Rand der Quicheform damit auslegen. Den Teigboden mehrmals mit einer Gabel einstechen und im Ofen 10 Minuten vorbacken. Inzwischen die Kartoffeln und den Provolone in kleine Würfel schneiden und unter den Radicchio mischen.

Den Quicheboden aus dem Ofen nehmen, die vorbereitete Mischung darüber verteilen. Die Eier mit dem Ricotta verquirlen, salzen, pfeffern und über die Füllung gießen. Die Quiche für weitere 40 Minuten in den Ofen geben. Heiß oder lauwarm servieren.

Vorbereitungszeit
30 Minuten
Garzeit
60 Minuten
Schwierigkeitsgrad
mittel
Wein
Lago di Caldero

Kochen ohne Fleisch – Sättigende Salate

Eine Portion gemischter Salat, angereichert mit rohem oder vorgegartem Gemüse der Saison, ist eine ideale Mahlzeit an warmen Frühlings- oder heißen Sommertagen. Ist der Appetit etwas größer, kann man zusätzlich gegartes Getreide oder Hülsenfrüchte untermischen.

ZUTATEN FÜR 4 PERSONEN
200 g Bulgur
Salz
1 Zucchino
4 EL natives Olivenöl extra
100 g Kirschtomaten
4 Minzeblätter
5–6 Kürbis- oder Zucchiniblüten (+ weitere zur
Dekoration)
200 g gegarte Kichererbsen
(Dose)

Salat mit Bulgur, Kichererbsen und Kürbisblüten

Den Bulgur in 0,5 l Salzwasser in etwa 20 Minuten garen, abgießen und ab-kühlen lassen.

Den Zucchino waschen und würfeln. Die Hälfte des Öls in einer Pfanne erhit-zen, die Zucchiniwürfel kurz darin anbraten und leicht salzen.

Die Kirschtomaten waschen und vierteln. Die Minzeblätter und die Kürbis-blüten in Streifen schneiden, zusammen in eine Schüssel geben. Den abge-kühlten Bulgur, die Zucchiniwürfel und die Kichererbsen dazugeben und alles gut vermischen. Nochmals salzen und das restliche Öl als Faden darü-berlaufen lassen. In einer mit Kürbisblüten dekorierten Schale anrichten und servieren.

Bei Bulgur handelt es sich um gedämpfte, dann geschälte, getrocknete und schließ-lich grob oder fein geschrotete Weizenkörner – im Grunde eine etwas grobere Version des Couscous, den man hier ersatzweise verwenden kann.

Vorbereitungszeit
20 Minuten
Garzeit
20 Minuten
Schwierigkeitsgrad
einfach
Wein
Alto Adige Silvaner

ZUTATEN FÜR 4 PERSONEN
60 g Puylinsen
200 g Bulgur
400 g Brokkoli
2 Karotten
1 Knoblauchzehe
2 EL natives Olivenöl extra
2 EL Sojasoße

Salat mit Bulgur, Brokkoli und Linsen

Die gewaschenen Linsen in reinem Wasser 30 Minuten garen, abgießen, in eine Schüssel füllen und abkühlen lassen. Den Bulgur in Salzwasser 20 Minuten garen, abgießen und zu den Linsen in die Schüssel geben.

Den Brokkoli putzen, in kleine Röschen schneiden und waschen. Die Karotten putzen, waschen und in feine Streifen (Julienne) schneiden. Den Knoblauch schälen und hacken. Das Öl in einer Pfanne erhitzen und den Knoblauch darin anbraten. Das Gemüse hinzufügen und zugedeckt bei mittlerer Hitze 5 Minuten dünsten. Mit der Sojasoße würzen und zu Bulgur und Linsen in die Schüssel geben. Gründlich durchmischen. Den Salat auf Teller verteilen und servieren.

Nach Geschmack kann man außerdem 150 g Provolone in kleine Würfel schneiden und unter den Salat mischen.

Vorbereitungszeit
10 Minuten
Garzeit
35 Minuten
Schwierigkeitsgrad
einfach
Wein
Lagrein Rosato

Seit Menschen angefangen haben, Wildgräser gezielt anzubauen, durch Zucht zu kultivieren und dadurch von nomadisierenden Sammlern und Jägern zu sesshaften Bauern wurden, ist Getreide aus unserer Ernährung nicht mehr wegzudenken. Ein Grundnahrungsmittel, das, nachdem es eine Zeit lang als „Dickmacher" verpönt war, nun in vielfältigster Form wieder Einzug in die Küchen hält. Nicht nur das Mehl wird verwendet, um Brot, Back- und Teigwaren herzustellen, auch das ganze oder geschrotete, zu Flocken oder Grieß verarbeitete Korn wird selbst in der feinen Küche wieder als gesundes, hochwertiges Nahrungsmittel geschätzt.

Amaranth Die winzigen Körnerfrüchte dieser Fuchsschwanzart sind kein Getreide im eigentlichen Sinn, doch schon die Inkas und Azteken nutzten diese Lieferanten hochwertiger Eiweiße.

Gerste Sie zählt zu den vier in Europa vorherrschenden Getreidesorten und ist vor allem als Grundlage zur Herstellung von Bier, Branntwein und Whisky bekannt. In der Küche schätzt man die aus dem geschliffenen Gerstenkorn gewonnenen Graupen.

Hafer Heute ist er den meisten Menschen nur noch in Form von Flocken für das Frühstücksmüsli oder des englischen Porridge bekannt. Doch einst stellte Hafer in Nordeuropa ein Grundnahrungsmittel dar, das seines hohen Eiweiß- und Fettanteils wegen als ausgesprochener Kraftspender nicht nur für Menschen, sondern auch für Tiere, vor allem Pferde, galt.

Hirse Die wohl älteste kultivierte Getreidesorte der Welt ist noch heute eines der Grundnahrungsmittel Afrikas. Die kleinen gelben Körner sind reich an

Buchweizen Auch seine an Eiweißen und Mineralstoffen reichen dreikantigen Früchte sind kein Getreide, sondern die Samen einer Knöterichart, die aber wie Getreide verwendet und zubereitet werden. Das Mehl enthält keinen Kleber (Gluten) und muss zum Backen daher mit anderem Mehl vermischt werden. In der italienischen Küche werden daraus vor allem Pizzoccheri (Nudeln) und Polenta hergestellt, in der französischen die Galettes genannten Pfannkuchen.

Dinkel Eine Urweizenart, die über sehr hochwertiges Klebereiweiß verfügt, weshalb das Mehl hervorragende Backeigenschaften hat. Der noch unreif (grün) geerntete Dinkel wird **Grünkern** genannt. Da er gedarrt werden muss, hat er ein feines Röstaroma und wird daher gern als gekochte Beilage oder, grob geschrotet, als Suppeneinlage verwendet.

ungesättigten Fettsäuren, an Mineralien und Spurenelementen. Man kann gekochte Hirse – wie Reis – pikant und süß zubereiten.

Kamut Als eine Unterart des Rauweizens ist Kamut ein Urgetreide, dessen große Körner einen besonders hohen Gehalt an Eiweißen, Mineralstoffen und ungesättigten Fettsäuren aufweisen.

Mais Die den Maya, Azteken und Inka heilige Pflanze verkam in Europa zeitweise zum wenig geschätzten Viehfutter (nur der als Gemüse verzehrte Zuckermais blieb begehrt). Der weniger Zucker enthaltende Körnermais bildet die Grundlage für Maisgrieß, aus dem man zum Beispiel Polenta herstellt, und für Maismehl, das man für die mexikanischen Tortillas verwendet.

GESUNDHEITLICHER WERT

Ganze Getreidekörner verfügen über nahezu alle lebensnotwendigen Nährstoffe: Der Anteil an Stärke beträgt je nach Sorte 60 bis 75 Prozent, hochwertiges Eiweiß macht 7 bis 15 Prozent aus. Zudem sind sie reich an ungesättigten Fettsäuren, insbesondere die Keime (ihr Ölanteil kann bis zu 7 Prozent ausmachen). Zu den im Korn enthaltenen Mineralstoffen und Spurenelementen gehören Kalium, Kalzium, Magnesium, Eisen, Zink, Fluor und Kieselsäure. Darüber hinaus versorgt es unseren Körper mit den Vitaminen B1, B2, B3, B5, E und Folsäure – um nur die wichtigsten zu nennen. Und natürlich enthält Getreide auch Ballaststoffe, die für eine gesunde Darmtätigkeit sorgen.

Quinoa Eine hoch in den Anden gedeihende Meldenart liefert diese schon von den Inkas geschätzten vitalstoffreichen Samen, die wie Reis und Hirse gekocht werden. Das aus Quinoa hergestellte Mehl ist reich an Saporin, einem Bitterstoff, und sollte daher nur mit anderen Mehlen gemischt verwendet werden.

Reis Das wohl typen- und sortenreichste Getreide ist heute in weiten Teilen der Welt das wichtigste Grundnahrungsmittel. Doch lediglich der entspelzte (nicht weiter geschliffene und polierte) Vollkorn- oder Naturreis enthält noch den größten Teil seiner Vitalstoffe, darunter Aminosäuren, Vitamine und Mineralstoffe.

Roggen Neben dem Weizen das in Nordeuropa bekannteste und beliebteste Brotgetreide, das häufig als Vollkornmehl verwendet wird. Da es kein Gluten (Klebereiweiß) enthält, ist es das Getreide der Wahl für Menschen, die an Celiachie, einer Glutenunverträglichkeit, leiden.

Weizen Bei dieser heute wichtigsten Getreideart unterscheidet man zwei Hauptgruppen: Weichweizen, dessen Mehl besonders viel Gluten enthält, weshalb er zum Backen ausgezeichnet geeignet ist, und Durum oder Hartweizen, den man vor allem zu Grieß verarbeitet und eher in der Nudelproduktion einsetzt. Das volle Korn und aus ihm hergestellte Mehle und andere Produkte wie Schrot und Flocken enthalten alle Vitalstoffe, die man für eine gesunde Ernährung braucht.

200 g ganze Weizenkörner
100 g Prinzessbohnen
1 Karotte
1 Knoblauchzehe
2 EL natives Olivenöl extra

2 Zweige Rosmarin
120 g gekochte Kichererbsen (Dose)
10 Kirschtomaten
Salz

Gemüsesalat mit gekochtem Weizen

Die Weizenkörner über Nacht einweichen. Mit reichlich frischem ungesalzenem Wasser aufsetzen, 1 Stunde kochen, dann auf dem ausgeschalteten Herd mindestens 40 Minuten nachquellen lassen. Mit kaltem Wasser abspülen, gut abtropfen lassen und in eine Schüssel geben.

Die Bohnen putzen, dabei die Fäden abziehen, waschen und in Salzwasser in etwa 15 Minuten bissfest garen. Abgießen und in Eiswasser abschrecken, damit sie die Farbe bewahren. Gut abtropfen lassen und zum Weizen geben.

Die Karotte putzen, waschen und in dünne Scheiben schneiden. Die Knoblauchzehe schälen und hacken. Das Öl in einer Pfanne erhitzen, den Knoblauch darin andünsten. Den Rosmarin und die Karottenscheiben dazugeben und 5 Minuten dünsten. Anschließend den Rosmarin wieder entfernen, die Karottenscheiben zum Weizen geben. Die gekochten Kichererbsen und die halbierten Kirschtomaten hinzufügen, alles durchmischen, mit Salz abschmecken und servieren.

Verwendet man statt des Weizens Grünkern oder Dinkel, verkürzt sich die Gar- und die Nachquellzeit jeweils um die Hälfte. Weizen, den man wie hier beschrieben gegart hat, kann man einfrieren. Es lohnt sich, gleich 500 g zu garen und tiefgefroren auf Vorrat zu halten.

Vorbereitungszeit
20 Minuten
Garzeit
100 Minuten
Schwierigkeitsgrad
einfach
Wein
Val d'Aosta Pinot Grigio

ZUTATEN FÜR 4 PERSONEN

200 g Quinoa
100 g Rucola
10 Walnüsse
150 g reifer Pecorino
2 EL natives Olivenöl extra
Salz
5 Basilikumblätter, gehackt

Salat mit Quinoa, Rucola, Nüssen und Pecorino

Quinoa in ein Sieb geben und unter fließendem Wasser gut waschen, dann in reichlich Wasser in etwa 30 Minuten bissfest garen. Abgießen und in einer Schüssel abkühlen lassen.

Währenddessen den Rucola verlesen, waschen, trockentupfen und in Stücke schneiden. Die Walnüsse knacken und grob hacken. Den Pecorino in kleine Würfel schneiden. Alles zum Quinoa geben, das Öl als Faden darüberlaufen lassen, durchmischen und salzen.

Auf Teller verteilen, mit gehacktem Basilikum bestreuen und servieren.

Bei Quinoa handelt es sich um die Samen eines in den Anden heimischen Gänsefußgewächses. Sie haben einen milden, aber leicht erdigen Geschmack, der durch gründliches Waschen der kleinen runden Körner gemildert wird.

Vorbereitungszeit
10 Minuten
Garzeit
30 Minuten
Schwierigkeitsgrad
einfach
Wein
Lagrein Rosato

ZUTATEN FÜR 4 PERSONEN
180 g Wildreis
3 kleine Zucchini
3 EL natives Olivenöl extra
1 Knoblauchzehe
10 Kirschtomaten
5 Basilikumblätter, gehackt
Salz und Pfeffer
200 g Mozzarella

Wildreis mit Mozzarella und Zucchini

Den Wildreis waschen und in reichlich Salzwasser in etwa 40 Minuten bissfest kochen, abgießen, kalt abschrecken und gut abtropfen lassen.

Die Zucchini waschen und in Scheiben schneiden. 1 EL Öl in einer großen beschichteten Pfanne erhitzen, die ganze geschälte Knoblauchzehe darin goldgelb werden lassen, dann entfernen. Die Zucchinischeiben möglichst einzeln nebeneinander hineinlegen und goldbraun anbraten.

Die Kirschtomaten vierteln, die Kerne entfernen. Zusammen mit dem Basilikum in eine Schüssel geben, salzen und pfeffern. Das restliche Öl darüberlaufen lassen und durchmischen. Den Mozzarella in dünne Scheiben schneiden.

10–12 cm große Garnierringe auf Teller legen und den Wildreis hineinfüllen, leicht festdrücken und den Ring vorsichtig nach oben abheben. Jedes Reisbett mit Mozarella- und Zucchinischeiben dekorativ belegen und ein Krönchen aus Tomaten daraufsetzen. Sofort servieren.

Wildreis ist eigentlich kein Reis, sondern der Samen einer nordamerikanischen Sumpfgrasart. Er hat einen milden, leicht nussigen Geschmack.

Vorbereitungszeit
30 Minuten
Garzeit
40 Minuten
Schwierigkeitsgrad
einfach
Wein
Gambellara

Es gibt Nahrungsmittel, deren Geschichte unauflöslich mit der Geschichte ihres Herkunftslandes und seiner Bevölkerung verknüpft ist. Meist handelt es sich um regionale Nutzpflanzen, die seit ewigen Zeiten auf den Tischen der Bauern landeten. Das ist auch bei der Zichorie der Fall, die einst den Ärmsten als Nahrung diente und sich inzwischen, begünstigt durch Züchtungen und Verfeinerungen, zu einer Pflanze entwickelt hat, die weit über die Grenzen Italiens hinaus begehrt ist. Die Rede ist vom Radicchio, aber auch vom eng mit ihm verwandten Chicorée. Wie eng die Verwandtschaft ist, sieht man daran, dass der Radicchio bei uns auch unter der Bezeichnung Roter Chicorée im Handel ist.

Radicchio und Chicorée sind, wie gesagt, Pflanzen aus der Zichorienfamilie und werden – anders als die ebenfalls verwandte Endivie – sowohl als Salat als auch als Gemüse zubereitet. Alle drei haben sich das typischste Merkmal der Wildpflanze, von der sie ursprünglich abstammen, erhalten: den herben bis leicht bitteren Geschmack.

Auch in Deutschland wurde die Gewöhnliche Wegwarte oder Wilde Zichorie (Cichorium intybus) als verwertbar angesehen, pflegte man doch ihre lange Pfahlwurzel als Gemüse zuzubereiten oder getrocknet und dann geröstet als Kaffeeersatz zu nutzen, während die Blätter als Viehfutter dienten. Die Entdeckung, dass die geernteten, in Erde gelagerten Wurzeln neu austreiben, wurde zwar nicht nur in Italien gemacht, doch sie wurde dort zuerst gezielt genutzt, um zum angebauten Radicchio mit seinen typisch rotvioletten Blättern mit den weißen Blattadern zu kommen. Der Chicorée hingegen ist eine Züchtung, die zuerst in Belgien gelang. Der Unterschied im Anbau der beiden besteht heute darin, dass Radicchio direkt ausgesät wird und bei Tageslicht heranwächst, während Chicorée nach wie vor als der zweite Austrieb im Dunkeln kultiviert wird, damit er seine helle Farbe bewahrt.

✔ Sorten und Arten

Es leuchtet ein, dass in seinem Heimatland Italien mehr Radicchioarten erhältlich sind als bei uns, wo der Radicchio noch relativ neu ist und vielen Verbrauchern allein zur Bereicherung der Salatpalette dient. Am bekanntesten und am häufigsten im hiesigen Angebot sind die recht kompakten runden Köpfe des **Radicchio di Chioggia**, die auch in Italien vorrangig als Salat zubereitet werden.

Daneben wird schon deutlich seltener der **Radicchio di Treviso** angeboten, eine Varietät, die nur lockere Rosetten ausgesprochen länglicher Blätter ausbildet. Es handelt sich um einen „Winter-Radicchio", der im Sommer gesät und erst im folgenden Frühjahr geerntet wird, wodurch er Frost abbekommt und milder im Geschmack wird, denn der Frost baut die Bitterstoffe der Pflanze zum Teil ab. Dieser Radicchio wird nur als Gemüse verwendet; man gibt ihn in Risottos und Füllungen oder dünstet, brät und grillt ihn. Während man aber den rundköpfigen Radicchio di Chioggia durchaus auch garen kann, verwendet man die länglichen Blätter des Radicchio di Treviso eigentlich nie als Salat. Auch **Chicorée** wird sowohl roh als Salat verzehrt oder gedünstet beziehungsweise geschmort.

Der Radicchio besteht, ebenso wie der Chicorée und die Endivie, größtenteils aus Wasser (der Wasseranteil liegt bei allen drei bei über 90 Prozent). Entsprechend gering ist der Eiweißanteil, der sich um die 2 Prozent bewegt, und der Kaloriengehalt – etwa 15 je 100 Gramm. Alle drei sind dafür aber reich an Vitamin A, C und Folsäure; der Radicchio und die Endivie liefern dazu noch Eisen, das der Körper zur Blutbildung braucht. Der in allen Zichoriengewächsen enthaltene Bitterstoff Intybin, der für den typischen Geschmack verantwortlich ist, hat ebenfalls gesundheitlichen Wert, denn er regt die Verdauung an.

oder achtelt man die Köpfe und schneidet den weißen Strunk keilförmig aus, denn im Strunk und in den Blattrippen sammeln sich die Bitterstoffe.

Auch beim Chicorée schneidet man das Wurzelende keilförmig aus. Für die Zubereitung als Salat schneidet man die Köpfe quer in Streifen. Zum Dünsten halbiert man die Köpfe der Länge nach, zum Schmoren kann man sie auch ganz lassen.

✔ Endivie – ein weiterer Verwandter

Die kopfbildende **Endivie**, die nahezu ausschließlich als Salat zubereitet wird, zählt ebenfalls zu den Mitgliedern der Zichorienfamilie. Die Glatte Endivie, auch Winterendivie oder Eskariol genannt, hat feste Blätter und ist recht gut haltbar. Die auch als Frisée bekannte Krause Endivie bildet hingegen im Frühjahr lockere Köpfe mit gelben, zarten Innenblättchen aus und ist entsprechend weniger gut haltbar. Die im Winter angebotene Friséesorte, Grüner Frisée, hat durchgängig grüne Blätter, ist etwas bitterer und länger haltbar. Der gleichfalls zu den Endivien zählende Romana-Salat hat sehr große, robuste Blätter mit dicker Rippe. Die Außenblätter sind grün, das Herz hat zarte gelbe Blätter. Oft werden deshalb nur diese kompakten, leicht süßlichen Herzen als Salat angeboten. Seiner relativen Festigkeit wegen wird der Romana – zumal in südlichen Ländern – wie Radicchio und Chicorée auch gedünstet oder geschmort.

✔ Tipps für Kauf, Aufbewahrung und Zubereitung

Der rundköpfige Radicchio wird von Oktober bis Mai angeboten. Die Köpfchen sollten prall und frisch aussehen. Außenblätter mit welken, gar fauligen Rändern deuten auf zu lange Lagerung hin. Frischen Radicchio von guter Qualität kann man im Gemüsefach des Kühlschranks etwa 4 Tage aufbewahren. Auch Chicorée ist vor allem in den Wintermonaten in guter Qualität erhältlich. Die Blätter der festen länglichen Köpfe sollten zartgelbe Spitzen haben. Grüne Blätter sind ein Zeichen für zu viel Bitterstoff (Lactucopikrin). Frischen Chicorée kann man ebenfalls im Gemüsefach bis zu 1 Woche aufbewahren.

Verwendet man Radicchio als Salat, löst man die einzelnen Blätter. Will man ihn garen, halbiert, viertelt

ZUTATEN FÜR 4 PERSONEN

8 Strauchtomaten
Salz
100 g Perlgraupen
100 g Schlangenbohnen
4 EL geriebener Parmesan
1 TL gehackte
Majoranblättchen
1 EL gehackte
Basilikumblätter
2 EL natives Olivenöl extra
Salz und Pfeffer

Mit Graupensalat gefüllte Tomaten

Vorbereitungszeit
10 Minuten
Garzeit
30 Minuten
Schwierigkeitsgrad
einfach
Wein
Sicilia Chardonnay

Die Tomaten waschen, oben einen Deckel abschneiden, mit einem Teelöffel die Kerne und das wässrige Innere herauslösen. Etwas Salz hineinstreuen und kopfüber auf Küchenpapier stellen.

Die Graupen waschen und in reichlich leicht gesalzenem Wasser in etwa 25 Minuten bissfest kochen und noch etwas im Kochwasser nachquellen lassen. Dann abgießen, abtropfen lassen und in eine Schüssel füllen. Nebenher die Bohnen waschen und in etwas Salzwasser bissfest garen, abgießen und bis auf 4 Stück klein schneiden und zu den Graupen geben.

Den Parmesan und die gehackten Kräuter untermischen. Das Öl in einem Faden darüberlaufen lassen, nochmals durchmischen und mit Salz und Pfeffer abschmecken. Die Tomaten damit füllen, die Deckel auflegen und servieren. Als Garnitur je eine zu einem Knoten geschlungene Bohne dazulegen.

Nach Geschmack die gefüllten Tomaten im Backofen bei 190 °C etwa 15 Minuten überbacken oder 6–8 Minuten unter den Backofengrill stellen.

ZUTATEN FÜR 4 PERSONEN
200 g parboiled
Langkornreis
4 große frische Steinpilze
3 EL natives Olivenöl extra
Saft von ½ Zitrone
Salz und Pfeffer
gehackte Petersilie
100 g Rucola
50 g Parmesan am Stück

Reissalat mit gebratenen Steinpilzen

Den Reis in leicht gesalzenem Wasser bissfest kochen. Dann abgießen, mit kaltem Wasser abschrecken, gut abtropfen lassen und in eine Schüssel geben.

Während der Reis kocht, die Steinpilze sorgfältig putzen und längs in Scheiben schneiden. In einer großen beschichteten Pfanne 1 EL Öl erhitzen und die Pilzscheiben nebeneinander einschichten. Bei starker Hitze beidseitig goldbraun braten, dann in eine flache Schale legen. Mit Zitronensaft und dem restlichen Öl beträufeln, salzen, pfeffern und mit der Petersilie bestreut marinieren lassen.

Den Rucola verlesen, waschen, trockentupfen, klein schneiden und unter den Reis mischen. Den Reis auf Teller verteilen. Die Steinpilze darüber arrangieren. Mit dem Sparschäler Parmesan darüber hobeln und sofort servieren.

Statt des Langkornreises kann man auch Vollkornreis verwenden – er ist nährstoffreicher und gesünder, hat aber mit 30 Minuten eine längere Kochzeit. Der rote Camargue-Reis ist ebenfalls eine denkbare Variante.

Vorbereitungszeit
10 Minuten
Garzeit
15 Minuten
Schwierigkeitsgrad
einfach
Wein
Rossese di Dolceacqua

500 g Basmatireis
3 Zucchini
2 Karotten
je 1 rote und gelbe Paprikaschote
6 Kürbisblüten

1 Zwiebel
1 Knoblauchzehe
3 EL natives Olivenöl extra
Salz und Pfeffer
1 Bund Schnittlauch

Reissalat mit buntem Gemüse

Den Reis in reichlich Salzwasser bissfest kochen, abgießen, kalt abschrecken und gut abtropfen lassen.

Das Gemüse waschen und putzen. Zucchini, Karotten, Paprikaschoten und Kürbisblüten zum größten Teil in kleine Würfel schneiden, einen kleinen Teil in feinste Streifen. Zwiebel und Knoblauch fein würfeln und in dem erhitzen Öl in einem Topf andünsten. Das gewürfelte Gemüse dazugeben und zugedeckt 5 Minuten schmoren lassen. Salzen und pfeffern.

Das Gemüse mit dem Reis vermengen, den Schnittlauch in Röllchen schneiden und untermischen. Mithilfe eines Garnierrings auf jeden Teller eine Portion Reissalat setzen, mit den Gemüsestreifen dekorativ umlegen und servieren.

Nach Geschmack kann man den Reis auch durch anderes gekochtes Getreide oder durch Graupen ersetzen.

Vorbereitungszeit
20 Minuten
Garzeit
20 Minuten
Schwierigkeitsgrad
einfach
Wein
Trentino Nosiola

200 g Borlottibohnen
1 Lorbeerblatt
1 Knoblauchzehe
100 g Rucola
1 kleiner Kopfsalat
1 kleiner Radicchio
1 kleiner Friséesalat
6 EL natives Olivenöl extra
3 EL Aceto balsamico
(Balsamessig)
1 TL Senf
Salz und Pfeffer

Gemischter Salat mit Borlottibohnen

Vorbereitungszeit
20 Minuten
Garzeit
50 Minuten
Schwierigkeitsgrad
einfach
Wein
Raboso del Piave

Die Borlottibohnen über Nacht einweichen. Am nächsten Tag in frischem ungesalzenem Wasser mit dem Lorbeerblatt und der ganzen Knoblauchzehe in etwa 50 Minuten garkochen. Abgießen und abtropfen lassen.

Die Salate verlesen, waschen und in mundgerechte Stücke schneiden oder zupfen und in eine große Salatschüssel geben. Die Bohnen hinzufügen.

Olivenöl, Aceto balsamico, Senf, Salz und Pfeffer in eine kleine Schüssel geben und mit dem Schneebesen kräftig schlagen, bis alle Zutaten gut verbunden sind. Die Vinaigrette über den Salat gießen, gründlich durchmischen, noch etwas ziehen lassen und servieren.

Um die Zubereitungszeit zu verkürzen, kann man auch gekochte Bohnen aus der Dose verwenden.

ZUTATEN FÜR 4 PERSONEN
250 g grüne Bohnen (TK-Ware)
250 g gegarte Borlottibohnen
aus der Dose
1–2 rote Zwiebeln
1 Apfel
4 EL natives Olivenöl extra
Saft von 1 Zitrone
Salz und Pfeffer

Schneller Bohnensalat mit Zwiebeln und Äpfeln

Die grünen Bohner in ein geeignetes Gefäß geben und in der Mikrowelle auftauen und bissfest garen. In ein Sieb schütten und abtropfen lassen.

Die Borlottibohnen aus der Dose abgießen, abspülen und abtropfen lassen.

Die rote Zwiebel in hauchfeine Ringe, den geschälten Apfel in Würfel schneiden. Alles zusammen in eine Schüssel füllen und vermischen.

Olivenöl, Zitronensaft, Salz und Pfeffer in einer kleinen Schüssel mit dem Schneebesen kräftig schlagen, bis alle Zutaten gut verbunden sind. Die Zitronette über den Salat gießen, gründlich durchmischen, noch etwas ziehen lassen und servieren.

Zubereitungszeit
15 Minuten
Schwierigkeitsgrad
einfach
Wein
Keine Empfehlung

Salat erfreut sich allgemeiner Beliebtheit. Er ist leicht, kalorienarm (vorausgesetzt, man wählt ein „schlankes" Dressing) und gesund. Er liefert Vitamine und Ballaststoffe und kann, da die Zahl der heute angebotenen Salatsorten sehr groß ist, mit immer neuen Geschmackserlebnissen aufwarten.

✔ Die bekanntesten Kopfsalate

Der Wilde Lattich (Zaunlattich) gilt als die Stammpflanze des kultivierten Kopfsalats. Der botanische Name Lactuca der zu den Lattichen gehörenden Pflanzen leitet sich von der Tatsache her, dass alle grünen Teile dieser Pflanzen einen weißen, mehr oder weniger bitteren Milchsaft (Milch = lateinisch „lac") enthalten, der den Kopfsalaten ihren manchmal ausgeprägt bitteren Geschmack verleiht. Man kennt heute rund 140 Salatvarietäten. Der noch immer am häufigsten angebotene und verwendete ist jedoch der **grüne Kopfsalat**, der im Geschmack mild bis neutral ist, weshalb er kräftige Marinaden ebenso verträgt wie die Mischung mit anderen Salaten. Eine seiner Varietäten ist der **rote Kopfsalat**, dessen Blätter noch zarter sind als die des grünen. Ebenfalls beliebt unter den Köpfe bildenden Salaten sind der **Bataviasalat**, der knackige krause Blätter hat, und der **Eichblattsalat**, dessen feine, weiche Blätter an Eichenlaub erinnern. Ebenfalls lockere Köpfe und krause Blätter haben der grüne Lollo **Biondo** und der rötliche **Lollo Rosso**. Ausgesprochen feste Köpfe mit fleischigen, sehr aromatischen Blättern bildet der **Eisberg- oder Eissalat**, der als Einziger unter den hier erwähnten Kopfsalaten gut einige Tage im Gemüsefach des Kühlschranks aufbewahrt werden kann. Zu den ebenfalls beliebten Salatsorten Radicchio, Endivie und Chicorée siehe Seite 250–251.

✔ Kleinblättrige Salate

Unter den kleinblättrigen Salaten ist der **Feldsalat** (auch Ackersalat oder Rapunzel) mit seinem fein-herben, nussigen Geschmack der bekannteste und noch immer beliebteste, doch fangen andere Arten an, darunter der **Rucola** (siehe links), ihm den Rang abzulaufen. Die durch ihren scharfen, an Rettich erinnernden Geschmack ausgezeichnete, sehr empfindliche **Brunnenkresse** gewinnt ebenso wie die **Kapuzinerkresse** (von der man vor allem auch

RUCOLA ODER RAUKE

Die Rauke, eine uralte, mit dem Rettich verwandte Kulturpflanze aus dem Mittelmeerraum, wurde schon von den Römern ihres herb-scharfen Geschmacks wegen geschätzt. Bei uns war die Rauke, deren Blätter im Aussehen an die des Löwenzahns erinnern, durchaus bekannt, geriet aber in Vergessenheit, bis sie als „neue" Salatsorte mit dem klangvollen italienischen Namen Rucola eine Renaissance erlebte. Heute ist der an Vitamin C, Mineralstoffen und appetitanregenden organischen Säuren reiche Salat ganzjährig in den Supermärkten verfügbar, lässt sich aber problemlos auch auf dem Balkon oder der Fensterbank ziehen.

die Blüten mit an den Salat geben kann) immer mehr Freunde. Und auch der feinbittere, sehr würzige **Löwenzahn** wird immer öfter auf den Märkten angeboten.

✔ Kein Salat ohne Dressing

Ein Spritzer Essig oder Zitronensaft, ein wenig Salz und ein Faden gutes Öl sind das Mindeste, was ein Salat braucht – nicht nur, um schmackhaft zu werden, sondern auch, um die wertvollen Inhaltsstoffe voll zu erschließen. Das beste Öl ist für einen Salat gerade gut genug, deshalb sollte man immer **kaltgepresste Öle** verwenden. Ob man sich für ein **natives Olivenöl extra** entscheidet oder auf geschmacklich intensivere Öle wie beispielsweise **Walnussöl** oder **Traubenkernöl** zurückgreift, hängt von dem Salat ab und natürlich von den persönlichen Vorlieben. Das eindeutig prägnanteste Nussaroma hat das dunkelgrüne, dickflüssige **Kürbiskernöl**, das wie die anderen erwähnten Öle einen hohen Anteil an ungesättigten Fettsäuren aufweist.

Auch der verwendete **Essig** sollte von guter Qualität sein. Ob man einen reinen **Weinessig** wählt, einen **Apfelessig**, einen mit **Kräutern oder Früchten (Himbeeressig) versetzten** oder einen **Aceto balsamico**

GESUNDHEITLICHER WERT

So sehr sie sich in Form, Farbe und Geschmack unterscheiden mögen, alle Salate enthalten in ihren Blättern viel Wasser (95 Prozent und mehr), ihr Proteingehalt ist entsprechend gering. Doch sie sind, vor allem wenn man sie so frisch wie möglich zubereitet und beim Waschen nicht im Wasser liegen lässt, reich an Vitaminen, vor allem an A und C sowie B-Vitaminen.

(Balsamessig), ist ebenfalls eine Frage des persönlichen Geschmacks und der richtigen Mischung. Lediglich von Essigessenz ist unbedingt abzuraten. Soll das Aroma des Essigs vorherrschen, muss das Öl möglichst neutral sein und umgekehrt.

Eine schlichte **Vinaigrette**, die aus einem neutralen Öl und einem nicht zu prägnanten Essig zubereitet wird, verträgt andere Ingredienzen wie gehackte frische Kräuter und/oder etwas Senf. Verwendet man statt des Essigs **Zitronen- oder Limettensaft**, spricht man von einer **Zitronette**.

Ebenfalls beliebt sind Dressings auf der Basis von Joghurt, saurer Sahne und/oder Mayonnaise. Sie können, wenn man Magerjoghurt verwendet, sehr leicht, aber auch kleine „Kalorienbomben" sein, wenn man ein Mayonnaisedressing wählt. Man sollte die Salatsoße möglichst selbst zubereiten, damit man genau weiß, was sie enthält. Zusätzlich kann man Salate immer mit gehackten Nüssen oder Samen wie Sonnenblumen- oder Kürbiskernen und vor allem auch mit Keimlingen und Sprossen anreichern.

Eine kleine Warnung sei an dieser Stelle noch gegeben: Viele Supermärkte bieten für die gestressten Berufstätigen, die wenig Zeit in der Küche verbringen wollen oder können, fertig geputzte, geschnittene Salate in der Plastiktüte an, die man nur noch mit einem Dressing anrichten muss. Man hat den Eindruck, hier gesunde Frischware zu kaufen, doch Salate, die in Stücke geschnitten einige Stunden liegen, verlieren deutlich an Qualität und flüchtigen Vitaminen.

ZUTATEN FÜR 4 PERSONEN
500 g junge Karotten
Salz
Saft von 1 Zitrone
2 Knoblauchzehen
1 Bund Petersilie
½ TL gemahlener
Kreuzkümmel
Pfeffer
3 EL natives Olivenöl extra

Marokkanischer Karottensalat

Vorbereitungszeit
10 Minuten
Garzeit
5 Minuten
Schwierigkeitsgrad
einfach
Wein
Keine Empfehlung

Die Karotten waschen, schaben und in nicht zu dünne Scheiben schneiden. Wasser in einem Topf zum Kochen bringen, salzen und den Saft von ½ Zitrone hinzufügen. Die Karottenscheiben 5 Minuten darin garen, abgießen und in eine Schüssel mit Eiswasser geben, um den Garprozess zu unterbrechen.

Die Knoblauchzehen schälen und fein hacken, die Petersilie ebenfalls hacken. Den restlichen Zitronensaft mit dem Kreuzkümmel, Salz, Pfeffer und dem Öl in einer Salatschüssel mit dem Schneebesen gut vermischen. Knoblauch, Petersilie und die abgetropften Karottenscheiben hinzufügen, gründlich durchmischen und 30 Minuten ziehen lassen, dann servieren.

Nach Geschmack kann man Couscous oder gekochten Reis, die man beide mit abgeriebener Zitronenschale aromatisiert, zu dem Karottensalat reichen.

ZUTATEN FÜR 4 PERSONEN
100 g grüne Bohnen
1 Radicchio
1 Schalotte
3 EL natives Olivenöl extra
2 EL Weinessig
Salz und Pfeffer
4 Scheiben Kastenweißbrot
1 Knoblauchzehe
1 Kästchen frische Kresse

Gemüsesalat mit Croûtons und Sprossen

Die Bohnen putzer, waschen und in kochendem Salzwasser etwa 15 Minuten garen, dann abgießen und in eine Schüssel mit Eiswasser geben.

Den Radicchio putzen, waschen und in feine Streifen schneiden. Die Schalotte schälen und in Ringe schneiden. Das Öl in einer Pfanne erhitzen, die Schalotte darin glasig dünsten, den Radicchio und den Essig dazugeben und bei aufgelegtem Deckel 5 Minuten dünsten.

Die Weißbrotscheiben kross toasten, mit der halbierten Knoblauchzehe abreiben, dann in Würfel schneiden.

Den Radicchio auf 4 Teller verteilen. Die Croutons, die mundgerecht geschnittenen Bohnen und jeweils etwas Kresse darüber verteilen und servieren.

Statt der Kresse kann man auch beliebige andere Sprossen verwenden. Wer gern Salate und besonders solche mit frischen Sprossen isst, sollte sich einen Keimapparat anschaffen, in dem er seine eigenen Sprossen nach Geschmack und Bedarf ziehen kann.

Vorbereitungszeit
15 Minuten
Garzeit
15 Minuten
Schwierigkeitsgrad
einfach
Wein
Alto Adige Pinot Bianco

ZUTATEN FÜR 4 PERSONEN
200 g Feldsalat
2 Bund Radieschen
4 kleine weiße Zwiebeln
4 EL natives Olivenöl extra
3 EL Weinessig
Salz und Pfeffer

Feldsalat mit Radieschen

Den Feldsalat putzen, gründlich waschen (er ist oft sehr sandig), trockenschleudern und in eine Salatschüssel geben.

Die Radieschen putzen, waschen und in feine Scheiben schneiden. Die Zwiebeln schälen und in feine Ringe schneiden. Beides zum Feldsalat geben und durchmischen.

Aus Olivenöl, Weinessig, Salz und Pfeffer eine Vinaigrette bereiten, über den Salat träufeln, durchmischen und servieren.

Wem die rohen Zwiebeln zu „scharf" sind, kann die Zwiebelringe entweder 15 Minuten in Wasser legen oder in wenig Öl glasig dünsten.

Zubereitungszeit
20 Minuten
Schwierigkeitsgrad
einfach
Wein
Keine Empfehlung

ZUTATEN FÜR 4 PERSONEN
1 Kopfsalat
2 Karotten
8 Kirschtomaten
1 rosa Grapefruit
Salz und Pfeffer
3 EL natives Olivenöl extra

Bunter Salat mit Grapefruit

Den Kopfsalat putzen, waschen, trockenschleudern und die Blätter in mundgerechte Stücke reißen oder schneiden. Die Karotten putzen und in Julienne schneiden (oder auf der Gemüsereibe raspeln). Die gewaschenen Kirschtomaten vierteln. Alles in eine große Salatschüssel geben und vermischen.

Die Grapefruit schälen und direkt über der Salatschüssel die Filets auslösen, damit kein Saft verloren geht. Die Filets unter den Salat mischen. Salzen, pfeffern und das Öl im Faden darüberlaufen lassen, nochmals durchmischen. 15 Minuten ziehen lassen und servieren.

Die Grapefruit, eine Kreuzung aus Pampelmuse und Orange, ist eine große, sehr saftige Zitrusfrucht mit säuerlich-herbem Geschmack. Die rosafleischigen Sorten sind meist etwas süßer und milder.

Zubereitungszeit
15 Minuten
Schwierigkeitsgrad
einfach
Wein
Keine Empfehlung

ZUTATEN FÜR 4 PERSONEN
4 kleine feste Auberginen
150 g Kopfsalat
8 Kirschtomaten
2 rote Zwiebeln
4 EL natives Olivenöl extra
Saft von 2 Zitronen
Salz und Pfeffer
1 Bund Petersilie, gehackt
Oreganoblättchen, gehackt

Salat mit gegrillter Aubergine

Vorbereitungszeit
20 Minuten
Garzeit
15 Minuten
Schwierigkeitsgrad
einfach
Wein
Keine Empfehlung

Die Auberginen waschen und ungeschält in nicht zu dünne Scheiben schneiden. Die Scheiben ohne weiteren Zusatz in einer gerillten Grillpfanne auf beiden Seiten braten, bis sie braune Streifen bekommen. In mundgerechte Stücke schneiden.

Den Salat waschen, trockenschleudern und mundgerecht zerteilen. Die Tomaten waschen und halbieren oder vierteln. Die Zwiebeln schälen und in feine Ringe schneiden.

Alles zusammen in eine große Salatschüssel geben und vermischen. Olivenöl, Zitronensaft, Salz und Pfeffer in einer kleinen Schüssel mit dem Schneebesen kräftig schlagen, bis alle Zutaten gut verbunden sind. Die gehackten Kräuter untermischen. Die Kräuter-Zitronette über den Salat gießen, gründlich durchmischen. Noch etwas ziehen lassen und servieren.

ZUTATEN FÜR 4 PERSONEN
1 grüner Apfel (Granny Smith)
2 Karotten
1 Bund Radieschen
30 g Pistazien

FÜR DAS DRESSING
1 Becher griechischer Joghurt
1 TL Essig
2 EL helles Sesamöl
Salz
¼ Noriblatt

Salat mit Äpfeln, Karotten, Radieschen und Pistazien

Apfel, Karotten und Radieschen waschen. Den Apfel klein würfeln, die Karotte grob raffeln, die Radieschen in Scheiben schneiden. Zusammen mit den grob gehackten Pistazien in eine Salatschüssel füllen und vermischen.

Aus Joghurt, Essig, Sesamöl und Salz ein Dressing rühren. Das Noriblatt in einer beschichteten Pfanne beidseitig etwas anrösten, dann zwischen den Fingern zerbröseln und unter das Dressing mischen. Das Dressing getrennt zum Salat reichen.

Nori – in der japanischen Küche viel verwendete schwarze Algen – dienen gekocht und dann zu dünnen, getrockneten Blättern gepresst als Hülle für Sushi und zerbröselt als Würzmittel.

Zubereitungszeit
15 Minuten
Schwierigkeitsgrad
einfach
Wein
Alto Adige Gewürztraminer

ZUTATEN FÜR 4 PERSONEN
2 EL Rosinen
2 EL Portwein
2 rosa Grapefruit
2 Fenchelknollen
1 kleiner Kopfsalat
150 g Asagio
3 EL natives Olivenöl extra
Salz und Pfeffer

Fenchelsalat mit Grapefruit und Asagio

Die Rosinen in einer Mischung aus Wasser und Portwein einweichen. Die beiden Grapefruits schälen und über einer Schüssel (um den Saft aufzufangen) filetieren, also aus den Trennhäutchen befreien. Die Filets in eine große Salatschüssel füllen.

Die Fenchelknolle waschen, putzen, auf dem Gemüsehobel in feine Scheiben hobeln und zu den Grapefruitfilets geben. Den Kopfsalat putzen, waschen, trockenschleudern, mundgerecht zerteilen und ebenfalls in die Salatschüssel füllen. Den Käse nach Geschmack in Stücke schneiden oder raspeln und zusammen mit den abgetropften Rosinen zum Salat geben.

Das Öl zu dem gesammelten Grapefruitsaft geben, salzen und pfeffern und mit dem Schneebesen kräftig schlagen, bis alle Zutaten gut verbunden sind. Über den Salat gießen, durchmischen und servieren.

Der Asiago ist ein Schnittkäse aus dem Veneto mit rund 40 % Fett i.Tr., strohfarbenem Teig und glatter, gelbrötlicher Rinde. Mit zunehmender Lagerung wird er dunkler und kräftiger im Geschmack. Junger Asagio (3 Monate gereift) ist mildwürzig, älterer (mindestens 6 Monate gereift) ausgesprochen pikant.

Zubereitungszeit
10 Minuten
Schwierigkeitsgrad
einfach
Wein
Keine Empfehlung

ZUTATEN FÜR 4 PERSONEN
200 g junger Löwenzahn
4 Karotten
4 EL natives Olivenöl extra
Saft von 1 Zitrone
Salz

Löwenzahnsalat mit Karotten

Die Löwenzahnblätter verlesen, putzen, waschen und trockenschleudern. In mundgerechte Stücke gezupft in eine Salatschüssel füllen. Die Karotten waschen, schaben und grob raffeln. Zu dem Löwenzahn in die Schüssel geben.

Das Öl mit Zitronensaft und Salz in einer kleinen Schüssel mit dem Schneebesen kräftig schlagen, bis alles gut verbunden ist. Über den Salat gießen, gründlich durchmischen und servieren.

Junge Löwenzahnblätter sind äußerst gesund, dennoch sollte man sie nicht einfach auf Wiesen sammeln, wo Löwenzahn wild wächst. Dieser könnte verunreinigt sein. Man zieht ihn entweder selbst im Garten oder kauft ihn auf dem Markt, wo er gelegentlich angeboten wird.

Zubereitungszeit
15 Minuten
Schwierigkeitsgrad
einfach
Wein
Keine Empfehlung

Kochen ohne Fleisch – Gerichte mit Tofu

Der aus Sojamilch gewonnene Tofu oder Sojabohnenquark ist ungemein vielseitig. Gekocht, gebraten, gegrillt, mariniert oder roh kann man dieses gesunde Sojaprodukt verwenden, um tolle kleine Snacks oder vollwertige Mahlzeiten zuzubereiten, die immer gelingen.

ZUTATEN FÜR 3–4 PERSONEN
150 g Couscous
400 ml Gemüsebrühe
je 1 Karotte, Zucchino und Zwiebel
1 Knoblauchzehe
2 EL natives Olivenöl extra
Salz und Pfeffer
200 g Kräutertofu

Couscous mit Kräutertofu und Gemüse

Vorbereitungszeit
10 Minuten
Garzeit
15 Minuten
Schwierigkeitsgrad
einfach
Wein
Riviera Ligure di Ponente Pigato

Den Couscous in einer beschichteten tiefen Pfanne leicht anrösten. Die Gemüsebrühe zum Kochen bringen und über den Couscous gießen. Zugedeckt 10 Minuten quellen lassen.

Karotte, Zucchino und Zwiebel fein würfeln. Den Knoblauch hacken. Das Öl in einer Pfanne erhitzen, Zwiebel und Knoblauch darin anbraten, dann die Gemüsewürfel dazugeben, salzen und pfeffern. Zugedeckt 5 Minuten dünsten.

Den Tofu in Würfel schneiden, zum Gemüse geben und weitere 5 Minuten dünsten. Den gequollenen Couscous hinzufügen, alles gut durchmischen und servieren.

Bekommt man keinen Kräutertofu, kann man stattdessen auch geräucherten Tofu nehmen. Oder den Tofu für sich in der Pfanne anbraten und mit gehackten Kräutern bestreuen, ehe man ihn unter das Gericht mischt.

ZUTATEN FÜR 4 PERSONEN
100 g frische Shiitakepilze
100 g frische Shimejipilze
200 g Naturtofu
1 Stück frischer Ingwer
(2,5 cm groß)
3 Frühlingszwiebeln
1 Knoblauchzehe
3–4 EL Sesamöl
3 EL Gemüsebrühe
2 EL Austernsoße
2 EL Sojasoße

Gebratener Tofu mit Pilzen

Die Pilze sorgfältig putzen, holzige Teile entfernen, in Stücke schneiden. Den Tofu in 2 cm große Würfel schneiden, die geschälte Ingwerwurzel fein reiben, die Frühlingszwiebeln in Ringe schneiden, den Knoblauch schälen und hacken; alles griffbereit stellen.

Das Öl in einem Wok erhitzen. Den Wok schwenken, sodass die Wände von Öl überzogen sind, dann den Tofu hineinfüllen und 4 Minuten kräftig anbraten. Anschließend die Frühlingszwiebeln, den geriebenen Ingwer und den Knoblauch hinzufügen und unter Rühren 1 weitere Minute braten. Die Pilze in den Wok geben und weitere 2 Minuten unter Rühren braten.

Gemüsebrühe, Austern- und Sojasoße vermischen und in den Wok gießen. Nochmals gründlich durchrühren und heiß servieren.

Der Shimeji (auch Shiro-tamogi) ist ein japanischer Speisepilz mit hellbraunen, prallen Kappen und dicken weißen Stielen, die meist so dicht zusammengewachsen sind, dass der Pilz in „Büscheln" verkauft wird.

Vorbereitungszeit
15 Minuten
Garzeit
10 Minuten
Schwierigkeitsgrad
einfach
Wein
Keine Empfehlung

Die einjährige, an Buschbohnen erinnernde, aber rundherum behaarte Sojapflanze wird in China schon seit Jahrtausenden kultiviert. Wie Linsen, Bohnen und Kichererbsen sind auch Sojabohnen (Glycine max) Hülsenfrüchte, die aber zu weit mehr Produkten verarbeitet werden als alle anderen Hülsenfruchtarten. Denn es handelt sich um eine besonders eiweißreiche, mit vielen anderen wertvollen Nährstoffen ausgestattete Vertreterin der Familie der Glyzinien. Heute kennt man rund 3000 Sorten von Sojabohnen, darunter gelbe, weiße, schwarze und grüne. Für Menschen, die sich vegetarisch oder sogar vegan ernähren (also auf alle tierischen Produkte, auch Eier, Milch und Käse, verzichten) stellen Sojaprodukte eine wichtige pflanzliche Eiweißquelle dar. Die Wildform der Sojabohne (Glycine soja) wächst in einem großen Gebiet, das sich von China bis Japan erstreckt, wird aber nicht als Nahrungspflanze genutzt. Dazu dienen nur die kultivierten Sorten, die erst um 1700 ihren Weg nach Europa fanden und seit etwa 1800 auch hier angebaut werden.

Als Letzte entschlossen sich um 1900 die Amerikaner, Soja anzubauen, doch diente er hier wie auch in Europa lange Zeit vor allem als Futtermittel für Nutztiere. In China und Japan hat man im Laufe der langen Zeit der Kultivierung eine große Palette an Produkten ersonnen, die alle aus der Bohne hergestellt werden und heute aus der asiatischen Küche nicht mehr wegzudenken sind. Vielen sieht man ihre eigentliche Herkunft kaum an.

✔ Sojaprodukte

Fermentierte schwarze Sojabohnen Sie kommen gewürzt und gesalzen als Trockenware in den Handel oder eingemacht in Dosen. Sie schmecken sehr salzig und werden gehackt in kleinen Mengen an Gerichte gegeben. Es wird auch eine scharfe beziehungsweise süße Würzpaste aus ihnen zubereitet.

Hoisin Eine rotbraune, dickflüssige bis pastige Soße aus Sojabohnen, Sesamöl, Knoblauch, Chilis, Essig, Salz und Zucker; scharf und zugleich süß. Sie wird als Würze und Dip verwendet.

Kinugoshi Die japanische Bezeichnung für Seidentofu.

Miso Würzpaste aus pürierten Sojabohnen, fermentiertem Getreide und Salz zum Würzen von Suppen, Soßen, Gemüse- und Eintopfgerichten. Hellrotes **Aka-Miso** wird mit Reisferment hergestellt und ist mild bis süßlich, dunkleres **Mugi-Miso** aus Gerstenferment ist intensiver im Geschmack. Das chinesische Gegenstück zum japanischen Miso wird Chiang genannt.

Natto Ganze gekochte Sojabohnen, die man fermentieren und dunkelbraun werden lässt. In Japan reicht man sie als Beilage oder als Zwischengericht.

Okara Die Sojakleie, die nach dem Abfiltern der Sojamilch übrig bleibt. Sie wird getrocknet und unter Teige gemischt.

Seitan Eine aus Weizeneiweiß hergestellte, mit Sojasoße aromatisierte Masse, die als Fleischersatz dient.

Sojafleisch oder TVP (Textured Vegetable Protein) ist ein in einem aufwendigen Prozess industriell aus Soja hergestelltes Fleischimitat, das über 50 Prozent Eiweiß enthält.

Sojaflocken Die aus den gegarten ganzen Sojabohnen gewalzten Flocken können wie alle anderen Getreideflocken verwendet werden.

Sojagranulat Es wird aus gerösteten, dann gegarten und danach geschroteten Sojabohnen gewonnen und stellt eine ökologische Alternative zu Sojafleisch dar.

Sojamehl Es wird als entfettetes Mehl angeboten, das beim Prozess der Ölgewinnung als Rückstand verbleibt, oder als vollfettes, aus den ganzen Bohnen gemahlenes Mehl. Beide Sorten, die kein Gluten (Klebereiweiß) enthalten, werden Mehlmischungen oder Teigen zugesetzt.

Sojamilch Sie wird aus mit Wasser versetzten, pürierten Sojabohnen gewonnen und ist die Grundlage für Soja-Frischkäse, Tofu und andere Sojamilchprodukte. Die reine Sojamilch, heute im Handel der westeuropäischen Länder eine Selbstverständlichkeit, ist für viele Menschen mit Kuhmilchallergie (Laktoseintoleranz) ein würdiger Ersatz für die tierische Milch. In Deutschland darf Sojamilch aufgrund einer entsprechenden europäischen Verordnung nur unter der Bezeichnung Sojadrink verkauft werden, da die Bezeichnung Milch „ausschließlich dem durch ein- oder mehrmaliges Melken gewonnenen Erzeugnis der normalen Eutersekretion vorbehalten ist" (Verordnung Nr. 1898/87).

Sojaöl Das aus der Sojabohne gewonnene Öl (es wird stets heiß gepresst und chemisch behandelt) ist neutral im Geschmack und kann hoch erhitzt werden. Gehärtet ist es die Grundlage für Margarine, es wird aber von der Industrie auch in vielen anderen Fertigprodukten verarbeitet. Als normales Speiseöl ist es nur sehr bedingt zu empfehlen.

Sojasoße Hinter diesem Einheitsbegriff verbirgt sich eine Vielzahl von verschiedenen Würzsoßen, die in einem längeren Prozess hergestellt werden: Eine Mischung aus Sojamehl und Weizen wird mithilfe eines Pilzes fermentiert und in Salzlake eingelegt. Daraus entstehen die unterschiedlichen Sojasoßen. **Helle Sojasoße** ist dünnflüssig und nur leicht salzig, **dunkle Sojasoße**, länger gereift, ist dickflüssiger, süßlich-aromatisch, **süße Sojasoße** ist eine Art der dunklen Soße, die mit Zucker und Malz angereichert wurde. **Shoyu**, die japanische Sojasoße, wird mit Gerste hergestellt. Man unterscheidet zwischen der stärkeren

GESUNDHEITLICHER WERT

Die Sojabohne, nicht ganz zu Unrecht als „Wunderbohne" bezeichnet, ist sehr reich an wichtigen Inhaltsstoffen. Vor allem liefert sie hochwertiges Eiweiß, das alle acht essentiellen Aminosäuren enthält, daneben viele Mineralstoffe und Vitamine, vor allem E, B1 und B2. Die 18 Prozent Fett der Bohnen bestehen größtenteils aus ungesättigten Fettsäuren, darunter Linolsäure. Außerdem ist sie reich an Lecithin.

und dunkleren **Koikuchi** und der milderen, helleren **Usukuchi**. **Tamari** ist eine japanische Sojasoße nach chinesischer Art mit geringem Weizenanteil. Die in Indonesien verwendeten Sojasoßen, die anders schmecken, sind die dünnere, salzigere **Ketjap asin** und die dickere, dunklere und süßere **Ketjap manis** (um hier nur einige der vielen Sorten zu nennen).

Sojasprossen Sie werden frisch im Kühlregal der Supermärkte – auch als Sojakeimlinge – angeboten oder konserviert im Glas. Meist aber handelt es sich nicht um die Sprossen der Sojabohne, sondern um die der grünen Mungobohne. In jedem Fall enthalten die Sprossen, die man als Rohkost oder in Zubereitungen (unverzichtbar in der Frühlingsrolle) verzehrt, besonders viele Vitamine, mehrfach ungesättigte Fettsäuren und Kalzium. Vor dem Verzehr als Rohkost sollte man sie kurz blanchieren, da sie Hämagglutinine enthalten, die durch das kurze Erhitzen gänzlich abgebaut werden.

Tao-you Eine aus schwarzen fermentierten Sojabohnen gewonnene Soße.

Tempeh Ein dem Tofu ähnliches Sojaprodukt. Der Milch werden Enzyme zugesetzt, sodass eine weiße, eher faserige Masse entsteht, die gekocht oder gebraten werden kann und – genau wie Tofu – sehr reich an Vitalstoffen ist.

Tofu Siehe Seite 276–277.

Yuba Die frische Haut, die sich beim Erhitzen auf der Sojamilch bildet, gilt in China und Japan als Delikatesse. Sie kann aber auch getrocknet und dann als Hülle für pikante Füllungen verwendet werden.

200 g Linsen
2 Schalotten
120 g Walnüsse, gemahlen
80 g Haselnüsse, gemahlen
2 EL Sojasahne
4 EL Rotwein
je ¼ TL getrockneter
Thymian und Rosmarin
Salz und Pfeffer
1 EL natives Olivenöl extra

FÜR DIE FÜLLUNG
1 Stange Porree
3 EL natives Olivenöl extra
100 g entrindetes Mischbrot
100 geräucherter Tofu
Salz und Pfeffer

Vegetarischer Braten

Die Linsen mit den geschälten, in Stücke geschnittenen Schalotten 30 Minuten kochen, abgießen und im Mixer pürieren. In eine Schüssel geben, mit den geriebenen Nüssen, Sojasahne, Rotwein, Kräutern, Salz und Pfeffer vermischen und auf einem mit dem Öl eingepinselten Bogen Alufolie zu einem Rechteck ausstreichen.

Für die Füllung den Porree putzen, den weißen und hellgrünen Teil in feine Ringe schneiden, waschen und tropfnass in einen Topf mit dem erhitzten Öl geben. Bei aufgelegtem Deckel 5 Minuten dünsten und dann vom Herd nehmen. Das zerbröselte Brot hinzufügen, den Tofu in kleine Würfel schneiden und untermischen. Salzen, pfeffern und etwas abkühlen lassen.

Den Backofen auf 200 °C vorheizen. Die Füllung in die Mitte des Linsenteigs geben und den Teig zu einer Rolle formen. Die Alufolie um die Rolle schließen und vorsichtig auf ein Backblech setzen. In den Ofen schieben und 45 Minuten backen. Vor dem Anschneiden und Servieren 20 Minuten ruhen lassen.

Vorbereitungszeit
20 Minuten
Garzeit
85 Minuten
Schwierigkeitsgrad
mittel
Wein
Rossese di Dolceacqua

ZUTATEN FÜR 4 PERSONEN
500 g Naturtofu
2 TL Szechuanpfeffer,
frisch zerstoßen
60 g Maismehl
750 ml Öl zum Frittieren
Salz
1 unbehandelte Zitrone, geviertelt

Frittierte Tofuwürfel mit Szechuanpfeffer

Den Tofu in 1,5 cm dicke Scheiben schneiden und auf Küchenpapier legen. Mit Küchenpapier bedecken und 30 Minuten stehen lassen, damit ihm möglichst viel Wasser entzogen wird. (Eventuell das Papier zwischendurch wechseln.)

Das Öl erhitzen. Den Tofu in Würfel schneiden. Die Würfel in dem Maismehl wenden und mithilfe der Küchenzange im heißen Öl frittieren, bis sie rundherum leicht gebräunt sind. Auf Küchenpapier abtropfen lassen. Großzügig mit Salz und Szechuanpfeffer bestreuen und sofort heiß servieren. Bei Tisch jeden Würfel vor dem Verzehr mit etwas Zitronensaft beträufeln.

Vorbereitungszeit
15 Minuten
Garzeit
5 Minuten
Schwierigkeitsgrad
einfach
Wein
Keine Empfehlung

Der Ursprung des Tofu verliert sich im Dunkel der asiatischen Geschichte. Mit Sicherheit weiß man nur, dass die aus geronnener Sojamilch gewonnene Masse im 2. nachchristlichen Jahrhundert in China als „dau fu" bekannt war und ab dem 7. Jahrhundert auch in Japan Verbreitung fand. Einer Sage zufolge soll Liu An, ein Prinz der Han-Dynastie, den Sojabohnenquark im Jahr 164 „erfunden" haben und von seinem Geschmack und seinem gesundheitlichen Wert derart begeistert gewesen sein, dass er meinte, endlich gefunden zu haben, wonach man in China schon so lange suchte: das Mittel zur Unsterblichkeit. Einer weniger legendären Geschichte zufolge war die Entdeckung ein reiner Zufall. Jemand hatte eingeweichte Sojabohnen gehackt, mit Wasser gekocht und dann Meersalz dazugegeben. Dadurch war die aus den Bohnen ausgetretene Milch geronnen. Statt dieses Missgeschick als ein Unglück anzusehen und die

ihrer Konsistenz eher an festen Eierstich als an Quark erinnernde Masse kann auf unendlich viele Arten zubereitet werden – denn während sie jede Menge gesundheitlich wertvoller Inhaltsstoffe aufweist, besitzt sie eines so gut wie gar nicht: Eigengeschmack. Das ist durchaus von Vorteil, denn so lässt sich Tofu in Gerichten jeder Geschmacksrichtung, selbst für Süßspeisen verwenden. Man ist also keineswegs darauf beschränkt, ihn „asiatisch" mit Sojasoße, Ingwer und scharfen Gewürzen zu kombinieren. Er verträgt sich auch mit europäischen Kräutern und Gemüsesorten.

✔ Wie Tofu entsteht

Zunächst werden getrocknete gelbe Sojabohnen 12 Stunden in Wasser eingeweicht, dann püriert und mit viel heißem Wasser 15 Minuten gekocht. Anschließend wird die entstandene Milch abgefiltert oder, in der industriellen Erzeugung, zentrifugiert, homogenisiert

Tofu

geronnene Masse wegzuwerfen, drückte sie der Koch aus und stellte fest, dass man sie ausgezeichnet weiterverwenden konnte.

Wieder andere sagen, man habe ganz gezielt mit Sojamilch imitiert, was die Mongolen mit ihrer Yakmilch machten, nämlich sie zum Gerinnen zu bringen, um haltbaren Käse daraus zuzubereiten. Ein Produkt, das den kulinarisch interessierten und zugleich auf Sparsamkeit bedachten Chinesen zwar imponierte, das sie aber, wie die tierische Milch selbst, ihrer genetisch bedingten Laktoseintoleranz wegen nicht vertrugen. Bei uns wurde der Bohnenquark erst vor wenigen Jahrzehnten bekannt, und zwar unter seinem japanischen Namen Tofu, wobei „To" für Bohne und „fu" für gerinnen steht. Die weiße bis beigefarbene, in

und pasteurisiert (nur bei biologischer Herstellung wird auf Homogenisierung und Pasteurisierung verzichtet). Die so gewonnene Milch wird nun mit Kalzium, Magnesiumsulfat oder – klassisch – mit Nigari, einem magnesiumchloridhaltigen Bittersalz aus dem japanischen Meer, zum Gerinnen gebracht. Das Eiweiß flockt aus, über ihm setzt sich die Molke ab, die abgeschöpft wird. Das Eiweiß kommt in Kästen und wird ausgepresst. Je nach Druck und Pressdauer entsteht ein weicherer oder festerer Tofu.

Im europäischen Handel gibt es Tofu in Reformhäusern, Bio- und Asialäden sowie in Supermärkten mit Naturkostabteilung meist in Folie eingeschweißt, aber auch eingemacht in Gläsern. In der Regel liegt das Gewicht der Packungen bei 250 bis 450 Gramm.

Frischer oder angebrochener Tofu ist nur begrenzt haltbar. Mit Wasser bedeckt – das man aber unbedingt täglich
erneuern muss – hält er sich im Kühlschrank bis zu 1 Woche.
Tofu, der unangenehm sauer oder wie verdorbenes Fleisch
riecht, ist schlecht und muss weggeworfen werden.

✔ Arten und Zubereitung

Längst gibt es nicht mehr nur den geschmacksneut-
ralen Roh- oder Natur-Tofu, sondern auch auf vielerlei
Weise vorgewürzte Sorten, die Kräuter, Gewürze, Gemüse, Sprossen, Nüsse, Samenkerne und anderes
mehr enthalten. Und es gibt auf verschiedene Weise
geräucherten Tofu.

Entscheidet man sich für Natur-Tofu kann man ihn vor
der Zubereitung nach eigenem Geschmack marinieren.
Bei der Zubereitung von Tofu sind der Fantasie keinerlei Grenzen gesetzt: In Würfel geschnitten und gekocht
dient er beispielsweise als Suppeneinlage. Man kann
ihn dünsten, dämpfen, braten und grillen oder paniert
beziehungsweise unpaniert frittieren, in Aufläufen mit-
backen und als Füllung benutzen. Mit der Gabel zerdrückt oder mit dem Mixstab püriert kann man Pasten,
Cremes und Dips daraus zubereiten. Vorgewürzte Arten, besonders aber geräucherten Tofu, kann man kalt
in Scheiben geschnitten als Brotbelag verwenden oder
gewürfelt in Salate geben ...

Eine Besonderheit stellt der **Kinugoshi** oder **Seiden-
Tofu** dar. Er wird nach dem Gerinnen der Sojamilch
nicht gepresst, sondern nur kräftig durchgeschlagen.
Seine Konsistenz ähnelt der von saurer Sahne. Er dient
vor allem zur Zubereitung von cremigen Soßen sowie
von Süßspeisen.

So viele gute Seiten der Tofu auch hat, einen Nachteil sollten all diejenigen bedenken, die Tofu respek-
tive Sojamilch als Ersatz für Kuhmilch und Kuhmilch-
produkte verwenden: Zwar liefert er hochwertigeres
Eiweiß als Kuhmilch, aber so gut wie kein Kalzium
und kein Vitamin D – beide unverzichtbar für den
Aufbau und Erhalt gesunder Knochen.

GESUNDHEITLICHER WERT

Tofu ist eines der eiweißreichsten pflanzlichen
Nahrungsmittel überhaupt. In seinen 12 bis 14 Prozent
Protein stecken alle acht essentiellen Aminosäuren,
sodass er in seiner Wertigkeit Fleisch, Fisch und Milch
übertrifft. Sein Fettgehalt beträgt 4 bis 5 Prozent
mit überwiegend mehrfach ungesättigten Fettsäuren.
Außerdem enthält er B-Vitamine, Eisen, Kalium und
Magnesium sowie nur etwa 75 Kalorien pro 100 Gramm.
Was ihm fehlt, ist das Vitamin D und Kalzium, die man
durch andere Nahrungsmittel, die man mit dem Tofu
verzehrt, zuführen muss.

ZUTATEN FÜR 4 PERSONEN
8 große Mangoldblätter
250 g geschältes Kürbisfleisch
250 g Tofu
4 EL natives Olivenöl extra

1 Knoblauchzehe
5–6 Zweige Thymian
1 EL Sojasoße

Mangoldrouladen mit Tofufüllung

Die Mangoldblätter 2 Minuten in kochendem Wasser blanchieren, dann kalt abschrecken und auf einem sauberen Küchenhandtuch auslegen.

Das Kürbisfleisch und den Tofu in kleine Würfel schneiden. 2 EL Öl in einer Pfanne erhitzen und die geschälte Knoblauchzehe hineingeben. Anbraten, bis sie gebräunt ist, dann entfernen und den Kürbis hinzufügen. 5 Minuten anbraten, dann den Tofu, den Thymian, die Sojasoße und 2 EL Wasser dazugeben. Bei geschlossenem Deckel weitere 5 Minuten garen. Vom Herd nehmen und 10 Minuten ruhen lassen.

Den Thymian entfernen, dann die Mangoldblätter mit der Kürbis-Tofu-Masse füllen, aufrollen und mit Zahnstochern schließen.

Das restliche Öl in einer Pfanne erhitzen, die Mangoldrouladen darin rundherum anbraten und sofort heiß servieren.

Vorbereitungszeit
15 Minuten
Garzeit
20 Minuten
Schwierigkeitsgrad
einfach
Wein
Trentino Mülller-Thurgau

Nach Geschmack kann man den Kürbis auch durch anderes Gemüse, beispielsweise Zucchini, ersetzen.

ZUTATEN FÜR 3–4 PERSONEN

400 g Brokkoli
2 EL natives Olivenöl extra
2 Knoblauchzehen
1 getrocknete rote
Chilischote
3 EL Sojasahne
Salz und Pfeffer
350 g Tofu
Öl zum Frittieren

Tofuwürfel auf Brokkolicreme

Den Brokkoli putzen, waschen und in kleine Röschen schneiden. Die Stiele schälen und in Stücke schneiden. In einem Topf Wasser zum Kochen bringen und zunächst die Stiele 3 Minuten kochen, dann die Röschen hinzufügen, weitere 5 Minuten kochen, dann abgießen und gut abtropfen lassen.

Das Öl in einer Pfanne erhitzen. Den grob gehackten Knoblauch darin anrösten. Die zerbröselte Chilischote und den Brokkoli hinzufügen und kurz im heißen Öl durchschwenken. In den Mixer geben und mit Sojasahne zu einem Püree verarbeiten, mit Salz und Pfeffer abschmecken.

Den Tofu in gleichmäßige Würfel schneiden. Das Öl erhitzen und die Würfel darin rundherum goldbraun frittieren. Kurz auf Küchenpapier abtropfen lassen. Kleine Portionen Brokkolicreme auf einen Teller geben, je einen Tofuwürfel daraufsetzen und servieren.

Wer es etwas milder mag, lässt die Chilischote weg und gibt stattdessen Kräuter nach Geschmack an den Brokkoli und rundet mit etwas geriebener Muskatnuss ab.

Vorbereitungszeit
10 Minuten
Garzeit
15 Minuten
Schwierigkeitsgrad
einfach
Wein
Alto Adige Chardonnay

ZUTATEN FÜR 3–4 PERSONEN
1 weiße Zwiebel
3 EL natives Olivenöl extra
350 g Tofu
100 ml heiße Gemüsebrühe
2 EL grüne Olivenpaste
4 EL Sesamsamen
½ TL Salz
2 EL Paniermehl
2 EL Sesamöl

Tofukroketten mit Sesam

Den Backofen auf 250 °C vorheizen. Die geschälte Zwiebel würfeln und in dem Olivenöl glasig dünsten. Den klein gewürfelten Tofu dazugeben und 7 Minuten garen, dabei nach und nach die heiße Gemüsebrühe angießen. Abkühlen lassen und im Mixer zusammen mit der Olivenpaste pürieren.

Zwischendurch die Sesamsamen in einer beschichteten Pfanne vorsichtig rösten. Die Samen dabei ständig in Bewegung halten, da sie leicht verbrennen. Die Samen mit dem Salz in einen Mörser geben und zerstoßen, dann das Paniermehl untermischen. Das Gemisch in eine flache Schale füllen.

Aus der Tofumasse kleine Bällchen formen, die Bällchen in der Sesampanade rollen, bis sie ganz davon überzogen sind. In eine Auflaufform setzen, das Sesamöl als Faden über die Bällchen laufen lassen, dann im Ofen 15 Minuten überbacken und sofort als Snack servieren.

Man unterscheidet bei Sesam zwischen braunem (ungeschälter Sesam) und schwarzem Sesam, der eine schwarze Außenhaut hat und etwas erdig schmeckt. Weißer Sesam ist geschält und verbrennt extrem leicht, wenn man ihn röstet. Für das Rezept ist brauner oder eine Mischung von braunem und schwarzem Sesam empfehlenswert.

Vorbereitungszeit
15 Minuten
Garzeit
10 Minuten
Schwierigkeitsgrad
einfach
Wein
Friuli Collio Sauvignon

Kochen ohne Fleisch – Gemüse

Als der eigentliche Hauptdarsteller in der grünen Küche lässt sich frisches Gemüse, gelegentlich ergänzt durch Hülsenfrüchte, auf tausenderlei Arten zubereiten, sodass sie eigenständige Gerichte oder auch schmackhafte Beilagen bilden.

ZUTATEN FÜR 4 PERSONEN
250 g Kichererbsen
2 Knoblauchzehen
1 Lorbeerblatt
350 g Champignons
1 Zwiebel
3 EL natives Olivenöl extra
1 Stück frische
Ingwerwurzel (etwa 2 cm),
fein gerieben
1 EL Currypulver
Salz und Pfeffer
frisches Koriandergrün
(Cilantro)

Kichererbsencurry mit Champignons

Die Kichererbsen über Nacht einweichen. Am nächsten Tag in frischem ungesalzenem Wasser mit 1 Knoblauchzehe und dem Lorbeerblatt im Schnellkochtopf 45 Minuten garen.

Die Champignons gründlich putzen und – je nach Größe der Pilze – vierteln oder in Stücke schneiden. Die Zwiebel würfeln und in einer Pfanne mit dem Öl glasig dünsten. Dann den geriebenen Ingwer dazugeben, das Currypulver darüberstäuben und kurz unter Rühren anbraten.

Die Champignons in die Pfanne geben und bei aufgelegtem Deckel 5 Minuten dünsten. Mit Salz und Pfeffer abschmecken. Die abgetropften Kichererbsen hinzufügen, durchrühren und weitere 10 Minuten dünsten. Mit frischem Cilantro garniert servieren.

Vorbereitungszeit
15 Minuten
Garzeit
60 Minuten
Schwierigkeitsgrad
einfach
Wein
Lagrein Rosato

Wenn man keinen frischen Cilantro bekommt oder den Geschmack nicht mag, kann man ihn durch glatte Petersilie ersetzen. Bei der Verwendung von Curry sollte man immer bedenken, dass es mildere und sehr scharfe Sorten gibt. Madras-Curry ist besonders scharf.

ZUTATEN FÜR 4-6 PERSONEN
2 Auberginen
Salz
Öl zum Frittieren
3 Stangen Staudensellerie
3 Zucchini
1 Zwiebel
4 EL natives Olivenöl extra
4–5 EL Weißweinessig
1–2 EL Zucker
6 grüne Oliven (entsteint)
5 EL passierte Tomaten
1 EL Kapern
Mandelblättchen

Mediterrane Gemüsemischung

Die Auberginen waschen, putzen in kleine Würfel schneiden und in ein Sieb geben, das über einer Schüssel hängt. Großzügig mit Salz bestreuen und 30 Minuten ruhen lassen, damit der Aubergine das Wasser entzogen wird. Das Frittieröl erhitzen. Die Auberginenwürfel abbrausen, gut trockentupfen und frittieren. Auf Küchenpapier abtropfen lassen.

Den Staudensellerie putzen, waschen in kleine Stücke schneiden und in kochendem Wasser 5 Minuten blanchieren, dann abgießen und griffbereit stellen. Die Zucchini putzen, waschen, in kleine Würfel schneiden und ebenfalls griffbereit stellen.

Die Zwiebel würfeln und in dem Olivenöl glasig dünsten. Den Sellerie und die Zucchini hinzufügen und bei aufgelegtem Deckel 5 Minuten schmoren. Dann die Auberginen untermischen, Essig und Zucker dazugeben und bei geschlossenem Deckel weitere 15 Minuten garen. Zuletzt die klein geschnittenen Oliven, die passierten Tomaten und die Kapern untermischen. Mit Mandelblättchen bestreut servieren.

Dieses in Italien als Caponata bekannte Gericht hat viele Varianten. Gern wird es kalt als Vorspeise gereicht. In einem gut schließenden Gefäß hält es sich im Kühlschrank 3–4 Tage und gewinnt dabei an Geschmack. 2 Stunden vor dem Verzehr aus dem Kühlschrank nehmen.

Vorbereitungszeit
30 Minuten
Garzeit
40 Minuten
Schwierigkeitsgrad
mittel
Wein
Sicilia Catarratto

ZUTATEN FÜR 4–6 PERSONEN
3 kleine Auberginen
grobes Salz
2 rote Paprikaschoten
3 Zucchini
4 Tomaten
4 EL natives Olivenöl extra
Salz und Pfeffer
1 EL gehackte Kräuter nach
Geschmack (Basilikum,
Thymian, Oregano)

In der Folie gegartes Gemüse

Vorbereitungszeit
30 Minuten
Garzeit
40 Minuten
Schwierigkeitsgrad
einfach
Wein
Fiano di Avelino

Die gewaschenen, geputzten Auberginen in dicke Scheiben schneiden. Die Scheiben auf Küchenpapier legen mit grobem Salz bestreuen und 30 Minuten ruhen lassen.

Den Backofen auf 200 °C vorheizen. Die Paprikaschoten putzen, waschen und in Stücke, die gewaschenen Zucchini in nicht zu dünne Scheiben schneiden. Die Tomaten in kochendem Wasser blanchieren, bis die Haut aufspringt. In Eiswasser abschrecken, häuten und ohne die Kerne und das wässrige Innere in Stücke schneiden.

Die Auberginen gut abtupfen und in Würfel schneiden. Alles Gemüse in eine Schüssel geben. Das Öl darüberlaufen lassen, salzen, pfeffern. Die gehackten Kräuter dazugeben und alles gut durchmischen.

4–6 Stücke Alufolie auf die Arbeitsfläche legen. Das Gemüse darauf verteilen, die Folie zu Päckchen schließen. Die Päckchen auf ein Backblech setzen und im Ofen etwa 40 Minuten garen. Das Gemüse in der Folie servieren.

ZUTATEN FÜR 4 PERSONEN
1 Aubergine
2 Zucchini
2 Karotten
1 Stange Porree
2 gelbe Paprikaschoten

FÜR DEN DIP
1 rote Paprikaschote
2 Strauchtomaten
½ TL Korianderpulver
½ TL Rosenpaprika
1 Knoblauchzehe
Salz

Gegrilltes Gemüse mit scharfem Dip

Für den Dip die rote Paprikaschote waschen, putzen und klein schneiden. Die Tomaten in kochendem Salzwasser blanchieren, bis die Haut platzt. Häuten und ohne die Kerne und das wässrige Innere in Stücke schneiden. Paprika und Tomaten in den Mixer geben, zusammen mit den Gewürzen und der geschälten Knoblauchzehe pürieren. Das Püree in einem Topf 1–2 Minute aufkochen, mit Salz abschmecken und kalt werden lassen.

Die Gemüse waschen, putzen und in Längsscheiben oder große Stücke schneiden. In einer stark erhitzten gerillten Grillpfanne nacheinander ohne Fettzugabe grillen. Abkühlen lassen und zusammen mit der vorbereiteten Dip-Soße als Vorspeise reichen.

Vorbereitungszeit
20 Minuten
Garzeit
20 Minuten
Schwierigkeitsgrad
einfach
Wein
Keine Empfehlung

250 g Salatkartoffeln
200 g junge Karotten
200 g kleine, feste Zucchini
200 g gekochte Rote Bete

FÜR DIE SOSSE
1 Becher Magerjoghurt
200 g Mayonnaise (Fertigprodukt)
1 EL Schnittlauchröllchen
Salz

Gemüsepäckchen mit Joghurtmayonnaise

Die Salatkartoffeln schälen, die Karotten waschen, falls nötig schaben, die Zucchini waschen. Alles Gemüse in kleine Würfel schneiden. Kartoffeln, Karotten und Zucchini getrennt in jeweils etwas Wasser in 5–10 Minuten bissfest kochen. Dann abkühlen lassen.

Währenddessen Joghurt und Mayonnaise in einer Schüssel verrühren und den Schnittlauch untermischen. Mit Salz abschmecken.

Das gekochte Gemüse mithilfe eines Garnierrings zu Päckchen formen. Mit etwas Joghurtmayonnaise beträufeln und servieren.

Wer die Mayonnaise selbst zubereiten möchte, verrührt in einer Schüssel 1 Eigelb mit 1 TL Senf und 1 EL Zitronensaft oder Essig. Dann unter ständigem Rühren zunächst tropfenweise, dann in dünnem Faden reines Keimöl einlaufen lassen, bis eine dickliche Emulsion entstanden ist. Mit Salz und weißem Pfeffer abschmecken.

Vorbereitungszeit
10 Minuten
Garzeit
5 Minuten
Schwierigkeitsgrad
einfach
Wein
Keine Empfehlung

ZUTATEN FÜR 4 PERSONEN
je 2 grüne, rote und
gelbe Paprikaschoten
400 g Perlzwiebeln
Basilikumblätter

Oreganoblättchen
4 EL natives Olivenöl extra
Salz und Pfeffer

Bunte Gemüsespieße

Vorbereitungszeit
15 Minuten
Garzeit
15 Minuten
Schwierigkeitsgrad
einfach
Wein
Falanghina

Die Paprikaschoten waschen, putzen und in mundgerechte Stücke schneiden. Die Perlzwiebeln schälen. Den Backofengrill vorheizen.

In farblich bunter Folge Paprikastücke, Perlzwiebeln, Basilikum- und Oreganoblätter nicht zu fest auf Spieße stecken. Die Spieße nebeneinander auf ein Backblech legen, mit einem Faden Öl beträufeln und 15 Minuten unter den Grill schieben, dabei mehrfach wenden. Salzen und pfeffern und servieren.

Statt die Spieße zu grillen, kann man sie auch in einer großen Pfanne braten oder, bei aufgelegtem Deckel, dünsten.

ZUTATEN FÜR 4 PERSONEN

3 Zwiebeln
2 EL natives Olivenöl extra
200 g ausgepalte
dicke Bohnen
200 g ausgepalte Erbsen
1 Dose kleine
Artischockenherzen
4 EL Weißwein
Salz
8 Minzeblätter

Dicke Bohnen mit Erbsen und Artischocken

Vorbereitungszeit
20 Minuten
Garzeit
20 Minuten
Schwierigkeitsgrad
einfach
Wein
Keine Empfehlung

Die Zwiebeln schälen, in feine Ringe schneiden und in einem Topf mit dem Öl 5 Minuten glasig dünsten; eventuell 2 EL Wasser zugeben. Die ausgepalten Bohnen, die Erbsen, die längs in Streifen geschnittenen Artischockenherzen und den Wein hinzufügen. Zugedeckt 15 Minuten köcheln lassen, mit Salz abschmecken.

Die Minzeblättchen in feine Streifen schneiden, unter das heiße Gemüse mischen und sofort als Beilage zu gekochtem Reis oder mit einer getoasteten Scheibe Brot servieren.

ZUTATEN FÜR 4 PERSONEN
4 mittelgroße Kartoffeln
4 Strauchtomaten
2 Gemüsezwiebeln
2 EL natives Olivenöl extra
4 EL geriebener Pecorino
4 EL Paniermehl
Salz und Pfeffer

Mit Käse gratiniertes Gemüse

Die Kartoffeln schälen und in nicht zu dünne Scheiben schneiden. Die Tomaten und die Gemüsezwiebeln ebenfalls in Scheiben schneiden. Den Backofen auf 180 °C vorheizen.

Eine flache Auflaufform mit etwas Öl einpinseln. Die Gemüsescheiben aufrecht so in der Form platzieren, dass sich Kartoffeln, Tomaten und Zwiebeln abwechseln. Pecorino, Paniermehl und etwas Salz mischen und das Gemüse damit bestreuen. Das restliche Öl als Faden darüberlaufen lassen.

Im Ofen 45–50 Minuten überbacken. Wenn die Gemüse zu braun zu werden drohen, die Form mit Alufolie bedecken. Über das gegarte Gemüse frisch gemahlenen schwarzen Pfeffer aus der Mühle geben und servieren.

Vorbereitungszeit
20 Minuten
Garzeit
50 Minuten
Schwierigkeitsgrad
einfach
Wein
Alto Adige Terlano

2 Salatgurken

das zarte Grün von 1 Fenchelknolle

Salz

2 Becher Magerjoghurt

½ Bund Petersilie

Saft von ½ Zitrone

Gurken mit Joghurtsoße und Fenchelgrün

Die Salatgurken längs halbieren, mit einem Löffel die Kerne herauskratzen. Salz in die Höhlung streuen und die Gurken kopfüber 15 Minuten auf Küchenpapier legen, damit sie Wasser verlieren.

Die Gurken mit Küchenpapier gut austupfen, in Stücke schneiden und in eine Schüssel geben.

Petersilie und Fenchelgrün fein hacken. Den Joghurt in eine Schüssel füllen, mit Zitronensaft und Salz verrühren, die Kräuter untermischen. Die Soße über die Gurken geben und servieren.

Zubereitungszeit
15 Minuten
Schwierigkeitsgrad
einfach
Wein
Keine Empfehlung

 Statt des Fenchelgrüns kann man auch frischen Dill verwenden.

200 g Wachtelbohnen
400 g Kartoffeln
400 g festes Kürbisfleisch
1 große Zwiebel
4 EL natives Olivenöl extra
Salz und Pfeffer

Deftiges Wintergemüse

Vorbereitungszeit
15 Minuten
Garzeit
110 Minuten
Schwierigkeitsgrad
einfach
Wein
Ribolla Gialla

Die Wachtelbohnen über Nacht einweichen. Am nächsten Tag mit frischem ungesalzenem Wasser in etwa 1 Stunde gar kochen. Die ungeschälten Kartoffeln in ausreichend Salzwasser in etwa 20 Minuten garen.

Das Kürbisfleisch in Würfel schneiden und griffbereit stellen. Die Zwiebel würfeln und in einem Topf mit dem Öl glasig dünsten. Den Kürbis dazugeben und 3–4 EL Wasser angießen. Bei geschlossenem Deckel 15 Minuten garen. Kräftig salzen und pfeffern.

Wenn die Kartoffeln gar sind, abgießen, pellen und in dicke Scheiben schneiden. Die gegarten Bohnen abgießen. Beides zum Kürbis geben, durchrühren und sofort heiß servieren.

ZUTATEN FÜR 4–6 PERSONEN
800 g kleine Kartoffeln
200 g Staudensellerie
1 Knoblauchzehe
4 EL natives Olivenöl extra
1 kleine Dose geschälte Tomaten
Salz

Kartoffeln mit Staudensellerie

Die Kartoffeln waschen, schälen und vierteln. Den Staudensellerie waschen, putzen und in mundgerechte Stücke schneiden.

Den Knoblauch schälen und hacken. Das Öl in einem Topf erhitzen, den Knoblauch kurz darin anrösten. Dann die Tomaten aus der Dose mitsamt Saft dazugeben und mit dem Kochlöffel zerkleinern. Die Kartoffeln und den Sellerie hinzufügen und zugedeckt bei mittlerer Hitze 20–25 Minuten köcheln, bis die Kartoffeln und der Sellerie gar sind. Mit Salz abschmecken und heiß servieren.

Nach Geschmack kann man noch in Scheiben geschnittene Karotten hinzufügen und mit Thymian abrunden.

Vorbereitungszeit
15 Minuten
Garzeit
25 Minuten
Schwierigkeitsgrad
einfach
Wein
Bardolino Chiaretto

ZUTATEN FÜR 6–8 PERSONEN

250 g Zucchini
250 g Staudensellerie
250 g junge Karotten
250 g rote Paprikaschote
250 g gelbe Paprikaschote
250 g grüne Bohnen

250 g Tomaten
2 Zwiebeln
4 EL natives Olivenöl extra
½–1 rote Pfefferschote
Salz
1–2 EL gehacktes Basilikum

Scharfer Gemüseeintopf

Alles Gemüse waschen, putzen, in mundgerechte Stücke schneiden und separat griffbereit stellen. Die Zwiebel würfeln und in einem Topf mit dem Öl glasig dünsten. Die in feinste Ringe geschnittene Pfefferschote, die grünen Bohnen und 2–3 EL Wasser dazugeben und im geschlossenen Topf 5 Minuten garen.

Das andere Gemüse bis auf die Tomaten hinzufügen, durchrühren und weiter 15 Minuten bei geschlossenem Deckel garen. Zuletzt die Tomaten einrühren und nochmals 5 Minuten dünsten. Mit Salz abschmecken, gehacktes Basilikum unterrühren und sofort servieren.

Mit jungen Kartoffeln, als Pellkartoffeln gekocht und am Stück in der Pfanne in etwas Öl gebraten, stellt dieses Gericht eine vollwertige Mahlzeit dar.

Vorbereitungszeit
20 Minuten
Garzeit
25 Minuten
Schwierigkeitsgrad
einfach
Wein
Trebbiano d'Abruzzo

✔ Vom Ziergarten in die Küche

Man kann es sich kaum vorstellen, aber bis ins 18. Jahrhundert hinein spielte die Tomate, heute so typisch für die mediterrane, zumal die italienische Küche, in der Kochkunst der Mittelmeerländer überhaupt keine Rolle. Wie die Kartoffel und andere mittlerweile in Europa unverzichtbar gewordene Nahrungspflanzen stammt auch die Tomate aus Südamerika (genauer aus Mexiko und Peru) und wurde erst nach der Atlantiküberquerung des Kolumbus bei uns bekannt. Aber selbst dann galt sie noch lange als reine Zierpflanze, die man ihrer Blüten wegen in den Gärten anbaute. Die Früchte dieses Nachtschattengewächses, das die Azteken tomatl nannten, hielt man sogar für giftig. Nur die Wagemutigsten trauten sich, von der ausgereiften roten Frucht zu naschen, und schrieben ihr aphrodisierende Wirkung zu, was dann zu den regionalen Bezeichnungen Liebesapfel und Paradiesapfel oder Paradeiser führte.

wo sie heute im Freiland angebaut wird, ist ihre Erntezeit der Sommer, während sie in ihren Heimatländern ganzjährig Ertrag bringt. In unseren Breiten gelingt dies nur im Gewächshaus und unter Zuhilfenahme chemischer Düngemittel. Das Ergebnis sind wässrige, geschmacklose Tomaten, die lange Zeit den Markt beherrschten, bis die Verbraucher nach Tomaten verlangten, die ihren Namen verdienen. Heute sind neben den **Gewächshaustomaten**, die es noch immer gibt, auch Sorten im Angebot, die in Bezug auf Aussehen und Geschmack wirklich etwas zu bieten haben.

Grundsätzlich unterscheidet man drei Gruppen: **Runde Tomaten**, längliche **Eier-, Pflaumen- oder Flaschentomaten** und die zwar auch runden, aber zusätzlich mehr oder weniger stark gerippten **Fleischtomaten**. Zu den runden Tomaten zählen nicht nur die ganz normalen glatten Speisetomaten, die meist lose als Einzelfrüchte angeboten werden, sondern auch die

Tomaten

Erst um 1800 entdeckte man die Tomate in Südeuropa als eine vielseitige Bereicherung des Speiseplans und verwendete sie vor allem in Suppen, Soßen und Salaten. Ihren Einzug in die Küchen Nordeuropas hielt sie noch später.

✔ Sorten und Arten

Die Tomate (Lycopersicon esculentum) ist ein Nachtschattengewächs und ihre unreifen Früchte sowie der Stängelansatz der reifen Früchte – insofern hatten die ersten europäischen Skeptiker Recht – enthalten giftiges Solanin. Als eine im tropischen Südamerika heimische Pflanze liebt die Tomate ein mildes Klima und ist frostempfindlich. Auch in den Ländern Südeuropas,

Strauch-, Rispen- oder Buschtomaten, die noch am Stängel sitzend in den Handel kommen. Auch die immer beliebter werdenden kleinen **Kirschtomaten** (auch Cherry- oder Cocktailtomaten genannt) sind runde Tomaten. Sie werden ebenfalls einzeln oder noch an der Rispe sitzend angeboten.

Die länglichen **Eiertomaten** besitzen viel Fruchtfleisch und wenige Samen. Sie sind sehr aromatisch und meist süßer als runde Tomaten. Eiertomaten werden vor allem in Süditalien angebaut und dort auch für die geschälten Tomaten in Dosen verwendet.

Die großen, gerippten **Fleischtomaten** haben eine dickere Fruchtfleischschicht und werden in aller Regel lose zum Kauf angeboten.

Als sehr wasserreiche Früchte enthalten Tomaten pro 100 Gramm nur etwa 16 Kalorien, doch wenn es sich um sonnengereifte Freilandfrüchte handelt, enthalten sie viel Vitamin C, A und E sowie Folsäure. Dazu gesellen sich die Mineralstoffe Kalium, Magnesium und Kupfer. Die reichlich vorhandenen organischen Säuren regen, ebenso wie die Ballaststoffe, die Verdauung an. Gewächshaustomaten weisen weniger gesunde Vitalstoffe auf.

Von nahezu allen Tomatenarten gibt es auch **gelbe** oder **orangefarbene Varietäten**. Diese Früchte sind meist etwas süßer als die roten, haben aber eine etwas dickere Schale. Jüngste Züchtungen werden auch mit blauer bis fast schwarzer Haut angeboten und gelegentlich gibt es auch wie kleine Birnen aussehende Früchte, die sich aber geschmacklich wenig von anderen Sorten unterscheiden.

Tipps für Kauf, Aufbewahrung und Zubereitung

Regionale Freilandware gibt es bei uns nur von August bis September, während Tomaten aus dem Gewächshaus und Importware das ganze Jahr über angeboten werden. Beim Kauf sollte man auf eine glatte, unverletzte Schale und nicht zu weiche Früchte achten. In Papiertüten verpackt kann man Tomaten bei Zimmertemperatur bis zu 1 Woche liegen lassen, Freilandtomaten mit noch leichter Grünfärbung reifen dann nach. Egal ob man Tomaten roh oder gegart verzehrt, man sollte immer den grünen Stielansatz ausschneiden. Das darin enthaltene Solanin kann in höheren Dosen Kopfschmerzen, Benommenheit und Übelkeit auslösen. Tomaten lassen sich zwar relativ leicht häuten, doch das Abziehen der Haut dient eher der Ästhetik. Dass man die Kerne und das wässrige Innere entfernt, dient dagegen dem Geschmack. Doch gerade Haut und Kerne liefern die meisten Ballaststoffe.
Eine angefaulte oder gar schimmelnde Tomate sollte so schnell wie möglich von anderen Tomaten getrennt werden, da sie buchstäblich ansteckend wirkt. Und immer wegwerfen! In dem weichen Fruchtfleisch können sich die Erreger unsichtbar auch im noch gut erscheinenden Teil breitgemacht haben.

KONSERVEN UND TOMATENPRODUKTE

Kaum eine andere Gemüsefrucht wird zu so vielen Konserven und Produkten verarbeitet wie die Tomate. Da sind zunächst die reinen, geschälten Tomaten, die es in Dosen gibt. Sie können je nach Herkunft von unterschiedlicher Qualität sein, enthalten aber meist keine weiteren Zusatzstoffe. Auch bei passierten Tomaten handelt es sich meist um die reinen, geschälten Früchte. Ketchup und Tomatensoßen enthalten hingegen viele weitere Zusatzstoffe, darunter oft einen beträchtlichen Anteil an Zucker. Wachsender Beliebtheit erfreuen sich in jüngster Zeit auch getrocknete Tomaten, die man als Trockenware in der Packung oder in Öl eingelegt offen oder im Glas bekommt. Man kann sie als Würze an Soßen und Gerichte geben oder mit ihnen (sofern sie nicht in Öl eingelegt waren, in Wasser eingeweicht) eine bunte Vorspeisenplatte bereichern.

ZUTATEN FÜR 4 PERSONEN

4 große Kartoffeln
4 gelbe Paprikaschoten
4 Zwiebeln
4 Tomaten

4 EL natives Olivenöl extra
8–10 Basilikumblätter
Salz und Pfeffer
4 EL Paniermehl

Kartoffelauflauf mit Tomaten

Den Backofen auf 180 °C vorheizen. Die Kartoffeln schälen und in Scheiben schneiden. Die Paprikaschoten waschen, putzen und in Stücke schneiden. Die Zwiebeln schälen und in Ringe schneiden. Die Tomaten waschen und in Scheiben schneiden.

Eine Auflaufform mit etwas Öl auspinseln, dann das Gemüse, mit den Kartoffeln beginnend, in Lagen einschichten. Jede Lage leicht pfeffern und salzen. Mit einer Lage Tomaten abschließen. Darauf die Basilikumblätter verteilen, das Paniermehl darüberstreuen und das restliche Öl in einem Faden darüberlaufen lassen.

40–45 Minuten in den heißen Ofen geben, nach 30 Minuten einen Deckel auflegen oder die Form mit Alufolie bedecken. Sofort heiß servieren oder abkühlen lassen und lauwarm oder kalt verzehren.

Nach Geschmack kann man bei Tisch zusätzlich noch geriebenen Parmesan über den Gemüseauflauf streuen.

Vorbereitungszeit
15 Minuten
Garzeit
45 Minuten
Schwierigkeitsgrad
einfach
Wein
Alto Adige Sauvignon

ZUTATEN FÜR 4 PERSONEN
500 g Prinzessbohnen
kleine rote Pfefferschoten
4 EL natives Olivenöl extra
1 EL Pinienkerne
Salz

Bohnen mit Pfefferschoten

Die Bohnen putzen, waschen und in Salzwasser 10 Minuten kochen; abgießen und abtropfen lassen. Während die Bohnen kochen, die gewaschenen Pfefferschoten halbieren, die Kerne sowie die weißen Innenhäute entfernen und das Fruchtfleisch quer in feine Streifen schneiden. Griffbereit stellen.

In einer großen Pfanne das Öl stark erhitzen, die Bohnen hineingeben und unter Wenden 5 Minuten anbraten. Die Pinienkerne, die Pfefferschoten und etwas Salz hinzufügen, bei aufgelegtem Deckel und schwacher Hitze noch 15 Minuten durchziehen lassen, dann heiß als Beilage oder abgekühlt als Vorspeise servieren.

Bei der Verarbeitung scharfer roter Pfefferschoten immer vorsichtig sein. Je nach Schärfe der Schoten können schon die beim Schneiden ausdünstenden ätherischen Öle die Schleimhäute reizen. Niemals mit den Fingern, mit denen man gerade Schoten schneidet, in die Augen fassen. Am besten Küchenhandschuhe tragen.

Vorbereitungszeit
10 Minuten
Garzeit
30 Minuten
Schwierigkeitsgrad
einfach
Wein
Keine Empfehlung

ZUTATEN FÜR 4 PERSONEN
20 Stangen grüner Spargel
1 dünne Stange Porree
Salz und Pfeffer
150 g Sahne
300 g Gorgonzola

Spargel mit Gorgonzolasoße

Den gewaschenen und geputzten Spargel in Salzwasser bissfest kochen. Währenddessen den Porree putzen, dabei die äußeren Blätter entfernen. Einige der inneren Blätter in voller Länge ablösen, in kochendem Wasser 1 Minute blanchieren, dann kurz in Eiswasser legen und der Länge nach in 0,5 cm breite Streifen schneiden.

Die Sahne erhitzen, den gewürfelten Gorgonzola hineingeben und darin schmelzen lassen – aufpassen, dass die Soße keinesfalls zu kochen beginnt, sie gerinnt sonst.

Den Spargel aus dem Wasser heben. Je 5 Stangen mit einem Porreestreifen zu einem Bündel zusammenbinden. Gorgonzolasoße in tiefe Teller geben und die Spargelbündel hineinstellen.

Den geschmacklich sehr kräftigen Gorgonzola kann man auch durch einen milderen Blauschimmelkäse, beispielsweise Dolcelatte, ersetzen.

Vorbereitungszeit
15 Minuten
Garzeit
15–20 Minuten
Schwierigkeitsgrad
mittel
Wein
Alto Adige Terlano

ZUTATEN FÜR 4 PERSONEN
20 Stangen grüner
Spargel
2 Eigelb
50 ml Gemüsebrühe
Saft von ½ Zitrone
Salz und Pfeffer

Gedämpfter Spargel mit Zabaione

Vorbereitungszeit
15 Minuten
Garzeit
8–10 Minuten
Schwierigkeitsgrad
mittel
Wein
Friuli Isonzo Sauvignon

Den gewaschenen und geputzten Spargel in einen Dämpfkorb legen und über kochendem Wasser 8–10 Minuten dämpfen, bis er gar aber noch bissfest ist.

Währenddessen Eigelb, Gemüsebrühe und Zitronensaft in einen Schlagkessel geben und über heißem Wasserdampf mit dem Schneebesen oder dem Elektroquirl schaumig aufschlagen. Sofort vom heißen Dampf nehmen, wenn die richtige Konsistenz erreicht ist.

Die Spargelstangen dekorativ auf Teller legen, leicht salzen und pfeffern und die Zabaione darübergeben. Sofort als Vorspeise servieren.

Um ein leichtes Hauptgericht daraus zu machen, kann man den Spargel auf einem Reisbett anrichten.

ZUTATEN FÜR 4 PERSONEN
200 ml Aceto balsamico
200 ml Wasser
100 g Zucker
20 Stangen grüner Spargel
6 EL natives Olivenöl extra
4 Knoblauchzehen
Salz und Pfeffer

Geschmorter Spargel mit Balsamicosoße

Für die Soße Aceto balsamico, Wasser und Zucker langsam zum Kochen bringen und mindestens 30 Minuten bei schwacher Hitze köcheln lassen. Dabei auf eine Konsistenz reduzieren, die an flüssigen Honig erinnert.

Den Spargel waschen und putzen. Knapp oberhalb der Hälfte die Stangen durchteilen. Die unteren Teile längs halbieren und in kleine Stücke schneiden. In zwei Pfannen je 3 EL Öl erhitzen und zwei ungeschälte Knoblauchzehen hineingeben. Die Spargelspitzen und die Stücke getrennt schmoren, bis sie gar, aber noch bissfest sind. Salzen und pfeffern.

Die Stücke als Häufchen auf 4 Teller verteilen. Je 5 Köpfe dekorativ darum arrangieren. Etwas von der Balsamicosoße darufträufeln und sofort als Vorspeise servieren.

Vorbereitungszeit
10 Minuten
Garzeit
40 Minuten
Schwierigkeitsgrad
einfach
Wein
Trentino Nosiola

ZUTATEN FÜR 4 PERSONEN
20 Stangen grüner Spargel
1 Bund Dill
200 g Magerjoghurt
Saft und abgeriebene Schale
von ½ Zitrone
2 EL natives Olivenöl extra
Salz und Pfeffer

Grüner Spargel mit Joghurtsoße

Vorbereitungszeit
10 Minuten
Garzeit
15 Minuten
Schwierigkeitsgrad
einfach
Wein
Keine Empfehlung

Den gewaschenen und geputzten Spargel in Salzwasser bissfest kochen.

In der Zwischenzeit den Dill waschen, gut trockentupfen und fein hacken. Den Joghurt in eine Schüssel geben. Mit Zitronensaft, Öl, Salz und Pfeffer gut verrühren und den Dill untermischen.

Die Spargelstangen hübsch auf Tellern arrangieren und die Joghurtsoße darübergeben. Mit etwas abgeriebener Zitronenschale bestreuen und als Vorspeise servieren.

Nach Geschmack kann man noch etwas Mayonnaise unter die Joghurtsoße rühren.

ZUTATEN FÜR 4 PERSONEN
400 g gekochte Rote Bete
150 g junge Löwenzahnblätter
4 EL natives Olivenöl extra
2 EL Rotweinessig
Salz und Pfeffer
200 g Frischkäse
3–4 EL Sahne
1 Bund Schnittlauch

Rote Bete mit Löwenzahn und Frischkäsesoße

Die Rote Bete in kleine Würfel schneiden und in eine Schüssel füllen. Den Löwenzahn verlesen, waschen, trockentupfen und mundgerecht schneiden oder reißen. Zu den Beten geben. Öl, Essig, Salz und Pfeffer hinzufügen, durchmischen und 20 Minuten ziehen lassen.

Den Frischkäse in eine Schüssel geben, mit der Sahne glatt rühren, den gewaschenen, in Röllchen geschnittenen Schnittlauch untermischen.

Rote Bete und Löwenzahn auf Tellern anrichten und die Frischkäsesoße dazu reichen.

Falls man keinen Löwenzahn bekommt, kann man ihn durch Rucola ersetzen. Außerdem kann man 2 EL leicht geröstete Pinienkerne oder grob gehackte Walnüsse unter den Salat mischen.

Zubereitungszeit
30 Minuten
Schwierigkeitsgrad
einfach
Wein
Keine Empfehlung

ZUTATEN FÜR 4 PERSONEN
250 g küchenfertige
Blumenkohlröschen
250 g küchenfertige
Brokkoliröschen
4 EL natives Olivenöl extra

FÜR DIE SOSSE
1 Knoblauchzehe
1 TL Gersten-Miso (Mugi-Miso)
½ TL scharfer Senf
1 TL sehr fein geriebener
frischer Ingwer
2 EL Zitronensaft
1 TL Reismalz
2 EL Sesamöl

Blumenkohl und Brokkoli in würziger Soße

Vorbereitungszeit
15 Minuten
Garzeit
15 Minuten
Schwierigkeitsgrad
einfach
Wein
Keine Empfehlung

Die Blumenkohl und die Brokkoliröschen zusammen in reichlich Salzwasser in etwa 10 Minuten bissfest kochen.

Den geschälten Knoblauch durch die Presse in eine Schüssel drücken (oder den ungeschälten Knoblauch in die Presse geben und nur den Saft ausdrücken). Alle anderen Zutaten für die Soße dazugeben. 1–2 EL des Kochwassers hinzufügen und gut verrühren.

Den Kohl abgießen und gut abtropfen lassen. Das Olivenöl in einer Pfanne (besser in einem Wok) erhitzen, den Kohl hineingeben und unter Rühren ein wenig anbraten. Mit der vorbereiteten Soße übergießen, gut durchschwenken und sofort heiß als Beilage servieren.

ZUTATEN FÜR 4 PERSONEN
800 g küchenfertige,
kleine Blumenkohlröschen
Saft und Schale von
1 unbehandelten Zitrone
2 EL Weißweinessig
4 Wacholderbeeren,
zerdrückt
5 Gewürznelken
½ TL ganze schwarze
Pfefferkörner
1 TL Salz

Würzig gegarter Blumenkohl

1 l Wasser mit Saft und Schale der Zitrone, dem Essig, Wacholderbeeren, Gewürznelken, Pfefferkörnern und Salz zum Kochen bringen und 5 Minuten kochen.

Dann die küchenfertig vorbereiteten Blumenkohlröschen hineingeben und in etwa 10 Minuten bissfest kochen.

Die Röschen mit der Siebkelle herausheben, abtropfen lassen und als Gemüsebeilage servieren.

Um zu verhindern, dass die Gewürze an den Röschen hängen, gibt man sie in einem kleinen, mit Küchengarn zugebundenen Mullbeutel oder in einem Tee-Ei aus Porzellan in das Kochwasser.

Vorbereitungszeit
10 Minuten
Garzeit
15 Minuten
Schwierigkeitsgrad
einfach
Wein
Keine Empfehlung

ZUTATEN FÜR 4 PERSONEN
600 g Blattmangold
600 g Strauchtomaten
2 EL natives Olivenöl extra
4 Knoblauchzehen
2 EL gehackte Petersilie
Salz

Blattmangold mit Tomaten

Vorbereitungszeit
15 Minuten
Garzeit
20 Minuten
Schwierigkeitsgrad
einfach
Wein
Keine Empfehlung

Den Blattmangold putzen, waschen und quer in Streifen schneiden. In 1 l Salzwasser 10 Minuten kochen, abgießen und sehr gut abtropfen lassen.

Die Tomaten in kochendem Wasser blanchieren, bis die Haut platzt. Häuten, halbieren, die Kerne und das wässrige Innere entfernen, das Fruchtfleisch klein schneiden.

Das Öl in einer großen Pfanne erhitzen, die geschälten Knoblauchzehen dazugeben und goldbraun ausbraten, dann entfernen. Die Tomaten in das Knoblauchöl geben und etwas einkochen lassen. Dann den Mangold und die gehackte Petersilie hinzufügen, salzen und noch 5 Minuten durchziehen lassen. Heiß als Beilage servieren.

Wer einen etwas herberen Geschmack bevorzugt, kann die Mangoldblätter auch durch Zichorie ersetzen.

ZUTATEN FÜR 4 PERSONEN
8 junge Artischocken
Saft von 1 Zitrone
6 EL geriebener Pecorino
3 EL Paniermehl
1 Knoblauchzehe, fein gehackt
4 EL gehackte Petersilie
4 EL natives Olivenöl extra
Pfeffer

Überbackene Artischocken

Die Artischocken putzen, dabei das obere Drittel abschneiden und die harten Außenblätter sowie das innere Heu entfernen. Die Schnittstellen sofort mit Zitronensaft benetzen, damit sie nicht braun werden. Den Backofen auf 180 °C vorhe zen.

Pecorino, Paniermehl, Knoblauch und Petersilie in einer Schüssel vermischen. Die Artischocken mit der Mischung so füllen, dass kleine Hütchen entstehen. Dann die Artischocken in eine leicht geölte flache Auflaufform setzen, das restliche Öl in dünnem Faden über die Füllungen laufen lassen und im Ofen 20 Minuten überbacken. Heiß als Vorspeise servieren.

Statt des Pecorino kann man auch geriebenen Parmesan verwenden.

Vorbereitungszeit
10 Minuten
Garzeit
20 Minuten
Schwierigkeitsgrad
einfach
Wein
Sicilia Chardonnay

ZUTATEN FÜR 4 PERSONEN
4 weiße Speiserüben
1 EL Weißweinessig
3 EL natives Olivenöl extra
4 EL Sahne
80 g gemahlene Mandeln
Salz und Pfeffer

Gratinierte weiße Rüben

Die Rüben schälen und von Hand oder mit dem Gemüsehobel in sehr feine Scheiben schneiden. Die Scheiben in kochendem Salzwasser, dem der Essig zugesetzt ist, etwa 5 Minuten blanchieren, dann abgießen und gut abtropfen lassen.

Den Backofen auf 200 °C vorheizen. Eine flache Auflaufform mit Backpapier auskleiden. Das Papier mit 1 EL Öl einpinseln, dann eine Schicht Rübenscheiben einlegen. Mit geriebenen Mandeln bestreuen, etwas Sahne darüberträufeln, salzen und pfeffern. So fortfahren, bis alle Zutaten aufgebraucht sind. Zuletzt mit Mandeln bestreuen und das restliche Öl darüberträufeln. Im Ofen 25 Minuten überbacken.

Statt der weißen Rüben (auch Mairüben genannt), die im Handel selten geworden sind, kann man Kohlrabi verwenden.

Vorbereitungszeit
30 Minuten
Garzeit
30 Minuten
Schwierigkeitsgrad
einfach
Wein
Gutturnio

ZUTATEN FÜR 4 PERSONEN
20 g Butter
200 g grober Maisgrieß
(Instant-Polenta)
1 Staudensellerie
6 EL natives Olivenöl extra
1 Zwiebel, gewürfelt
2 Knoblauchzehen, gehackt
250 g geschälte Tomaten (Dose)
1 EL Tomatenmark
200 ml Gemüsebrühe
Öl zum Frittieren
Salz und Pfeffer

Staudenselleriegemüse mit Polentaecken

400 ml Wasser mit der Butter zum Kochen bringen. Den Maisgrieß unter Rühren einrieseln lassen und zu einem festen Brei kochen. Die Polenta in einer geölten rechteckigen Form knapp 2 cm hoch ausstreichen und kalt werden lassen.

Den Staudensellerie waschen und putzen. Die Stangen abziehen, in Stücke schneiden (die Blätter für eine andere Verwendung beiseitelegen) und diese in reichlich Salzwasser etwa 5 Minuten blanchieren. Dann abgießen und abtropfen lassen.

Das Olivenöl in einer großen Pfanne erhitzen. Die gewürfelte Zwiebel und den gehackten Knoblauch darin glasig dünsten. Den Sellerie dazugeben und 5–6 Minuten unter Wenden anbraten. Die Tomaten aus der Dose, das Tomatenmark und die Gemüsebrühe hinzufügen. Durchrühren und bei schwacher Hitze und aufgelegtem Deckel 20 Minuten köcheln lassen.

Inzwischen das Öl erhitzen. Die Polenta aus der Form stürzen, erst in Quadrate, dann in Dreiecke schneiden und in dem heißen Öl kross ausbacken. Auf Küchenpapier abtropfen lassen und zu dem Selleriegemüse servieren.

Vorbereitungszeit
10 Minuten
Garzeit
35 Minuten
Schwierigkeitsgrad
einfach
Wein
Bardolino Chiaretto

ZUTATEN FÜR 4 PERSONEN
0,5 l Milch
1 TL Kurkuma
½ TL Salz
250 g Mozzarella
80 g Walnüsse
2 EL geriebener Parmesan
40 g Butter

Mit Mozzarella überbackener Fenchel

Die Fenchelknollen putzen (dabei das Grün wegschneiden), waschen, vierteln und die harten Strünke entfernen.

Die Milch mit 0,5 l Wasser, Kurkuma und Salz zum Kochen bringen und den Fenchel darin etwa 20 Minuten kochen.

Den Backofen auf 200 °C vorheizen. Den Fenchel aus der Kochflüssigkeit heben und tropfnass in eine feuerfeste flache Auflaufform legen. Den Mozzarella in Scheiben schneiden und über dem Fenchel verteilen. Die gehackten Walnüsse und den Parmesan darüberstreuen. Die Butter in Flöckchen daraufsetzen und im Backofen 10 Minuten gratinieren. Sofort heiß servieren.

Das weggeschnittene Grün kann man fein hacken und zum Bestreuen des fertigen Gratins verwenden.

Vorbereitungszeit
20 Minuten
Garzeit
30 Minuten
Schwierigkeitsgrad
einfach
Wein
Trentino Nosiola

ZUTATEN FÜR 4 PERSONEN
4 Fenchelknollen
2 Eier
150 g Mehl
1 EL Paprikapulver
Öl zum Frittieren
Salz

Ausgebackener Fenchel

Die Fenchelknollen putzen (dabei das Grün wegschneiden), waschen, halbieren und die harten Strünke entfernen. Jede Hälfte nochmals längs in drei oder vier Teile schneiden und in kochendem Salzwasser etwa 20 Minuten bissfest garen (sie dürfen keinesfalls zu weich werden). Mit der Schaumkelle aus dem Wasser heben und auf Küchenhandtüchern gut abtropfen lassen.

Die Eier in einen tiefen Teller geben und mit der Gabel verschlagen. In einer flachen Schale Mehl und Paprikapulver vermischen. Das Frittieröl erhitzen.

Die Fenchelstücke in das Ei tauchen, dann in dem Mehl wenden und im heißen Öl ausbacken. Auf Küchenpapier abtropfen lassen, salzen und sofort heiß als Vorspeise servieren.

Um den Fenchel als Beilage zuzubereiten, kocht man ihn wie beschrieben, hebt ihn aus der Kochflüssigkeit und beträufelt ihn mit einer Soße aus 50 g zerlassener Butter, die man mit dem Saft von 2 Zitronen, etwas Paprikapulver und gehackter Petersilie verrührt hat.

Vorbereitungszeit
15 Minuten
Garzeit
25 Minuten
Schwierigkeitsgrad
einfach
Wein
Keine Empfehlung

ZUTATEN FÜR 4 PERSONEN
3 Fenchelknollen
3 Karotten
2 saftige Orangen
2 EL natives Olivenöl extra
Salz und Pfeffer

Fenchel und Karotten in Orangenmarinade

Die Fenchelknollen putzen und waschen. Das Fenchelgrün abschneiden und beiseitelegen. Die Knollen längs halbieren, quer in sehr feine Streifen schneiden und in eine Schüssel geben.

Die Karotten waschen, schaben und mit dem Sparschäler über die ganze Länge feine Scheiben abschneiden. Zum Fenchel geben.

1 Orange schälen und direkt über einer Schüssel, um den Saft aufzufangen, die Filets auslösen. Diese zu Fenchel und Karotten geben. Die zweite Orange auspressen. Den Saft in die Schüssel füllen, Öl, Salz und Pfeffer hinzufügen. Mit dem Schneebesen kräftig schlagen, bis alle Zutaten gut verbunden sind. Über Fenchel und Karotten gießen, gut durchmischen und vor dem Servieren 10 Minuten ziehen lassen.

Das Fenchelgrün fein hacken, über den Salat streuen und servieren.

Zubereitungszeit
25 Minuten
Schwierigkeitsgrad
einfach
Wein
Keine Empfehlung

ZUTATEN FÜR 4 PERSONEN
3 Stangen Porree
1 große Fenchelknolle
2 EL Sesamöl
2 EL Reismehl
250 ml Sojamilch
2 EL Reis-Miso (Aka-Miso)
Salz
1 EL Mandelblättchen

Auflauf mit Porree und Fenchel

Die Porreestangen putzen, einmal längs, einmal quer halbieren und gründlich waschen. Die Fenchelknolle ebenfalls putzen, halbieren und dann jede Hälfte in 3 Teile teilen. Zusammen in kochendem Salzwasser 8 Minuten garen, anschließend mit der Schaumkelle herausheben, abtropfen lassen und in eine flache Auflaufform legen.

Den Backofen auf 200 °C vorheizen. Das Sesamöl in einem Topf erhitzen, das Mehl hineingeben und anschwitzen. Dann nach und nach unter Rühren die kalte Milch hinzufügen und immer wieder aufkochen lassen. Mit Miso und Salz würzen. Die Soße über Porree und Fenchel in der Schale gießen. Mit den Mandelblättchen bestreuen und im Ofen 10 Minuten überbacken.

Man kann diese asiatisch angehauchte Version europäisieren, indem man die weiße Soße mit Butter, Weizenmehl und Kuhmilch zubereitet und zum Schluss 2 EL geriebenen Parmesan einrührt.

Vorbereitungszeit
15 Minuten
Garzeit
20 Minuten
Schwierigkeitsgrad
einfach
Wein
Keine Empfehlung

ZUTATEN FÜR 4 PERSONEN
300 g Perlzwiebeln
2 EL natives Olivenöl extra
Salz
1 unbehandelte Zitrone
125 ml Weißweinessig
125 ml Weißwein
2 Zweige Thymian
1 EL rosa Pfefferbeeren
2 EL Zucker
2 Lorbeerblätter

Süßsauer eingelegte Perlzwiebeln

Vorbereitungszeit
15 Minuten
Garzeit
50 Minuten
Schwierigkeitsgrad
einfach
Wein
Keine Empfehlung

Die Perlzwiebeln schälen. Mit dem Öl, 3–4 EL Wasser und etwas Salz in einen Topf geben und bei geschlossenem Deckel schmoren, bis sie gar und ganz leicht gebräunt sind.

Die Zitrone in dünne Scheiben schneiden und zusammen mit den restlichen Zutaten zu den Zwiebeln geben. Einmal kräftig aufkochen lassen. Dann auf der abgeschalteten Herdplatte stehen lassen, bis die Zwiebeln abgekühlt sind. Die Zwiebeln als Beilage oder Teil einer gemischten Vorspeisenplatte servieren.

ZUTATEN FÜR 4–6 PERSONEN
8 große rote Zwiebeln
4 EL Weißweinessig
3 EL natives Olivenöl extra
6 schwarze Pfefferkörner
3 Wacholderbeeren
3 Lorbeerblätter
1 EL Zucker
125 ml Vin Santo
Salz und Pfeffer

Zwiebelgemüse mit Vin Santo

Die Zwiebeln schälen und in Ringe schneiden. Die Zwiebelringe 30 Minuten in eine Schale mit Wasser legen, dem der Essig zugesetzt ist.

Das Öl in einem Topf erhitzen. Die abgegossenen, sehr gut abgetropften Zwiebeln hineingeben, Pfefferkörner, Wacholder und Lorbeer hinzufügen und 5–6 Minuten bei mittlerer Hitze dünsten.

Den Zucker darüberstreuen und durchrühren. Nach einigen Minuten die Hitze erhöhen, nach und nach den Vin Santo angießen und jedes Mal verdunsten lassen. Den Deckel schließen, die Hitze reduzieren und die Zwiebeln noch 10 Minuten schmoren lassen. Dann sofort heiß als Beilage servieren.

Vin Santo ist ein bernsteingelber toskanischer Dessertwein mit hohem Alkoholgehalt. Man kann ihn in diesem Rezept auch durch einen anderen Dessertwein, etwa Marsala oder Port, ersetzen.

Vorbereitungszeit
20 Minuten
Garzeit
25 Minuten
Schwierigkeitsgrad
einfach
Wein
Keine Empfehlung

ZUTATEN FÜR 4 PERSONEN
500 g kleine Frühkartoffeln
Öl zum Frittieren
2 Zweige Rosmarin
10 Salbeiblätter
3 Zweige Thymian
3 EL grobes Salz
schwarzer Pfeffer

Frühkartoffeln mit Würzsalz

Den Backofen auf 200 °C vorheizen. Die Kartoffeln gründlich waschen und sehr gut abtrocknen.

Das Frittieröl erhitzen und die ungeschälten Kartoffeln darin frittieren, bis die Haut kross zu werden beginnt. Mit der Siebkelle aus dem Öl heben, gut abtropfen lassen und in eine flache Auflaufform legen.

Nebenher die Rosmarinblätter, Salbei und Thymian fein hacken und mit dem Salz vermischen. Die Salzmischung über die Kartoffeln streuen, die Kartoffeln 10 Minuten in den heißen Ofen stellen. Dann den Ofen ausschalten, aber die Kartoffeln noch 3–5 Minuten darin ruhen lassen.

Vor dem Servieren reichlich frischen schwarzen Pfeffer aus der Mühle über die Kartoffeln geben. Mit der Schale als Beilage verzehren.

Vorbereitungszeit
10 Minuten
Garzeit
20 Minuten
Schwierigkeitsgrad
einfach
Wein
Alto Adige Santa Maddalena

ZUTATEN FÜR 4 PERSONEN
700 g festkochende Kartoffeln
je 1 EL Mohn, schwarze
Senfkörner, Kreuzkümmel
und Fenchelsamen
4 EL Keimöl
2 getrocknete rote Chilischoten
½ TL Kurkuma
Salz
1 EL frisch gehackte
Korianderblätter (Cilantro)

Indisches Kartoffelgemüse mit Gewürzsamen

Die Kartoffeln schälen, waschen und in kleine Würfel schneiden. Nebenher die Samen zusammen in eine beschichtete Pfanne geben und unter gelegentlichem Rühren rösten, bis sie zu duften beginnen. Beiseitestellen und abkühlen lassen.

Das Öl erhitzen und die Kartoffelwürfel darin anbraten. Die Samen, die zerstoßene Chilischote, Kurkuma und Salz über die Kartoffel geben und unter ständigen Wenden weitere 2 Minuten braten. Dann 150 ml Wasser angießen und die Kartoffeln zugedeckt bei schwacher Hitze 10 Minuten köcheln lassen. Mit frisch gehacktem Koriander bestreuen und sofort servieren.

Es entspricht indischer Tradition, zu den Kartoffeln leicht gesalzenen Joghurt zu reichen.

Vorbereitungszeit
15 Minuten
Garzeit
20 Minuten
Schwierigkeitsgrad
einfach
Wein
Keine Empfehlung

KARTOFFELPRODUKTE

Die Industrie bietet viele Fertigprodukte auf Kartoffelbasis an, vom Püree in Pulverform über Klöße bis zu Suppen und diversen anderen Produkten. Man kann darauf zurückgreifen, sollte sich aber immer im Klaren darüber sein, dass sie jede Menge Zusatzstoffe und kaum mehr die wertvollen Inhaltsstoffe der frischen Kartoffel enthalten.

SÜSSKARTOFFELN

Richtiger heißen diese ebenfalls aus Südamerika stammenden, länglichen Knollen Bataten, denn mit der Kartoffel haben sie botanisch nichts zu tun. Allerdings sind sie ebenso stärkereich wie Kartoffeln und werden auch ähnlich zubereitet. Bataten können eine hellbraune Schale und weißes oder gelbes Fleisch beziehungsweise eine rötliche Schale und lachsfarbenes Fleisch haben. Dem deutschen Namen werden sie insofern gerecht, als sie nicht nur süßlich schmecken, sie werden in Südamerika auch zur Herstellung von Konfekt (dulces) verwendet.

Neben Getreide stellen Kartoffeln eines unserer wichtigsten Grundnahrungsmittel dar. Pro Jahr verzehrt jeder Deutsche im Durchschnitt etwa 75 Kilo Erdäpfel, wie man die Kartoffel auch nennt. Und das, obwohl der Verbrauch insgesamt in den letzten Jahrzehnten zurückgegangen ist, weil viele Menschen die Kartoffel irrtümlich für einen „Dickmacher" halten.

✔ Eine aufregende Geschichte

Wie die Tomate ist auch die Kartoffel (Solanum tuberosum) ein aus Südamerika stammendes Nachtschattengewächs. Allerdings sind die Hochländer der Anden ihre Heimat und es waren die Inka und andere Andenvölker, die sie schon vor 3000 Jahren kultivierten. Spanier und Portugiesen brachten sie dann nach Europa, doch baute man sie dort nicht aufgrund der Knollen an, sondern zog sie in Ziergärten ihrer weißen Blüten wegen. Nur vereinzelt erkannte man auch den Wert der Knolle. Das erste Land in Europa, das die Kartoffel in großem Stil anbaute, war Irland, denn mit seinem feucht-milden Klima bot es ihr ideale Bedingungen. Allerdings machte man den Fehler, zugunsten der nahrhaften Knolle andere Nahrungspflanzen zu vernachlässigen. 1845 vernichtete die Kartoffelpest nahezu die gesamte Ernte. Es folgten weitere Jahre mit Missernten und die irische Bevölkerung erlebte die größte Hungerkatastrophe ihrer Geschichte. Wer es sich irgend leisten konnte, wanderte nach Amerika aus.
In Deutschland war es Friedrich der Große, der im 18. Jahrhundert den Anbau der Kartoffel befahl und gegen den heftigen Widerstand der Bauern durchsetzte, denn sie ernteten anfangs irrtümlich das Kraut und die oberirdischen Früchte, die aber beide giftig sind. Nach und nach setzte sich die Kartoffel in ganz Europa als ein wichtiges Nahrungsmittel durch.

✔ Sorten und Arten

Kartoffeln sind ganzjährig im Angebot, denn zu jeder Jahreszeit werden typische Sorten geerntet. Man unterscheidet dabei drei Grundsorten: festkochende

Kartoffeln, die sich für Salat, Pell- und Bratkartoffeln eignen und meist eine sehr dünne Haut haben, die man unter Umständen mitessen kann; vorwiegend festkochende, die man für Salz- und Pellkartoffeln, Aufläufe, Gratins, Suppen und bedingt für Püree verwenden kann; sowie mehligkochende, aus denen man Eintöpfe, Püree, Kroketten, Klöße, Gnocchi und Reibekuchen herstellt. Von jeder dieser Grundsorten gibt es sehr viele Arten. Insgesamt kennt man weit über 400, darunter auch so relativ selten angebotene Exoten wie die Roseval, eine vorwiegend festkochende Kartoffel mit rötlicher Schale und rosagelbem Fleisch, und die Vio ette noir mit violettem Fruchtfleisch, das auch beim Garen diese Farbe behält.

Tipps für Kauf und Aufbewahrung

Sehr frühe Sorten, meist festkochend mit dünner Schale, sollte man rasch verbrauchen, sie sind nicht lagerfähig. Auch Frühsorten sollte man nur in der benötigten Menge kaufen und möglichst bald verbrauchen, denn zum Einlagern eignen sich nur die mittelspäten bis späten Sorten.

In Netzen oder auf den Märkten auch lose angebotene Kartoffeln sind solchen in Plastikbeuteln vorzuziehen, denn das Plastik (auch wenn es ein paar Löcher hat) verhindert, dass die Kartoffel „atmen" kann, weshalb sie leicht fault. Grüne Stellen sollte man wegschneiden, sie enthalten das giftige Solanin.

Am besten bewahrt man kleine Mengen dunkel, luftig und kühl (6 bis 10 °C) auf und verbraucht sie, ehe sie zu keimen beginnen.

Ob eine Kartoffel fest-, vorwiegend fest- oder mehligkochend ist, muss auf dem Packungsetikett stehen. Man kann es aber auch so prüfen: Die rohe Kartoffel in der Mitte durchschneiden und die Hälften gegeneinander reiben. Je stärker die Schnittflächen aneinander haften, desto höher der Stärkeanteil und desto mehliger die Kartoffel.

GESUNDHEITLICHER WERT

Mit nur 68 Kalorien je 100 Gramm sind Kartoffeln nicht die Dickmacher, als die sie oft gelten. Es sind die Zubereitung mit Fett (Pommes frites, Chips) und die Soßen (Mayonnaise, fette Bratensoßen), die zu Buche schlagen. Tatsächlich enthalten sie hochwertiges Eiweiß, Kalium und Magnesium sowie B-Vitamine und Vitamin C, das aber beim Garen weitgehend zerstört wird.

Tipps für die Zubereitung

Kartoffeln können mit der Schale (Pellkartoffel) und ohne Schale (Salzkartoffel) gekocht oder gedämpft werden. Bis sie gar sind, dauert es im Schnitt 20 Minuten. Das Dämpfen in der Schale ist vorzuziehen, da mehr der gesunden Inhaltsstoffe erhalten bleiben. Geschälte Kartoffeln immer sofort zubereiten und nicht im Wasser liegen lassen. Man kann Kartoffeln in der Schale ohne weitere Zugabe auch im Römertopf oder in Alufolie gewickelt im Backofen garen. Sowohl gekochte als auch rohe in Würfel oder Scheiben geschnittene Kartoffeln kann man in der Pfanne braten. Roh in Stifte geschnittene Kartoffeln kann man in heißem Öl frittieren und aus hauchfein geschnittenen Scheiben kann man Chips herstellen.

Ebenso kann man Gratins und Aufläufe mit rohen oder halbgar gekochten Kartoffeln zubereiten.

Für ein Püree benötigt man Salzkartoffeln, die man durch die Presse drückt und mit Milch und Butter mit dem Schneebesen verrührt.

Klöße kann man allein aus roh geriebenen Kartoffeln zubereiten (die geriebenen Kartoffeln nicht an der Luft stehen lassen, sie werden sonst braun, außerdem in einem Tuch ausdrücken, um möglichst viel Wasser zu entfernen) oder aus einer Mischung aus rohen und gekochten Kartoffeln. Kartoffelgnocchi bereitet man aus gekochten, durchgepressten Kartoffeln, die man mit Mehl und/oder Grieß vermischt.

ZUTATEN FÜR 4 PERSONEN
3 große mehligkochende
Kartoffeln
150 g Feldsalat
3 Eier
2 EL geriebener Parmesan
Salz und Pfeffer
180 g geräucherter Provolone,
klein gewürfelt
Öl zum Frittieren
200 g Paniermehl

Gefüllte Kartoffelkroketten mit Feldsalat

Die Kartoffeln waschen und am Stück ungeschält gar kochen. Etwas abkühlen lassen. Den Feldsalat verlesen, putzen, waschen, gut abtropfen lassen und 100 g davon hacken.

Die Kartoffeln pellen und durch die Kartoffelpresse in eine Schüssel drücken. Mit dem gehackten Feldsalat, 1 Ei, Parmesan, Salz und Pfeffer zu einem Teig verkneten.

Vorbereitungszeit
20 Minuten
Garzeit
30 Minuten
Schwierigkeitsgrad
mittel
Wein
Lagrein Rosato

Aus dem Teig Kugeln formen. Dabei in die Mitte jeder Kugel ein Stück Provolone geben.

Das Öl erhitzten. Die restlichen Eier in einem tiefen Teller mit der Gabel verquirlen, das Paniermehl in eine flache Schale geben. Die Kartoffelkugeln erst im Ei, dann im Paniermehl wenden und in dem heißen Öl ausbacken, bis sie rundherum goldbraun sind. Auf Küchenpapier abtropfen lassen, salzen und auf Tellern mit dem restlichen Feldsalat anrichten.

ZUTATEN FÜR 4 PERSONEN
8 mittelgroße Kartoffeln
300 g Kuhmilchmozzarella
4 Eigelb
100 ml Milch
4 EL Apfelessig
Salz und Pfeffer
Schnittlauch zur Dekoration

Kartoffeln mit Käsesoße

Die Kartoffeln waschen und ungeschält eben gerade von Wasser bedeckt etwa 20 Minuten kochen.

Nebenher den Mozzarella in kleine Würfel schneiden. In einem Mixbecher die Eigelbe und die Milch mit dem Elektroquirl verschlagen und bei laufenden Quirlen den Essig zugießen. Die Mischung zusammen mit den Käsewürfeln in eine beschichtete tiefe Pfanne geben und unter Rühren erhitzen, bis der Käse schmilzt und eine cremige, fädenziehende Soße entstanden ist. Sofort vom Herd nehmen, die Soße darf keinesfalls kochen.

Die Kartoffeln abgießen, pellen und in dicken Scheiben auf Tellern anrichten. Die Soße darübergeben, mit Schnittlauch dekorieren und sofort servieren.

Vorbereitungszeit
15 Minuten
Garzeit
25 Minuten
Schwierigkeitsgrad
einfach
Wein
Grave del Friuli Rosato

ZUTATEN FÜR 4 PERSONEN
5–6 große Kartoffeln
2 Zweige Rosmarin
1 Bund Petersilie
1 Knoblauchzehe
6 EL natives Olivenöl extra
1 hart gekochtes Ei
Saft und abgeriebene Schale
von 1 unbehandelten Zitrone
Salz und Pfeffer
1 Prise Cayennepfeffer

Kartoffeln mit Kräutern und Zitrone

Vorbereitungszeit
15 Minuten
Garzeit
25 Minuten
Schwierigkeitsgrad
einfach
Wein
Lacryma Christi Bianco

Die Kartoffeln waschen und ungeschält eben gerade mit Wasser bedeckt zusammen mit dem Rosmarin 10–15 Minuten kochen. Sie sind dann im Kern noch nicht ganz gar.

Den Backofen auf 200 °C vorheizen. Die gewaschene, von den Stielen gezupfte Petersilie mit dem geschälten, grob gehackten Knoblauch, dem Öl und dem in Stücke geschnittenen Ei in den Mixbecher geben und mit dem Schneidstab zu einer Paste verarbeiten.

Die Kartoffeln abgießen, pellen und in Scheiben schneiden. Die Scheiben dachziegelartig in eine flache Auflaufform einschichten. Die Kräuterpaste darübergeben, mit dem Saft der Zitrone beträufeln. Salzen und pfeffern sowie etwas Cayenne darüberstreuen. Im Ofen 10 Minuten überbacken und heiß als Beilage servieren.

ZUTATEN FÜR 6 PERSONEN
500 g mehligkochende Kartoffeln
500 g Fenchel
125 ml Milch
125 ml süße Sahne
120 g Butter
1 EL Pernod
Salz und Pfeffer
½ Bund frischer Dill
Dill zum Dekorieren

Kartoffelpüree mit Fenchel und Dill

Die Kartoffeln waschen, schälen und vierteln. Den Fenchel putzen, waschen und in kleine Stücke schneiden. Die Kartoffeln in ausreichend Salzwasser in 20 Minuten gar kochen.

Den Fenchel mit Milch, Sahne, Butter in einem Topf zum Kochen bringen und 18 Minuten kochen. Dann im Mixer pürieren und mit Pernod, Salz und Pfeffer würzen.

Die Kartoffeln abgießen, abdämpfen und durch die Kartoffelpresse in eine Schüssel drücken. Mit dem Schneebesen das Fenchelpüree unterrühren und den Dill einarbeiten. Mit Dill dekoriert als Beilage servieren.

Statt des Dills kann man auch das Grün der Fenchelknolle verwenden.

Vorbereitungszeit
15 Minuten
Garzeit
25 Minuten
Schwierigkeitsgrad
einfach
Wein
Keine Empfehlung

329

ZUTATEN FÜR 4–6 PERSONEN
1 kg feste Zucchini
Salz
10 EL natives Olivenöl extra
2 Knoblauchzehen
3 EL Apfelessig
Minzeblätter

Sauer marinierte Zucchini

Die Zucchini waschen, putzen, in kleine Würfel schneiden und in ein Sieb geben, das über einer Schüssel hängt. Großzügig mit Salz bestreuen und 30 Minuten stehen lassen, damit den Zucchini Wasser entzogen wird.

Die Zucchiniwürfel abbrausen und gut abtropfen lassen. 5 EL Öl in einem Topf erhitzen, die Zucchiniwürfel hineingeben, durchschwenken und bei geschlossenem Deckel 15 Minuten schmoren.

Währenddessen den Knoblauch schälen und durch die Presse in eine Schüssel drücken. Den Apfelessig und das restliche Öl sowie gehackte Minzeblätter hinzufügen und mit dem Schneebesen kräftig schlagen, bis die Zutaten gut vermischt sind. Über die Zucchini geben und vor dem Servieren gut durchziehen lassen.

Wem der Geschmack der Minze nicht behagt, kann stattdessen auch frische Basilikumblätter verwenden.

Vorbereitungszeit
15 Minuten
Garzeit
15 Minuten
Schwierigkeitsgrad
einfach
Wein
Keine Empfehlung

ZUTATEN FÜR 4 PERSONEN
4 große Zucchini
1 Blumenkohl
1 EL Essig
1 EL Kapern
3 Zweige Thymian
2 EL natives Olivenöl extra
Salz

Zucchinispieße mit Blumenkohlfüllung

Die Zucchini putzen, waschen und längs in sehr dünne Scheiben schneiden. Die Scheiben in der gerillten Grillpfanne kurz beidseitig anrösten. Dann auf Küchenpapier auslegen.

Den Blumenkohl putzen, waschen und in kleine Röschen teilen. Die Röschen mit Salzwasser bedecken, dem der Essig beigegeben ist, und bissfest kochen. Abgießen und zusammen mit den Kapern, dem Thymian und dem Öl pürieren, mit Salz abschmecken.

Jeweils etwas von dem Blumenkohlpüree auf eine Zucchinischeibe geben, aufrollen und 4–5 Rollen auf einen Holzspieß stecken. Sofort als kleine Vorspeise servieren.

Sollen die Spieße Teil eines gemischten Vorspeisentellers sein, gibt man nur jeweils eine Rolle auf einen Zahnstocher.

Vorbereitungszeit
20 Minuten
Garzeit
15 Minuten
Schwierigkeitsgrad
einfach
Wein
Gavi

1 große Aubergine
3 EL natives Olivenöl extra
2 EL Paniermehl
2 Eier
Salz und Pfeffer

125 ml passierte Tomaten
200 g Mozzarella in Scheiben geschnitten
5 EL geriebener Parmesan
Oregano

Aubergine mit Mozzarella

Die Aubergine waschen, putzen und ungeschält in Scheiben schneiden. Die Scheiben auf Küchenpapier legen, mit Salz bestreuen und 40 Minuten ruhen lassen. Dann gut mit Küchenpapier abtupfen.

Den Backofen auf 200 °C vorheizen. Den Boden einer flachen Auflaufform mit 1 EL Öl einpinseln und mit Paniermehl ausstreuen. Die Eier in einem tiefen Teller mit der Gabel mit etwas Salz und Pfeffer verschlagen. Nacheinander die Auberginenscheiben in das Ei tauchen und in einer Lage in die Form legen. Tomatenpüree darüber verstreichen, mit Mozzarellascheiben belegen und etwas Oregano darübergeben. Die Lagen wiederholen. Zuletzt mit dem Parmesan bestreuen, das restliche Öl darüberträufeln und im Backofen 20 Minuten überbacken. Heiß oder lauwarm servieren.

Vorbereitungszeit
15 Minuten
Garzeit
20 Minuten
Schwierigkeitsgrad
einfach
Wein
Sicilia Catarratto

Betrachtet man sich die heute auf unseren Märkten angebotenen Auberginen – meist große, keulenförmige Früchte mit dunkelvioletter Schale –, so fragt man sich etwas verwundert, wieso sie auch Eierfrucht genannt werden. Weder sehen diese Auberginen einem Ei ähnlich noch erinnert ihr Geschmack an den von Eiern. Das Rätsel löst sich, wenn man nach der Heimat der Aubergine forscht und ihre ursprünglichen Sorten betrachtet. Die Aubergine (Solanum melongena) stammt nämlich aus Hinterindien, wo es noch heute Auberginen der Stammform gibt – und die sind eigroß und haben eine weiße Schale. Bei manchen Arten ist sie auch dottergelb oder hellgrün. Die Engländer, die als Kolonialisten nach Indien gekommen waren, gaben der Gemüsefrucht den Namen eggplant (der dann als Eierfrucht übersetzt wurde), ohne zu beachten, dass es neben der kleinen, ovalrundlichen Aubergine die verschiedensten Varietäten in Form und Farben gibt.

✔ Tipps für Kauf und Aufbewahrung

Auberginen sind das ganze Jahr als Importware aus den Niederlanden (wo sie im Glashaus gezogen werden) im Handel verfügbar. Zum Teil im Freiland gezogene Auberginen kommen aus Italien, Spanien, Südfrankreich, Rumänien, Israel, den Kanarischen Inseln und der Türkei.

Die Früchte sind reif, wenn ihre Schale glatt und glänzend ist und sie auf Fingerdruck ganz leicht nachgeben. Sehr feste Früchte müssen bei Zimmertemperatur nachreifen, da sie noch zu viel gesundheitsschädliches Solanin enthalten. Der Stiel und der fünfzipfelige Kelch sollten vorhanden sein. Das genussreife Fruchtfleisch ist weißlich, die Kerne sind milchigweiß. Auberginen an einem kühlen Ort, jedoch nicht im Kühlschrank (höchstens im Gemüsefach) lagern; eine Temperatur von 10 bis 13 °C sollte gewährleistet sein, damit die Früchte keine dunklen Flecken bekommen. Dort halten sie sich bis zu 1 Woche.

Auberginen

✔ Varietäten

In Asialäden mit Frischgemüseabteilung werden gelegentlich neben den Auberginen, wie wir sie kennen, schlanke, lange, hellviolette Auberginen angeboten sowie längliche mit weißer Schale und lange grüne, die an unsere Salatgurken erinnern.

Doch egal welche Form oder Farbe die Auberginen auch haben, das Fruchtfleisch ist stets weißlich hell und schwammig und enthält die milchigweißen essbaren Kerne. (Braune Kerne deuten auf Überreife der Frucht hin und sind ein Zeichen mangelnder Frische.) Auch ist der Geschmack aller Varietäten einigermaßen neutral, sodass die Frucht viele Zubereitungsmöglichkeiten zulässt und sich gut mit anderem Gemüse und Gewürzen verträgt.

✔ Verwendung in der Küche

Auberginen gehören zu den Gemüsesorten, die man nicht roh verzehren kann. Auch zum Kochen eignen sich die wasserhaltigen Auberginen nicht. Man kann sie aber allein oder besser zusammen mit anderem Gemüse schmoren (so gehören sie beispielsweise in die französische Ratatouille), ohne Zugabe von Fett in Scheiben geschnitten grillen, die Scheiben panieren und in Fett ausbacken oder in einen geschichteten Auflauf wie die griechische Moussaka geben. Vor allen Dingen aber kann man die großen Früchte vielfältig füllen und im Ofen überbacken. Besonders bekannt sind die Melanzane ripiene der italienischen Küche und das in der Türkei beliebte İmam bayıldı (geschmorte, mit Tomaten und Zwiebeln gefüllte Aubergine.)

Die sehr wasserhaltigen (bis zu 92 Prozent) Auberginen sind vor allem kalorienarm (etwa 20 Kalorien pro 100 Gramm). An Nährstoffen haben sie nicht so viel zu bieten wie anderes Gemüse, immerhin enthalten sie aber Kalzium, Kalium und geringe Mengen Eisen. Die Vitamine C, B1 und B2 finden sich hauptsächlich in der essbaren Schale, weshalb man Auberginen möglichst nicht schälen sollte. Bei der Zubereitung ist darauf zu achten, dass die Früchte nicht zu viel Fett aufsaugen.

Auch eignet sich das schwammige Fruchtfleisch zur Herstellung von Pürees, die man warm verzehrt oder zur Auflockerung in Füllungen gibt, sowie von Patés, die man kalt als Aufstrich oder Dip verwendet. Für diese Verwendungsart gibt man die gewaschene und mehrmals mit einer Gabel eingestochene Aubergine am Stück (den Stiel nicht entfernen) für 30 bis 40 Minuten auf einem beschichteten Backblech in den auf 180 °C vorgeheizten Ofen. Dann lässt man sie etwas auskühlen. Die verschrumpelte Haut lässt sich mühelos mit den Fingern abziehen, das Fruchtfleisch kann man klein schneiden oder pürieren und würzen. Da sie keinen prägnanten Eigengeschmack haben, vertragen sich Auberginen mit vielen Kräutern und Gewürzen. Vor allem Mittelmeerkräuter wie Basilikum, Rosmarin, Thymian und Oregano und natürlich Knoblauch passen hervorragend zu ihnen. An Gewürzen kann man vor allem Curry gut mit ihnen kombinieren. Für welche Zubereitungsart man sich auch entscheidet, es empfiehlt sich, die Scheiben oder ausgehöhlten Früchte immer erst großzügig mit Salz zu bestreuen und auf Küchenpapier oder in einem Sieb 30 bis 40 Minuten liegen zu lassen. Das Salz entzieht ihnen Wasser. Danach tupft man sie entweder mit Küchenpapier gut ab oder spült sie ab und tupft sie sorgfältig trocken. In Scheiben geschnittene Auberginen sollte man immer ohne oder nur mit ganz wenig Fett braten, denn sie saugen das Fett auf wie ein Schwamm. Besser ist es, die Scheiben trocken zu grillen und dann mit ein wenig gutem Öl zu beträufeln.

AUBERGINEN IN ÖL

In Öl eingelegte Auberginen sind nicht nur in Italien als Antipasto so beliebt, dass man sie als Fertigprodukt in Gläsern kaufen kann. Bereitet man sie selbst zu, hat man die Gewissheit, dass nur beste Zutaten verwendet werden: 1 Aubergine in 0,5 Zentimeter dicke, runde Scheiben schneiden. Lagenweise in eine Schale schichten, jede Lage mit Salz bestreuen, abdecken und beschweren, 24 Stunden ruhen lassen. Die Auberginenscheiben vorsichtig ausdrücken, wieder in die Schale legen, mit Essig bedeckt erneut 24 Stunden stehen lassen. Gut abgetropft in kleine Gläser schichten und mit nativem Olivenöl extra bedecken. Nach Geschmack Kräuter, Knoblauchscheiben, Chilis oder Pfefferkörner mit einschichten.

ZUTATEN FÜR 4 PERSONEN
4 lange Auberginen
1 Bund Basilikum
2 Knoblauchzehen
6 EL natives Olivenöl extra
Salz und Pfeffer

Gebackene Auberginen mit Basilikum

Vorbereitungszeit
5 Minuten
Garzeit
20 Minuten
Schwierigkeitsgrad
einfach
Wein
Cirò Bianco

Den Backofen auf 180 °C vorheizen. Die Auberginen waschen, den Stielansatz nicht entfernen, sondern im Ganzen auf ein mit Backpapier ausgelegtes Blech legen und etwa 30 Minuten im Ofen garen.

In der Zwischenzeit das Basilikum waschen, trockentupfen, fein hacken und in eine Schüssel füllen. Den Knoblauch schälen, sehr fein hacken, zu dem gehackten Basilikum geben und das Öl darüberlaufen lassen. Salz und Pfeffer hinzufügen und mit einer Gabel gründlich vermischen.

Die Auberginen aus dem Ofen nehmen und so weit abkühlen lassen, dass man sie längs durchteilen kann. Je zwei Hälften in eine Servierschale legen. Das allzu weiche Innere mit einem Löffel herausheben. Auf jede Hälfte etwas von der Basilikummischung träufeln und sofort servieren.

ZUTATEN FÜR 4 PERSONEN
450 g getrocknete
Cannellinibohnen
4 EL natives Olivenöl extra
2 Knoblauchzehen, fein gehackt
5–6 Salbeiblätter
250 g geschälte Tomaten (Dose)

Weiße Bohnen in Tomatensoße

Die Bohnen 12 Stunden (oder über Nacht) einweichen. Mit frischem ungesalzenem Wasser 30 Minuten kochen, dann abgießen und griffbereit stellen.

Das Öl in einem Topf erhitzen. Den Knoblauch und den in Streifen geschnittenen Salbei darin andünsten. Die Tomaten mitsamt Flüssigkeit dazugeben und mit dem Kochlöffel zerkleinern. Salzen und pfeffern und die Bohnen hinzufügen. Umrühren und weitere 15–20 Minuten bei schwacher Hitze köcheln lassen. Heiß servieren.

Dieses schlichte toskanische Gericht ist ein Klassiker der italienischen Küche. Man isst gern sehr frisches Ciabattabrot oder Baguette dazu.

Vorbereitungszeit
5 Minuten
Garzeit
50–60 Minuten
Schwierigkeitsgrad
einfach
Wein
Merlot del Piave

ZUTATEN FÜR 4 PERSONEN
1 EL Rosinen
2 EL Vin Santo
2 weiße Zwiebeln
50 g Butter
1 EL Pinienkerne
1 EL Weißweinessig
Salz und Pfeffer
200 g küchenfertig verlesener junger Blattspinat

Spinat mit süßsaurer Zwiebel

Vorbereitungszeit
15 Minuten
Garzeit
15 Minuten
Schwierigkeitsgrad
einfach
Wein
Trebbiano d'Abruzzo

Die Rosinen in einem Schüsselchen mit Vin Santo und 2 EL Wasser bedecken und 30 Minuten quellen lassen.

Die Zwiebeln schälen und in Ringe schneiden. Die Butter in einem Topf zerlassen und die Zwiebeln darin glasig dünsten. Die Pinienkerne und die Rosinen mit dem Einweichwasser dazugeben und etwas einkochen lassen. Den Essig hinzufügen, salzen und pfeffern und weiter einkochen lassen.

Den Spinat waschen, tropfnass in einen Topf auf der heißen Herdplatte geben und eben gerade zusammenfallen lassen. In ein Sieb füllen, etwas ausdrücken, dann fein hacken. Mithilfe eines Garnierrings auf 4 Teller je ein Bett aus Spinat setzen. Die Zwiebeln darauf verteilen und sofort als Vorspeise servieren.

ZUTATEN FÜR 4 PERSONEN
4 feste Strauchtomaten
4 kleine Zucchini
2 Knoblauchzehen
2 EL gehackte Petersilie
4 EL natives Olivenöl extra
Salz und Pfeffer

Überraschungstomaten

Den Backofen auf 200 °C vorheizen. Die Tomaten waschen und abtrocknen. Die gewaschenen Zucchini in feine Scheiben schneiden. Die Tomaten rund um den Stielansatz leicht einritzen und Zucchinischeiben hineinstecken.

Die Knoblauchzehen schälen und sehr fein hacken. Mit der Petersilie und dem Öl vermischen, salzen und pfeffern.

Jede Tomate in eine kleine feuerfeste Form setzen, etwas von der Kräutermischung darüberträufeln und im Ofen etwa 20 Minuten garen. Sofort heiß als Vorspeise oder Beilage servieren.

Statt der Petersilie kann man im Frühjahr, wenn er frisch im Angebot ist, Kerbel verwenden oder auch frisches Basilikum.

Vorbereitungszeit
15 Minuten
Garzeit
20 Minuten
Schwierigkeitsgrad
einfach
Wein
Alto Adige Sauvignon

Der Fenchel (Foeniculum vulgare) ist eine in den Mittelmeerländern heimische, zu den Doldengewächsen gehörende Pflanze. Wo er in mäßigem Klima wild wächst, kann er bis zu 2 Meter hoch werden. Da er aber auch raueres Klima verträgt, kommt er jenseits der Alpen ebenfalls vor.

Der Fenchel ist insofern eine bemerkenswerte Pflanze, als er in allen Teilen – Wurzeln, Knollen, Stängel, Blätter und Samen – essbar ist, was man in den Mittelmeerländern schon immer wusste und auch nutzte. Hier kultivierte man ihn so, dass die zart gerillten Stängel angeregt wurden, sich am Fuß zu Knollen zu verdicken, die als Gemüse verzehrt werden können.

Bei uns sind diese Gemüseknollen erst seit einigen Jahrzehnten bekannt. Davor dachte man beim Stichwort Fenchel vor allem an die als Gewürz genutzten Samen. Im Geschmack an Anis erinnernd, würzt man mit ihnen vor allem Brot und Gebäck und bereitet Tee

Die Knollen, die je nach Sorte schmal und länglich oder dick und rundlich aussehen, wiegen zwischen 150 und 300 Gramm das Stück. In einer Papiertüte hält sich die ganze Knolle im Gemüsefach des Kühlschranks bis zu 1 Woche. In dünne Scheiben geschnittenen Fenchel kann man roh einfrieren.

✔ Fenchel in der Küche

Einerseits ist Fenchel sehr vielseitig, andererseits hat er einen ausgeprägten, leicht süßlichen Anisgeschmack, was die Verwendungsmöglichkeiten einschränkt. Manche Menschen mögen sein Aroma sogar überhaupt nicht.

Zur weiteren Verwendung werden die Knollen gewaschen, der Wurzelansatz und die grünen Stängel abgeschnitten (das fiedrige Grün immer aufbewahren). Nur in Ausnahmefällen (wenn sie braune oder Druckstellen aufweisen) entfernt man die äußeren Blätter.

daraus zu, der – mit Honig gesüßt – als Hausmittel gegen Husten und gegen Verdauungsbeschwerden bei Kindern eingesetzt wird.

Inzwischen erfreut sich aber auch das Gemüse seiner Vielseitigkeit wegen bei uns wachsender Beliebtheit.

✔ Tipps für Kauf und Aufbewahrung

Die eigentliche Fenchelsaison dauert von Mai bis Oktober, doch ist die Knolle in den Supermärkten ganzjährig im Angebot, weil im Rest des Jahres Importware aus Frankreich, Italien und Spanien zu haben ist.

Die Knollen müssen fest und hell sein und dürfen keine braunen Druckstellen aufweisen. Das noch daran vorhandene Grün sollte frisch und saftig sein, denn man kann es – wie Dill – zum Würzen verwenden, sollte es also keinesfalls als Abfall betrachten. Die Schnittflächen an den Stielen sollten nicht zu eingetrocknet sein.

Je nach Gericht lässt man kleine Knollen am Stück, größere werden längs halbiert oder geviertelt, damit die Blätter zusammenhalten. Dann kann man sie in Salzwasser 8 bis 12 Minuten kochen (oder vorgaren, um sie dann im Ofen mit weißer Soße und Käse zu überbacken), man kann sie dämpfen, dünsten oder grillen, um sie als Beilage zu reichen. Für ein Fenchelgemüse kann man sie zudem quer in Streifen schneiden. Diese Form des Schnitts wählt man auch, wenn man sie roh als Salat oder Zutat für einem bunten Salat verwenden will. Beim Salat bieten sich zur Mischung vor allem Früchte wie Orangen, Äpfel, Birnen, Trauben, Ananas und Nüsse an. Was Gemüse anbelangt, verträgt er sich mit Tomaten, Karotten und Zucchini sowie mit Oliven. Aber auch mit Käse – vor allem Blauschimmelkäse wie Gorgonzola oder Hartkäse wie Appenzeller sowie Emmentaler – geht

GESUNDHEITLICHER WERT

Gemüsefenchel ist reich an Mineralstoffen wie Eisen, Magnesium, Kalium und Kalzium, vor allem aber enthält er sehr viel Vitamin C, dazu Betakarotin, Vitamin E und Folsäure. Den besonderen Geschmack verdankt er dem in ihm enthaltenen Mentholöl, dem Anathol und dem kampferartigen Fenchon. 100 Gramm Fenchel haben etwa 24 Kalorien. Viele stillende Italienerinnen essen besonders viel Fenchel, weil sie meinen, er mache die Milch für das Kind wohlschmeckender und rege den Milchfluss an.

er harmonische Verbindungen in Salaten und in Gratins ein. Eine ebenfalls sehr beliebte, traditionelle Kombination ist Fenchel und Fisch, zum Beispiel mit Barsch oder Lachs.

Beliebt sind darüber hinaus cremige Suppen und Soßen aus Fenchel. Der in Gemüsebrühe gegarte Fenchel wird püriert, mit Sahne und einem Schuss Anislikör (Pernod) abgerundet.

Die Palette der passenden Gewürze ist schmal. Neben Salz und Pfeffer verträgt er Zitronensaft, das eigene Grün oder Dill und etwas Muskat. Auch Weine passen nur bedingt zu Fenchel.

Kochen ohne Fleisch –

Gemüse ... selbst gezogen

Nützliche Tipps und Hinweise, wie man Gemüse selbst anbaut, um absolut frische und naturbelassene Ware zu haben. Bevor Sie loslegen, versichern Sie sich, dass die erworbenen Samen und Setzlinge chemisch unbehandelt sind.

Artischocken

Bei uns gilt die Artischocke als teures Luxusgemüse, das eine aufwendige Zubereitung erfordert. In den sonnenverwöhnten südlichen Ländern hat das Distelgewächs, dessen wissenschaftlicher Name Cynara scolymus lautet, hingegen eine lange Tradition, wurde dort aber auch seines hübschen Aussehens wegen gern als Zierpflanze in Blmengärten gesetzt. Abgesehen davon, dass die Artischocke hervorragend schmeckt – man verzehrt vor allem den fleischigen Blütenboden –, verfügt sie auch über **großen gesundheitlichen Wert**. Vor allem in ihren Stielen und Blättern enthält sie den Bitterstoff Cynarin, der Blase und Nieren stärkt sowie auf Galle und Leber entgiftend wirkt.

Da die mehrjährige Staude bei günstigen klimatischen Bedingungen über 4 bis 5 Jahre guten Ertrag bringt – eine ausreichend gedüngte, reife Pflanze produziert bis zu 6 Blütenköpfe pro Saison –, lohnt sich der Anbau im eigenen Garten, vorausgesetzt, man kann ihr einen **offenen, sonnigen Standort mit fruchtbarem, gut dräniertem Boden** bieten. Da die Artischocke aber frostempfindlich ist, kann es sein, dass sie den Winter in unseren Breiten nicht übersteht. Jede Einzelpflanze braucht rund um sich 1 Meter Abstand. Man kann sie auch in einem ausreichend großen und hohen Kübel ziehen.

🌿 Böden, Aussaat, Dünger

Man vermehrt Artischocken nicht durch Samen – das würde kleine, sehr stachlige Pflänzchen ergeben –, sondern durch eine gekaufte, im April gepflanzte Jungpflanze, die man im folgenden April mit dem Spaten oder einem Messer so teilt, dass ein Stück des Wurzelstocks erhalten bleibt. Bereits im Winter arbeitet man in die Erde, in die man im Frühjahr die geteilten Pflanzen setzen will, gut verrotteten Kompost oder ein anderes organisches Substrat ein.

🌿 Ernte und Pflege

Eine Jungpflanze bringt im August oder September, eine reife Pflanze bereits im Juni oder Juli Blütenköpfe hervor. Nur die Hauptblüte am Mittelstamm und die ersten größeren Seitenknospen lässt man heranreifen, die kleineren Seitenknospen bricht man aus, damit sich die übrigen stärker entwickeln. (Entfernt man im ersten Jahr alle Knospen der Jungpflanze, wachsen im Folgejahr größere Blüten heran.) Man erntet zunächst die große Hauptblüte, bevor sie sich öffnet, die Seitenblüten etwas später. Während der Wachstumsperiode muss man die Pflanze ausreichend wässern. Im November schneidet man den Hauptstamm fast in Bodennähe ab und bedeckt die umgebende Erde mit Stroh. Damit es nicht weggeweht wird, umgibt man es mit feinem Maschendraht und bedeckt das Ganze mit Plastikfolie. Einen nicht zu harten Winter wird die Pflanze so überstehen. Im April teilt man sie wieder und setzt die abgeteilten Stecklinge in die im Winter mit Kompost vorbereitete Erde neu ein.

DIE ARTISCHOCKE IN DER KÜCHE

Nur sehr junge, kleine Artischocken von etwa 40 Gramm Gewicht mit violetten, spitzen Blättern sind so zart, dass man sie im Ganzen verzehren kann – vorzugsweise brät man sie in Öl. Von den mittelgroßen, etwa 150 Gramm schweren Artischocken kann man außer dem Blütenboden und den fleischigen unteren Teilen der Blätter auch das abgeschälte Innere der Stiele verzehren. Von den großen Artischocken (350 bis 500 Gramm Gewicht) schneidet man das Stielende ab und kürzt die Blattspitzen mit einer Schere. Die Schnittstellen mit Zitronensaft benetzen, damit sie sich nicht verfärben. Man gart diese Artischocken in reichlich gesalzenem Wasser, dem ein Schuss Essig oder Zitronensaft beigegeben ist, je nach Alter und Größe 30 bis 45 Minuten. Dazu niemals einen Aluminiumtopf verwenden, denn darin werden die Artischocken unansehnlich grau. Sie sind gar, wenn sich ein mittleres Schuppenblatt ohne Widerstand herausziehen lässt. Zum Verzehr zupft man die Blätter ringsherum ab, taucht das fleischige Ende in eine Dipsoße und nagt es ab. Den Boden befreit man von dem ungenießbaren „Heu", ehe man ihn mit Messer und Gabel verzehrt.

Auberginen

Die auch als Eierfrucht bekannte Aubergine gilt als die mediterrane Gemüsesorte, ohne die eine griechische Moussaka, eine französische Ratatouille oder eine italienische Parmigiana di melanzane undenkbar wäre. Dabei stammt die Aubergine, die man bei uns vor allem als große, keulenförmige Frucht mit dunkelvioletter, glänzender Schale kennt, ursprünglich aus Hinterindien. Die heute in der gesamten asiatischen Küche sehr beliebte Aubergine ist in ihrer noch heute in Asien allgemein verbreiteten Urform rundlich, klein und weißschalig (daher der Name Eierfrucht). Daneben gibt es runde, kleine gelb- und grünschalige und lange dünne, grüne und hellviolette Arten, welche die Länge von Schlangengurken erreichen. Sie alle haben ein weißliches, schwammiges Fruchtfleisch und sämtliche Auberginenarten sind sehr wärme- und sonnenhungrig. **Kälte, gar Frost, und Temperaturschwankungen mag die empfindliche Aubergine gar nicht**, weshalb sie nur dort im Freiland kultiviert werden kann, wo konstant Temperaturen von mindestens 22 °C herrschen. In unseren Breiten wird sie fast ausschließlich in Gewächshäusern gezogen. Trotzdem kann, wer über eine vollsonnige Terrasse mit einem gut geschützten Winkel verfügt, dort einen Versuch mit Pflanzen im Kübel wagen. Doch die Aubergine ist **ein für alle interessantes Gemüse**, auch für denjenigen, der sie nicht selbst zieht. Denn die sehr wasserreichen Früchte enthalten zwar wenig Nährstoffe (die Vitamine C, B1 und B2,

sowie die Mineralstoffe Kalzium, Kalium und Eisen sitzen fast ausschließlich in der Schale), sind aber ausgesprochen kalorienarm und sollen eine regulierende Wirkung auf die Funktion der Leber haben.

Auberginen im Garten

Wie erwähnt, ist der ideale Ort, die Aubergine (Solanum me ongena) zu kultivieren, ein sonniger, warmer Garten in (sub)tropischen Breiten. Sofern sehr günstige klimatische Bedingungen herrschen, kann man zwischen März und April säen. Für unsere Breiten empfehlenswerter ist die Aussaat in Anzuchtschalen im Kleinstgewächshaus (eine Schale mit Abdeckhaube). Wenn die Sämlinge etwa 10 Zentimeter groß sind, setzt man sie in individuelle Töpfe oder ins Freibeet um. Da die Pflanzen im Schnitt nur 80 Zentimeter groß werden, kann man sie sehr gut im Kübel auf der Terrasse ziehen. Bei Bedarf bindet man sie locker an einen unterstützenden Holzstab.

Boden und Dünger

Die Aubergine mag eine im Vorfeld gut organisch gedüngte, lockere Erde. Setzt man im Topf angezogene Pflanzen ins Freie (vorzugsweise nicht vor Ende April), sollte man zwischen den Einzelpflanzen einen Abstand von etwa 50 Zentimetern einhalten. In Terrassenkübel setzt man nur jeweils eine einzige Pflanze ein.

Bewässerung und Pflege

Bereits die Jungpflanzen sollte man großzügig gießen – dabei aber Staunässe vermeiden – und dies bis zur

Reifung der Früchte beibehalten. Sobald sich Früchte zeigen, setzt man dem Gießwasser einmal wöchentlich Flüssigdünger zu. Außerdem entfernt man nach dem Erscheinen der Früchte die oberhalb davon stehenden Blätter bis auf die ersten zwei oder drei. In der Wachstumsphase den Boden immer wieder mit der Hacke auflockern und alle welk werdenden Blätter sofort entfernen. Entwickeln sich nebeneinander zwei Blüten, entfernt man eine, damit sich aus der verbleibenden eine größere Frucht bildet. **Wie fast alle anderen Nutzpflanzen sollte man auch Auberginen nicht zweimal hintereinander in derselben Erde ziehen.**

Ernte

Die – wie Tomate und Kartoffel – zur Familie der Nachtschattengewächse gehörende Aubergine muss zur Zubereitung genau den richtigen Reifegrad haben. Ist sie nicht ganz reif, überwiegt das Solanin und die Früchte schmecken bitter. Sind sie überreif, wird das Fruchtfleisch zu weich und schwammig. Dennoch erntet man sie – je nach Aussaat, zwischen Juli und Oktober – wenige Tage vor der Vollreife, wenn die Haut glatt und glänzend und das Fruchtfleisch weiß und fest ist, indem man sie am Stiel mit einer Schere abschneidet. Vor der Zubereitung lässt man die Auberginen einige Tage bei Raumtemperatur nachreifen.

Blüten

Blumen sind quasi immer zur Hand. Sie wachsen in der freien Natur, sind im Supermarkt, auf Wochenmärkten und in Blumenläden zu haben und sie gedeihen natürlich in unseren Gärten. Ja, **man braucht nur einen Topf oder Blumenkasten sowie einen Balkon oder eine Terrasse**, um die Schönheit und den Duft ihrer Blüten zu genießen. Selbst der unbegabteste Hobbygärtner erzielt mit Blumen meist gute Erfolge. Was viele aber nicht wissen: Die Blüten zahlreicher Blumen sind essbar, vorausgesetzt, diese wurden nicht mit chemischen Mitteln behandelt – was man bei Pflanzen aus dem Handel leider nie genau wissen kann (siehe auch Seite 378–380). Im Folgenden werden Blumen aufgeführt, die sich ohne großen Aufwand im Garten, auf der Terrasse oder dem Balkon ziehen lassen.

Blütenbegonie: Die einjährige, sehr artenreiche Pflanze, braucht fruchtbare, humusreiche Böden, einen hellen, aber nicht vollsonnigen Standort und während der Blüte reichlich Wasser. Sie bringt je nach Art weiße, gelbe, orangefarbene, rosafarbene oder rote Blüten hervor, die einfach oder gefüllt sein können. Manche haben überhängende Triebe und eignen sich als Ampelpflanzen.

Chrysantheme: Die mehrjährige Pflanze braucht feuchte, dennoch gut dränierte lehmige Erde (Vorsicht vor Schimmelbildung). Der Standort sollte sonnig, windgeschützt und sicher vor Frost sein. Regelmäßig gedüngt, blüht sie von Ende August bis Oktober. Es gibt viele Arten; manche Blüten sind klein und erinnern an Margeriten, andere bilden große, gefüllte Blüten aus, die so schwer sein können, dass sie eine zusätzliche Stütze brauchen.

Dahlie: Das mehrjährige Knollengewächs verträgt keinen Frost, kann in kühleren Regionen also nicht im Freien überwintern. Kübelpflanzen überwintert man im Gewächshaus. Die Pflanze braucht einen leichten, gut dränierten Boden, einen sonnigen Standort und muss während der Blüte reichlich gegossen und einmal wöchentlich gedüngt werden. Es gibt zahlreiche Arten, sehr große und auch zwergwüchsige mit Blüten in vielen Farben. Man sät im April aus und verabreicht im Frühsommer reichlich stickstoffhaltigen Dünger.

Heidekraut: Auch unter dem Namen Erika bekannt, handelt es sich eigentlich um einen immergrünen mehrjährigen Zwergstrauch, der auf armen, sandigen Böden gedeiht und im August und September hell purpurrote, glockenförmige, in Trauben angeordnete kleine Blüten hervorbringt. In feuchter, leicht saurer Erde gedeiht die Glockenheide, die im Sommer rosarot blüht. Am kälteresistentesten ist die Schneeheide, die kalkreiche Böden liebt und bereits im Februar blüht.

Jasmin: Der immergrüne oder laubwerfende kletternde Strauch treibt von Juni bis Oktober besonders stark duftende weiße, gelbliche oder zart rosafarbene Blüten. Obwohl grundsätzlich frostempfindlich, wurden inzwischen Arten gezüchtet, die man auch in kälteren Gegenden als Kübelpflanze halten kann. Jasmin liebt einen vollsonnigen, luftigen Standort. Im Sommer mit weichem Wasser (Regenwasser) feucht halten und mäßig düngen, im Winter wenig gießen.

Kapuzinerkresse: Die kriechende oder mithilfe der Blatt- und Blütenstiele kletternde Pflanze bringt gelbe, orangefarbene und rote Blüten mit fünf Kelchblättern hervor. Man kann sie ganz leicht durch die Samen vermehren, die aus den reifen Blüten fallen. Sie mag feuchte, gut dränierte, eher arme Böden und einen sonnigen Standort.

Monarde: Die zweijährige, in unterschiedlichen Rottönen blühende Pflanze braucht einen sonnigen bis halbschattigen Standort und fruchtbare, lockere, gut dränierte Erde. Während der Vegetationsphase alle 2 bis 3 Wochen düngen. Die nach Bergamotte duftenden Blüten locken Bienen an.

Nelke: Man kennt etwa 300 Arten, darunter ein-, zwei- und mehrjährige. Alle Arten mögen neutrale, gut dränierte Erde, einen sonnigen, geschützten Standort. Im Frühjahr empfiehlt sich eine Düngung mit gut verrottetem Stallmist, später, in

BLÜTEN IN DER KÜCHE

Blüten sind wunderbar geeignet, um optische und kulinarische Akzente zu setzen. Sie werden vorzugsweise frisch verwendet. Lediglich wenn man Tee daraus zubereiten möchte, lässt man sie vorher trocknen. Will man sie zur Dekoration von Torten und Desserts nutzen, kann man sie vorher kandieren. Frisch gibt man sie an Blattsalate, Obstsalate und Süßspeisen.

der Zeit von April bis Juni, die regelmäßige Gabe eines Volldüngers wie beispielsweise Blaukorn.

Pelargonium: Volkstümlich Geranie genannt, umfassen die zu den Storchschnabelgewächsen gehörenden mehrjährigen Halbsträucher etwa 250 Arten. Sie bevorzugen mit Torf oder Lehm vermischte Erde und einen geschützten, halbschattigen Standort. Während der Blüte, die den ganzen Sommer währt, muss man sie gleichmäßig feucht halten. In kühleren Regionen überwintert man sie im Haus bei etwa 15 °C und hält sie dabei fast trocken.

Petunie: Die von Mai bis Oktober üppig blühende Petunie oder Trichterblume ist eine einjährige Pflanze, die kaum Ansprüche stellt. Sie bevorzugt leichten, gut dränierten Boden und mag viel Sonne. Im Sommer reichlich gießen und alle 2 Wochen düngen.

Pfingstrose: Die auch Bauernrose genannte kräftige Staude bringt große Blüten mit meist dunkelroten Kronblättern hervor. Die Gartenformen haben oft gefüllte Blüten. Die Staude braucht eine fruchtbare, humusreiche Erde, die im Herbst – nicht im Frühjahr – gedüngt werden sollte, sowie einen sonnigen oder halbschattigen Standort. Die Blüten gelten in der Volksheilkunde als Mittel gegen Gicht und Rheuma. Menschen mit empfindlichem Magen und Reizdarm sollten auf den Genuss der Blüten verzichten.

Ringelblume: Sie wächst auf jeder gut dränierten Erde an sonnigen Standorten, auch in Blumentöpfen, und zeichnet sich durch ihre

großen Blütenköpfe mit gelben bis orangefarbenen Zungenblüten aus, die einen angenehmen, balsamisch-harzigen Duft verströmen. Um eine Blüte im Frühjahr zu erreichen, sät man die Samen im Herbst aus. Damit die Blüte möglichst lange anhält, entfernt man welke Blüten sofort.

Rose: Rosen sind eine Welt für sich – und das nicht nur, weil es zahllose Arten dieser beliebten Sträucher gibt. Als Tiefwurzler sind sie in Pflanzgefäßen schwer zu halten, lediglich einige speziell gezüchtete Sorten eignen sich für die Haltung im Topf oder Kübel. Alle Rosen sind anfällig für Schädlinge und Krankheiten und alle brauchen fruchtbare, lehmig-sandige Böden, die

feucht, aber unbedingt gut dräniert sind, sowie einen hellen, sonnigen, luftigen Standort. Während der Blüte muss man regelmäßig gießen und bis Ende Juli alle 2 Wochen düngen. Welke Blüten sofort entfernen, damit sich keine Hagebutten bilden und die weitere Blüte angeregt wird.

Veilchen: Das Märzveilchen oder Wohlriechende Veilchen (nicht zu verwechseln mit dem Usambaraveilchen), wie es richtiger heißen müsste, ist eine kleine, nur bis zu 10 Zentimeter groß werdende, zart duftende Blumen mit violetten Blüten. Die Pflanze liebt feuchte, aber gut dränierte Böden und Sonne oder Halbschatten.

Fenchel

Der vor allem im Mittelmeerraum wild wachsende Fenchel ist eine zwei- oder mehrjährige, zu den Doldenblütlern gehörende Staude. Der zu kulinarischen Zwecken kultivierte Fenchel ist dagegen einjährig. Wie der wilde bevorzugt auch der kultivierte Fenchel einen sonnigen Standort und gut dränierte, an organischen Substanzen reiche Erde. Beide sind grundsätzlich in allen Teilen essbar, doch zieht man den kultivierten Fenchel vor allem seiner „Knollen" wegen, die aber nichts anderes sind als die fleischig verdickten Blattansätze, die je nach Sorte unterschiedliche Formen haben können. Manche Knollen sind eher schmal und länglich, andere gedrungen und rundlich. Zwischen den röhrenförmigen Blattstielen treibt ein zartes, dem Dill in Aussehen und Geschmack ähnliches Kraut aus, das man wie Dill zum Würzen verwenden kann. Während der als Gewürzpflanze gezogene Fenchel sehr wenig Ansprüche stellt – er gedeiht auch auf festerem, lehmigerem Boden und nimmt auch ein kühleres, raueres Klima nicht übel –, erfordert der Gemüsefenchel mehr Aufmerksamkeit.

❦ Böden, Aussaat, Dünger

Der Gemüsefenchel ist eine sehr anspruchsvolle Pflanze. Er braucht einen tiefgründig gelockerten, leichten, gut dränierten Boden, in den im Winter vor der Aussaat sehr gut verrotteter Stallmist oder Kompost eingearbeitet wurde. Denn die Pflanze hat einen hohen Bedarf an Nährstoffen und verlangt vor allem nach Stickstoff und Kalium. Kurz bevor man im April die Samen aussäht, arbeitet man mit dem Rechen einen organischen Volldünger (etwa 60 Gramm auf den Quadratmeter) in die Erde ein. Da die Pflanze sich auch auf kleinem Raum entwickelt, kann man – weniger des kulinarischen als vielmehr des ästhetischen Genusses wegen – eine einzelne Staude im Kübel auf der Terrasse oder dem Balkon ziehen. Auch hier muss man für die entsprechend nährstoffreiche Erde sorgen und die Pflanze regelmäßig gießen sowie gelegentlich düngen.

Für den Anbau im Garten sollte man bedenken, dass man niemals zweimal hintereinander Fenchel an derselben Stelle anbauen sollte.

In sehr günstigen Klimazonen kann man die Aussaat zwischen Januar und März vornehmen, in weniger günstigem Klima wartet man bis April. Die Samen werden nicht zu dicht nebeneinander etwa 1 Zentimeter tief in die Erde eingebracht. Legt man mehrere Reihen an, sollte zwischen diesen ein Abstand von 20 bis 25 Zentimetern liegen. Nach etwa 8 bis 25 Tagen zeigen sich die Keimlinge. Wenn sie etwa 5 Zentimeter hoch gewachsen sind, dünnt man sie vorsichtig so aus, dass zwischen den Einzelpflanzen ein Abstand von rund 30 Zentimetern bleibt. Bis zur Erntereife dauert es etwa 100 Tage.

❦ Bewässerung, Pflege, Ernte

Von der Aussaat bis zur Ernte müssen die Fenchelpflanzen gut und regelmäßig gewässert werden.

Insgesamt erfordern die Pflanzen große Aufmerksamkeit. Nicht nur muss man die Jungpflänzchen, wie erwähnt, ausdünnen, man muss auch darauf achten, dass die Pflanze nicht zur Blüte kommt – das würde den Geschmack der Knollen beeinträchtigen. Zur Verhinderung der Blüte düngt man reichlich und lockert den Boden immer wieder mit der Hacke. Damit die Knollen hell und zart bleiben, häufelt man, sobald die Blattansätze fleischig werden, die Erde rund um die Pflanze zu einem Wall auf. Der Mittelteil sollte aber ungehindert wachsen können. Der junge Fenchel ist bei Schnecken und Maulwurfsgrillen sehr beliebt. Man bekämpft sie mit Giftködern, die der Pflanze nicht schaden. Im April gesäte Pflanzen sollten im Spätsommer oder Frühherbst geerntet werden, da der Geschmack sonst zu intensiv wird und der Stängel holzig.

❦ Fenchelsamen

Die Samen des wilden Fenchels, die im Geschmack an Anis erinnern, eignen sich nicht nur zum Würzen, sie sind auch, als Tee aufgegossen, ein Hausmitttel gegen Husten, Verdauungsbeschwerden und Blähungen bei Kleinkindern. Kosmetisch kann man den Aufguss als Gesichtswasser und Augenkompresse nutzen.

Karotten

Wer würde beim Stichwort Karotte nicht an Bugs Bunny denken, der ständig an einer Möhre knabbert? Dass Kaninchen dieses Wurzelgemüse mögen, das auch unter den Namen Mohrrübe, Möhre, gelbe Rübe, Rübli oder schlicht Wurzeln bekannt ist, deutet darauf hin, dass es auch wild ohne besonderen Aufwand gut gedeiht. Wie bei vielen anderen kultivierten Gemüsearten hat man auch von diesem Wurzelgemüse unterschiedlichste Sorten gezüchtet. Je nach Erntezeit unterscheidet man Früh-, Sommer- und Herbstmöhren, außerdem Spät- und Dauermöhren. Letztere sind meist sehr dick und haben einen relativ harten, deutlich helleren mittleren „Strunk", den man vor dem Verzehr wegschneidet. Feiner sind die saftigen, eher süßen Frühkarotten. Die Karotte ist ein gesundes Gemüse, das seines Carotingehalts wegen auch kosmetische Verwendung findet und sich ebenso für kreative Dekorationen eignet, da man Blüten und andere Formen daraus schnitzen kann.

Karotten im Garten

Das botanisch Daucus carota genannte Wurzelgemüse ist ein zweijähriges Doldengewächs. Im ersten Jahr wächst die für den menschlichen Genuss geeignete Wurzel heran, erst im zweiten Jahr entwickelt die Pflanze Blüten und damit die für die neue Aussaat benötigten Samen, die man als privater Kleingärtner aber besser im Samenhandel erwirbt.

Die Karotte bevorzugt tiefgründigen, gut dränierten, lockeren, etwas sandigen und humusreichen Boden sowie einen hellen, sonnigen Standort. Besonders für Frühmöhren ist Sonne wichtig. Die nur kleine, nicht länger als 15 Zentimeter werdende dickliche oder noch kleinere runde Wurzeln produzierenden Sorten kann man in entsprechend großen Terrassenkästen oder Kübeln ziehen. Lange Wurzeln bildende Sorten muss man im Freibeet anbauen.

Böden, Aussaat, Dünger

Wie schon gesagt, ist ein nicht zu schwerer, tiefgründiger, leicht sandiger Boden vorteilhaft. Notfalls muss man der Erde etwas Sand untermischen. Auch sollte der Boden humusreich und gut organisch gedüngt sein. Allerdings ist frischer Stallmist unbedingt zu meiden, weil er den Befall durch die Larven der Möhrenfliege begünstigt. **Man wählt deswegen ein Beet, das im Vorjahr gut gedüngt wurde.** Auch sollte das Beet vor dem Säen gründlich von Unkraut befreit werden.

Um im September ernten zu können, sät man die kleinen Samen im März oder April in Reihen, die einen Abstand von 15 bis 25 Zentimetern voneinander haben sollten. Für die Ernte im Herbst sät man im Mai und Juni und für die Ernte am Winterende im August. Die Saattiefe sollte ungefähr 2 Zentimeter betragen. Nach der Keimung vereinzelt man Frühmöhren auf einen Abstand von 2 Zentimetern in der Reihe, die größeren Spätmöhren auf 3 Zentimeter.

Bewässerung und Pflege

Sobald sich nach 10 bis 20 Tagen die ersten Blättchen zeigen und man vereinzelt hat, muss man reichlich wässern. Danach reicht eine mäßige, aber sehr regelmäßige Bewässerung. Um einen Befall durch die Möhrenfliege zu verhindern, kann man die Pflanzen mit einem Netz abdecken. Empfehlenswerter ist der Anbau in Mischkulturen, bei denen man die Karotten zwischen Zwiebeln, Sellerie, Buschbohnen oder Erbsen anbaut.

Ernte und Lagerung

Die zarten frühen Sorten, die man sofort konsumiert, kann man nach 4 Monaten ernten, die späteren brauchen etwa 6 Monate bis zur Ernte. In jedem Fall erfolgt die Ernte, bevor sich Blüten entwickeln. Die lagerungsfähigen dicken Spätmöhren steckt man in Holzkästen mit ganz leicht angefeuchteter sandiger oder torfmullhaltiger Erde, nachdem man das Grün bis auf 1 Zentimeter gekürzt hat. Die Kästen bewahrt man an einem luftigen, trockenen, frostfreien Ort auf.

Kartoffeln

Bei vielen europäischen Völkern stellt die Kartoffel heute eines der Grundnahrungsmittel dar. Dabei wurde sie erst im 16. Jahrhundert aus ihrer Heimat Südamerika in Europa eingeführt und erst weitere 200 Jahre später als wichtiger Nahrungslieferant erkannt und genutzt. Heute unterscheidet man eine Vielzahl an Sorten, die man in drei große Grundkategorien einteilt: festkochende Kartoffeln (geeignet für Salate, Pell- und Bratkartoffeln), vorwiegend festkochende (geeignet für Salz- und Pellkartoffeln, Aufläufe, Gratins und Pommes frites) und mehligkochende (geeignet für Püree, Klöße, Gnocchi, Reibekuchen, Eintöpfe). Daneben gibt es selten angebotene Spezialsorten wie die rotschalige Roseval, die ein rosagelbes Fruchtfleisch hat, und die exotische Violette noir mit dunkelviolettem Fruchtfleisch. Außerdem ist zu unterscheiden zwischen frühen Sorten, die zumeist auch festkochend und nur schlecht lagerfähig sind, mittelfrühen sowie den meist mehligen späten Sorten, die sich am besten lagern lassen. Dies gilt es zu bedenken – und auch, dass Kartoffeln viel Raum brauchen. Ferner sollte man in dem Beet, in dem man Kartoffeln gezogen hat, möglichst 4 Jahre lang nicht erneut Kartoffeln anbauen.

☙ Kartoffeln im Garten
Je nach Sorte dauert der Zyklus von der Aussaat bis zur Ernte 80 bis 150 Tage. Die Kartoffel ist ein Nachtschattengewächs und braucht wenig Aufwand, allerdings ist das aufsprießende Grün beliebt bei vielen Schädlingen, allen voran dem Kartoffelkäfer, der schon als Larve, aber auch als ausgewachsener Käfer die Blätter frisst. Zudem kann die Knolle von allerlei Krankheiten befallen werden, wie der Kraut- und Knollenfäule. Da aber jede Kartoffel, wenn sie nicht korrekt gelagert wird, aus den sogenannten Augen zu keimen beginnt, kann man mit jeder beliebigen Kartoffel, die man im Haus hat, einen Versuch starten.

☙ Boden und Dünger
Die Erde sollte locker und gut organisch vorgedüngt sein; am besten arbeitet man im Herbst oder Winter vor der Aussaat gut verrotteten Mist oder Kompost in die Erde ein. Hat man im Januar Saatkartoffeln für eine frühe Sorte erworben, lässt man sie zunächst an einem kühlen, gut belüfteten Ort keimen und pflanzt sie im März oder Anfang April 10 Zentimeter tief und in einem Abstand von etwa 30 Zentimetern in die Erde. Setzt man mehrere Reihen, sollte zwischen diesen ein Abstand von 50 Zentimetern eingehalten werden. **Am wichtigsten ist dann die Anhäufelung**, das heißt, mit der Hacke wird um die Schösslinge ein Erdwall aufgehäufelt (circa 15 Zentimeter hoch), der ihnen Schutz, Halt und Feuchtigkeit gibt.

☙ Bewässerung, Pflege, Ernte
In der Frühphase des Wachstums brauchen die Pflanzen nur wenig Wasser, auch später sollte man sie nur sparsam, aber regelmäßig wässern. Während sich oben das Grün

KARTOFFELN IM WOHNZIMMER

Viele haben während ihrer Schulzeit im Biologieunterricht mit Kartoffeln (Solanum tuberosum) experimentiert. Warum also nicht auch als Erwachsener Versuche mit der Knolle anstellen?

Die Blätter, die mindestens zwei bis drei Monate lang üppig sprossen, können es an Schönheit mit jeder anderen Zimmerpflanze aufnehmen, und wenn man Glück hat, kommt die Pflanze sogar zur Blüte. Die Blätter beginnen erst zu welken, wenn neue Knollen an den Wurzeln reifen.

Es geht ganz einfach: Man nimmt eine kleine Süßkartoffel (Ipomaea batatas, auch Batate genannt) und steckt sie in ein bis zum Rand gefülltes Glas Wasser. Dabei hält man sie durch zwei hineingebohrte Holzstäbchen so, dass sie weder am Glasboden noch am Rand anstößt. Das Glas stellt man an einen hellen Platz. Im Laufe eines Monats bilden sich unten Wurzeln und oben ein herrlicher Bund üppiger grüner Blätter.

entwickelt, bilden sich unterirdisch die Wurzelknollen. Wenn das Grün vergilbt und zu welken beginnt, sind die Knollen reif, was nach 12 bis 14 Wochen der Fall sein sollte.

Kohlgemüse

Der Kohl gehört zur botanischen Familie der Kreuzblütler und umfasst eine große Bandbreite von Arten, von denen man entweder die Blätter genießt (wie etwa von Wirsing, Weiß- und Rotkohl), die Blütenstände (wie bei Blumenkohl, Brokkoli und Romanesco), die Sprossen (Rosenkohl) oder den zur Knolle verdickten untersten Teil des Stängels (Kohlrabi). Einige Kohlsorten sind typische Wintergemüse (Rosen- und Grünkohl), andere sind im Sommer und Frühherbst erntereif, während wieder andere sowohl im Frühjahr wie im Winter reifende Sorten hervorbringen. Einerseits anspruchslos, was Boden und Klima angeht, sind die Kohlgemüse andererseits von zahlreichen Krankheiten und Schädlingen bedroht. Gefürchtet ist vor allem die Made der Kohlfliege, eine winziger weißer Schmetterling. Um die Pflanzen vor ihr zu schützen, deckt man sie am besten mit feinmaschigen Netzen ab, die freilich an den Beeträndern sorgfältig abgedichtet sein müssen, damit die Kohlfliegen nicht von der Seite her hineinkommen und ihre Eier auf den Pflanzen ablegen können. Kohl lässt sich leicht anbauen. Wer keinen Garten hat, kann es mit einer Rosenkohlpflanze im Terrassenkübel versuchen. Schon ein etwa 30 Zentimeter hoher, großer Blumentopf genügt. Eine relativ neue, sehr schmackhafte Sorte ist der Chinakohl, dessen Blätter eher an Salat erinnern, der aber im Anbau etwas anspruchsvoller ist.

Böden, Aussaat, Dünger

Grundsätzlich sind alle Böden für Kohlgemüse geeignet, am besten gedeiht er aber in mittelschwerem, humusreichem Lehmboden, der neutral bis schwach sauer ist. Er muss tiefgründig gelockert werden und sollte nicht mehrfach hintereinander mit Kohl bepflanzt werden. Die Aussaat kann ab Mitte April (Mindesttemperatur 10 °C) bis zum September erfolgen, entsprechend liegen dann auch die Erntezeiten. Die Samen werden in einem Abstand von etwa 60 Zentimetern 0,5 bis 1 Zentimeter tief in die vorab gedüngte Erde gegeben.

Bewässerung und Pflege

Alle Kohlsorten gedeihen am besten in niederschlagsreichen Gegenden. Wo es an Regen mangelt, müssen die Pflanzen bis zur Ernte ausreichend und regelmäßig gewässert werden. Besonders Kohlrabi braucht diese regelmäßige, großzügige Bewässerung, damit die Knollen nicht holzig werden. Auch bei Blumenkohl muss man auf ausreichende Feuchtigkeit achten. Zusätzlich muss man die weiße Blume bei starker Sonneneinstrahlung mit den eigenen Blättern bedecken, damit sie sich nicht gelb oder gar braun färbt. Rosenkohl sollte spätestens im Juni auf nährstoffreichem Gartenboden gepflanzt werden, damit sich genügend Röschen bilden; eventuell die Triebspitzen zwischen Ende September und Anfang Oktober ausbrechen.

Ernte

Je nach Art und Sorte erntet man den Kohl zwischen April und Juni oder von September bis Dezember. Die Köpfe, wie die von Wirsing und Weißkohl, schneidet man – wie den Blumenkohl – am Fuß der Pflanze ab. (Blumenkohl rechtzeitig ernten, ehe die Blume schießt.). Nach der Ernte gräbt man die Wurzelstümpfe aus und verbrennt sie, denn auf dem Kompost verrotten sie nur extrem langsam. Kohlrabi zieht man aus der Erde, wenn die Knolle etwa tennisball- bis faustgroß ist. Die zarteren der grünen Blätter des Kohlrabi kann man wie Spinat zubereiten. Die Röschen des Rosenkohls pflückt man am besten nach dem ersten Frost, wobei man bei den untersten beginnt. Auch die großen Blätter des Kopfs können als Gemüse verzehrt werden. Wenn man den Kopf entfernt, regt das die obersten Röschen zu erneutem Wachstum an.

Kopfsalate

Das Angebot an Kopfsalaten ist sehr groß und reicht vom altbekannten grünen Kopfsalat über Batavia und Eichblatt, Lollo Biondo und Lollo Rosso, Endivie und Eisberg bis zum eher länglichen Römischen Salat und zum Pflücksalat, der so locker wächst, dass er gar keinen „Kopf" mehr bildet. Die meisten Salate werden roh mit einer beliebigen Salatsoße verzehrt, wobei man heute eine **Tendenz zum „bunten Salat"** beobachtet, der eine Mischung aus verschiedenen Salatsorten darstellt, oft noch angereichert durch geraspeltes Gemüse, das man ebenfalls roh verzehren kann.

Man unterscheidet zwei Gruppen der Kopfsalate: Die milden, mehr oder weniger festen Kopfsalate und die leicht bitteren, mit der Zichorie verwandten Endivien, zu denen auch der Eskariol gehört. Die Endivien sind weniger frostempfindlich als die Kopfsalate (mit Ausnahme des Eskariol, der ebenfalls keinen Frost verträgt), doch lassen sich prinzipiell alle Kopfsalate ohne großen Aufwand im eigenen Garten anbauen. Es genügt ein lockerer, fruchtbarer, gut dränierter Boden sowie eine ausreichende Bewässerung. Lediglich auf Schnecken, denen Salat als Lieblingsspeise dient, muss man ein Auge haben.

Salate im eigenen Garten

Da Salat für sich leicht ein wenig fad schmecken kann, hat man ihn von jeher gern mit Radieschen, Tomaten, Staudensellerie und anderem Gemüse gemischt. Wer also Salat selbst anbauen möchte, sollte auch gleich ein Plätzchen für das eine der andere Gemüse freihalten oder den Salat zwischen anderes Gemüse wie etwa Tomaten pflanzen. Zieht man den Salat aber auf der Terrasse oder im Balkonkasten, sollte man sich auf je eine Sorte beschränken. In jedem Fall muss man **für eine sehr regelmäßige Bewässerung sorgen.** Ungleichmäßige Bewässerung führt zu Blattfäule, vorzeitiger Blüte und, vor allem bei Endivien, zu ungenießbar bitteren Blättern.

Böden, Aussaat, Dünger

Sowohl Kopfsalate als auch Endivien mögen leichte, fruchtbare, im Vorfeld organisch gedüngte Böden und einen sonnigen Standort. Kopfsalat sät man von März bis August aus, Endivie von April bis September. Bei beiden hält man zwischen den Saatreihen einen Abstand von 40 Zentimetern ein und gibt die Samen nur 0,5 Zentimeter tief in den Boden. Keimen die Salatpflänzchen zu dicht, dünnt man sie aus, sobald sie vier bis fünf Blätter haben. Je nach der zu erwartenden Größe der Köpfe sollte der Abstand 15 bis 25 Zentimeter betragen. Die vorsichtig aus der Erde genommenen Pflänzchen kann man an anderer Stelle, etwa zwischen Radieschen, Karotten oder Zwiebeln, neu einsetzen. Lebt man in einer klimatisch nicht sehr günstigen Region, sät man erst aus, wenn nicht mehr mit Nachtfrösten zu rechnen ist, oder man zieht die Pflänzchen im Gewächshaus an und setzt sie erst später ins Freibeet um.

Bewässerung und Pflege

Wie erwähnt, ist für alle Salate eine sehr regelmäßige, aber nur leichte Bewässerung nötig, vor allem im Sommer. Ein Zuviel an Wasser verübeln die Pflanzen ebenso wie ein Zuwenig, zumal die Jungpflanzen. **Ansonsten braucht Salat wenig Pflege.** Sich ansiedelndes Unkraut sollte man auszupfen. Stellen sich Schnecken ein, sammelt man sie sofort von Hand ab. Ehe man zu Schneckengift greift, sollte man folgendes Hausmittel ausprobieren: Flache Schalen mit Bier neben den Pflanzen aufstellen.

Ernte

Je nach Aussaat erntet man die Köpfe, sobald sie groß genug geworden sind und **feste Herzen gebildet haben,** was im Durchschnitt etwa 30 Tage dauert. Man schneidet die Köpfe mit einem scharfen Messer direkt über dem Boden ab oder hebt sie samt der Wurzel aus der Erde. Lässt man die untersten Blätter samt der Wurzel stehen, treiben einige Salate erneut aus.

Kürbis

Die **Zahl der Kürbissorten ist un-überschaubar groß**, manche Arten, die kleine Früchte hervorbringen, werden sogar **regelrecht als Zier-kürbisse** angebaut, **deren Früchte für den Verzehr ungeeignet sind, aber sehr dekorativ aussehen**. Wer Samen kauft, muss darauf achten, dass er nicht, vom hübschen Bild auf dem Samentütchen verlockt, Zierkürbissamen erwirbt, wenn er Kürbis für den Verzehr anbauen möchte. Neben diesen Winzlingen gibt es riesige Speisekürbisse, die bis zu 50 Kilo und mehr wiegen kön-nen (und entsprechend viel Raum im Garten beanspruchen), sowie Sorten, die mittelgroße schmack-hafte Früchte hervorbringen. In Süd-amerika wurden Kürbisse schon vor mehreren Tausend Jahren kul-tiviert, doch die Urheimat der Pflan-ze ist Afrika, wo die harten Schalen der Flaschenkürbisse (Kalebassen) noch heute als Behälter und Schüs-seln dienen, aber auch als Reso-nanzkörper für Musikinstrumente und Rasseln. Mittelgroße Kürbisse können ausgehöhlt als Servierge-schirr dienen, etwa um einen mit dem Kürbisfleisch zubereiteten Ri-sotto oder eine Kürbissuppe darin zu servieren.

Kürbis im Garten

Kürbisse sind einjährige Pflanzen, die je nach Art in 95 bis 150 Tagen erntereif werden. Kürbisse sind am Boden kriechende Gewächse, die sich mehrere Meter weit ausbreiten, wenn man ihnen keine Rankhilfe – beispielsweise ein Metallgitter – zur Verfügung stellt. Auch größere Früchte reifen an den kräftigen Stän-geln heran, sehr große Früchte muss man eventuell durch Netze stützen. **Jede Pflanze kann drei bis vier Früchte erbringen**.

Böden, Aussaat, Dünger

Die Pflanzen brauchen auf jeden Fall viel Sonne und sehr nährstoff-reiche Böden. Direkt auf dem Kom-posthaufen gedeihen sie am bes-ten. In die Erde des Beetes sollte also bis zu 40 Zentimeter Tiefe viel organischer Dünger (Stallmist oder Kompost) eingearbeitet sein. In kli-matisch bevorzugten Regionen sät man die Samen zwischen März und Mai direkt ins Freibeet. Sonst sät man sie unter Glas und setzt die Jungpflänzchen erst nach dem letzten Frost ins Freie, denn Frost verträgt keine Kürbisart. Zwischen den einzelnen Pflanzen muss man einen Abstand von gut 2 Metern las-sen, in großen Töpfen oder Kübeln zieht man Einzelpflanzen, die nicht zu große Früchte ausbilden. Das heißt, man sät zwar mehrere Sa-men, entfernt aber überschüssige Sämlinge, sollten alle keimen. Für welche der zahllosen Kürbissor-ten man sich entscheidet, hängt davon ab, wie man sie später zu-bereiten will. Manche, etwa der orangeschalige Hokkaido, haben schmackhaftes Fruchtfleisch, das auch nach dem Garen die Form hält, während andere ein weniger intensives Fruchtfleisch haben, das beim Garen unweigerlich zu Mus zerfällt, sich also nur für Sup-pen, Füllungen und Pürees eignet.

Bewässerung, Pflege, Ernte

Kürbispflanzen benötigen, zumal in trockenen Sommern, viel Was-ser. Haben sich 5 bis 6 Blätter ent-wickelt, bricht man die Spitze der Pflanze aus, damit sich die Frucht tragenden Seitentriebe entwickeln. Die im Spätsommer bis Herbst ge-ernteten Kürbisse lässt man noch 1 bis 2 Wochen in der Sonne liegen, die Schale härtet dann nach und die Früchte können an einem küh-len, gut belüfteten Ort aufbewahrt werden. Im Folgejahr nicht erneut Kürbis im selben Beet ziehen.

Paprikaschoten

Man unterscheidet zwischen dem milden Gemüsepaprika und dem pikanten bis höllisch scharfen Gewürzpaprika (auch Chili oder Peperoni genannt). Beim Gemüsepaprika unterscheidet man wiederum verschiedene Formen und Sorten, unter anderem gibt es flachrunde, kugelige, walzen- bis kegelförmige und stumpf oder spitz auslaufende Arten. Alle sind zunächst grün und in diesem grundsätzlich noch unreifen Stadium bereits verzehrbar. Bei weiterer Reife werden sie dann entweder rot, gelb oder orange, ja es gibt inzwischen sogar eine Züchtung, die schwarzviolette Früchte hervorbringt (diese verlieren aber die Farbe beim Erhitzen). Eine besonders zarte unter den spitzen Sorten wird hellgelb.

Alle Paprikasorten mögen ein warmes Klima, wobei die scharfen Sorten außerdem regenarme Gebiete bevorzugen. **Paprika enthält viel Vitamin C, A und B.** Wie die Kartoffel und die Tomate ist auch der Paprika (Capsicum annuum) ein Nachtschattengewächs, der gern in der Nähe von Kreuzblütlern (alle Kohlsorten) und von Petersilie wächst.

Die aus Mittelamerika stammende Pflanze wurde, als sie nach Entdeckung der neuen Welt nach Europa kam, hier zunächst der schönen weißen Blüten wegen als Zierstrauch gepflanzt. Erst später erkannte man, wie wohlschmeckend und vielseitig verwendbar die Früchte sein können, und **baut sie seither als Nahrungs- und Gewürzpflanze an, die auch noch hübsch anzusehen ist.** Man kann die Pflanzen selbst im kleinsten Beet im Freien oder auf einem großen Balkon oder der Terrasse im Kübel ziehen. Im Freiland sollte man darauf achten, dass man sie nicht zweimal hintereinander im selben Beet anpflanzt und auch kein anderes Nachtschattengewächs in einem Beet anbaut, in dem man zuvor Paprika gezogen hat.

Böden, Aussaat, Dünger

Die Paprikapflanze braucht, ob im Beet oder Kübel gezogen, fruchtbare, gut dränierte Erde und viel Sonne. Zieht man sie im Freien, arbeitet man im Vorfeld gut verrotteten Stallmist oder Kompost in die Erde ein und sorgt für einen hohen Gehalt an Stickstoff, Phosphor und Kalium. Der Samen ist sehr empfindlich, weshalb man ihn im März 1 bis 2 Zentimeter tief in Anzuchttöpfe gibt, die man im Gewächshaus hält. Nach etwa 2 Monaten, wenn die Pflanzen 5 bis 6 Blätter haben, kann man sie ins Freie umsetzen, wobei man zwischen den Einzelpflanzen einen Abstand von etwa 45 Zentimetern lässt. Falls nötig, bindet man die Pflanzen schon jetzt zum Halt an Stöcke. Sobald sich Früchte bilden, setzt man dem Gießwasser alle 10 Tage Flüssigdünger zu.

Bewässerung, Pflege, Ernte

Der Paprika braucht während seines gesamten Wachstums eine nur mäßige, aber sehr regelmäßige Bewässerung. Im Kübel auf der Terrasse oder dem Balkon gehaltene Pflanzen gießt man am besten täglich ein wenig und achtet darauf, dass sich keine Staunässe bildet. Spätestens wenn sich aus den Blüten die ersten Früchte entwickeln, sollte man der Pflanze eine Stütze in Form eines in die Erde gesteckten Holzstabs geben, damit die schwerer werdenden Früchte den Stamm nicht knicken. Haben sich pro Pflanze etwa 3 bis 4 Früchte gebildet, knipst man die restlichen Blüten ab, damit die vorhandenen Früchte sich besser entwickeln.

Gegen Mitte Juli kann man bereits ernten. Grüne Paprika sind noch unreife Früchte, die aber bereits verzehrt werden können. Je nach Sorte sind die reifen Früchte rot oder gelb. Man schneidet die Früchte mit einer Gartenschere am Stiel ab.

Pilze

Der Gedanke an Pilze verknüpft sich unweigerlich mit dem spätsommerlich-herbstlichen Wald. Tatsächlich gedeihen die schmackhaftesten Pilze, darunter **der beliebte Steinpilz** (Boletus edulis), der **Pfifferling** (Cantharellus cibarius) und natürlich auch der **Trüffel** (Tuber), nur in freier Natur – sie lassen sich, allen Versuchen zum Trotz, nicht kultivieren. Die besonders schmackhaften unter den nicht kultivierbaren Pilzen werden aber häufig getrocknet angeboten, vor allem Steinpilze, Pfifferlinge und Morcheln. Einige Arten bekommt man auch als Tiefkühlware.

Kultivierbare Pilze

Nur wenige Pilze, die deswegen auch ganzjährig im Angebot der Geschäfte sind, lassen sich kultivieren. Unter ihnen findet sich vor allem der **Champignon** (Agaricus bisporus), der oberirdisch auf einem speziellen Substrat gedeiht, und der **Austernpilz** oder Austernseitling (Pleurotus ostreatus), der an stehenden Stämmen und Stümpfen verschiedener Laubhölzer wächst und auf gepressten Stroh- und Holzmatten gezogen wird. Ebenfalls an Baumstämmen wächst der aus China und Japan kommende **Shiitake** (Lentinus edodes) sowie das kleine **Stockschwämmchen** (Kuehneromyces mutabilis), ein Baumparasit, der sowohl mit Laub- als auch mit Nadelhölzern vorliebnimmt. Diese Pilze selbst zu kultivieren ist freilich nicht einfach. Und der einzige, der sich dafür überhaupt eignet, ist der Champignon.

Champignons selbst ziehen

Da die Wildform des Champignons, der Wiesenchampignon (Agaricus campestris), am besten auf Wiesen gedeiht, auf denen Pferde geweidet haben, liegt der Gedanke nahe, dass Pferdemist das ideale Substrat für ihn ist. **Dieses Substrat ist die unerlässliche Grundlage für die Kultivierung**, doch auf einem frischen Pferdeapfel wird der Pilz nicht wachsen, man muss den Pferdemist mit Getreidestroh, Holzspänen und anderen Materialien vermengen und verrotten lassen (wobei sich unerwünschte Mikroorganismen bilden können, welche die spätere Anzucht der Champignons verhindern). Kurz, das Substrat selbst herzustellen ist schwierig und gelingt fast nie. Man kann es aber fertig von Züchtern oder im Gartenfachhandel kaufen. Man streut dieses Substrat in Holzkisten und setzt dann einen Sporen (die „Samen" der Champignons) enthaltenden Pilz hinein. Aus ihm entwickeln sich, wenn Temperatur, Luftfeuchtigkeit, Lichtverhältnisse und weitere Komponenten stimmen, die Pilze. Am einfachsten und erfolgversprechendsten ist es, Kisten zu erwerben, die bereits mit Substrat gefüllt und mit den Pilzsporen „geimpft" sind. Wenn man diesen Kisten eine abgedunkelte Umgebung mit gleichbleibend hoher Luftfeuchtigkeit und einer Temperatur von etwa 25 °C bieten kann – und den schimmelig muffigen Geruch nicht scheut, den sie verströmen –, kann man hoffen, mit der eigenen Pilzzucht erfolgreich zu sein.

Ernte

Nach etwa 36 Tagen sprießen die ersten Pilze, die man ernten kann, indem man sie am Fuß mit einem Messer abschneidet. Allerdings wachsen die Pilze nicht gleichmäßig. Sie haben die Tendenz, plötzlich in größeren Mengen zu sprießen und dann wieder Ruhepausen einzulegen.

Bei den im Handel unter dem Namen Egerlinge angebotenen Champignons, deren Merkmal die hellbraunen Kappen sind, handelt es sich lediglich um eine Variante des weißen Zuchtchampignons, nicht um eine eigene Art. Junge Champignons kann man roh verzehren, ältere, sehr große Exemplare sollte man, wie alle anderen Pilze, braten, schmoren oder kochen.

Radicchio

Der violett-rote Radicchio mit seinen weißen Blattadern ist ebenso wie der eng mit ihm verwandte Chicorée eine Zichorienart. Sowohl Radicchio als auch Chicorée können roh als Salat oder gegart als Gemüse auf den Tisch kommen. Cichorium intybus, die wilde Zichorie oder Gewöhnliche Wegwarte, die an Wegrändern, Bahndämmen und auf Unkrautfluren gedeiht und dort durch ihre hübschen hellblauen Blüten auffällt, ist die Stammpflanze, die **im Laufe der Zeit durch Züchtung zur Nutzpflanze** wurde. Aus der getrockneten, gerösteten fleischigen Pfahlwurzel der Zichorie kann man einen Kaffeeersatz herstellen, wie man schon im 18. Jahrhundert wusste.

🌱 Radicchio im Garten

Während Chicorée in zwei Schritten kultiviert werden muss – zuerst zieht man die fleischigen Wurzeln, die man dann in ein Gefäß mit lockerer, sandiger Erde setzt, damit sich auf ihnen die Blattschöpfe des Chicorée bilden –, kann man den Radicchio ab Juni aussähen und noch im selben Jahr im Herbst und Winter die Köpfe ernten. Statt Samen auszusäen kann man bereits entwickelte Jungpflanzen kaufen und im Abstand von 25 bis 30 Zentimetern in die Erde setzen.
Es gibt aber auch Radicchioarten, die überwintern und erst im Frühjahr ihre Blattrosetten ausbilden.

🌱 Böden, Aussaat, Dünger

Da Radicchio eine lange Pfahlwurzel besitzt, braucht er eine bis in die Tiefe gelockerte, gut gedüngte Erde, die vorzugsweise alkalisch sein sollte. Ist der Boden eher sauer, kann man das durch Einbringen von Kalk (zerkleinerte Eierschalen, Holzasche) regulieren. **Die sehr robuste Pflanze verträgt sowohl Hitze als auch Kälte und sogar kurzfristig Frost.** Setzt man schon angezogene Jungpflanzen ins Freibeet, düngt man nur leicht, um die Ausbildung größerer Blattschöpfe anzuregen. Alle Radicchioarten haben zunächst grüne Blätter, die sich erst im Zuge der Reife im Spätherbst oder vor dem ersten Frost violett-rot färben.

🌱 Bewässerung, Pflege, Ernte

Die ausgesäten Samen und die Jungpflanzen müssen reichlich und möglichst regelmäßig gewässert werden, wobei man darauf achten sollte, dass nur die Erde, nicht die Pflanzen selbst, Wasser abbekommen, damit die Blätter feste Köpfe bilden. Während des Sommers muss man die Erde der Beete lockern und das Unkraut jäten, das den Radicchiopflanzen die Nährstoffe entzieht.
Hat man sich für eine überwinternde Sorte entschieden, schneidet man die Blätter im November oder Dezember ab und belässt die Wurzel in der Erde. Erst im kommenden Frühjahr bilden sich dann die violetten Blattrosetten.
Geerntet wir der Radicchio 8 bis 10 Wochen nach der Aussaat. Frühe Sorten können von September bis November geschnitten werden, späte Sorten im Frühjahr.

🌱 Anbau von Chicorée

Etwas anders geht man vor, wenn man Chicorée ziehen möchte. Man sät Mitte Mai Samen der Salatzichorie ins Freibeet. Wenn die Keimlinge erste Blätter bekommen haben, dünnt man sie so aus, dass die Pflänzchen etwa 25 Zentimeter Abstand zueinander haben. Man bewässert gut und regelmäßig und jätet das Unkraut. Wenn im Oktober oder November die Blätter welken, hebt man die Wurzeln mit der Gabel aus der Erde und schneidet die Blätter bis auf 2,5 Zentimeter ab. Dann setzt man die Wurzeln aufrecht in große Plastikeimer, Töpfe oder Holzkisten voll sandiger, lockerer Erde und gießt kräftig an (danach nicht mehr gießen). Anschließend bedeckt man die Wurzeln vollständig mit Erde und bringt das Gefäß in einen 15 bis 20 °C warmen Keller. Sobald Blattschöpfe austreiben, stülpt man einen Eimer darüber, damit sie kein Licht bekommen, die Blattschöpfe werden sonst grün und bitter.
Nach etwa 4 bis 5 Wochen kann man den weißen bis zartgelben Chicorée ernten.

Spargel

Wer denkt, ein eigener kleiner Gemüsegarten sei ideal, um ohne viel Aufwand jederzeit frisches, gesundes Gemüse ernten zu können, der wird beim Spargel enttäuscht, denn **für den Spargel muss man viel Geduld haben**. Zwischen Aussaat und Ernte verstreichen mindestens drei Jahre, die man auf zwei verkürzen kann, wenn man bereits ein-, höchstens zweijährige Jungpflanzen erwirbt. Gut angegangene Spargelpflanzen bringen dann allerdings 10 bis 20 Jahre lang Ertrag. Sie **beanspruchen aber auch viel Raum sowie lockeren, sandigen, sehr fruchtbaren Boden in warmer Lage**. Das heißt, Spargel kann man nur im Beet, nicht im Kübel oder einem anderen großen Behälter auf der Terrasse ziehen. Der Gemeine Spargel (Asparagus officinalis) ist eine alte Kulturpflanze, bei der man vor allem zwischen Bleich- und Grünspargel unterscheidet, doch gibt es auch violett changierende Sorten.

❧ Böden, Aussaat, Dünger

Bleichspargel braucht humosen, lehmigen, lockeren Sandboden, Grünspargel gedeiht auch in schwererem, etwas sandigem Lehmboden. Wichtig ist in jedem Fall eine hervorragende Dränage. Da, wie gesagt, die Anzucht aus Samen langwierig ist, erwirbt man im Frühjahr einjährige Jungpflanzen mit gut ausgebildeten Speicherwurzeln. Vor dem Pflanzen muss man den Boden tiefgründig lockern und reichlich fruchtbaren Humus einarbeiten. Zunächst legt man Gräben

an, deren Abstand etwa 1 Meter betragen sollte. Für Bleichspargel müssen die Gräben 20 Zentimeter, für Grünspargel 15 Zentimeter tief und so breit sein, dass die sich strahlenförmig ausbreitenden Wurzeln der Jungpflanzen darin Platz haben, also mindestens 50 Zentimeter. Das ausgehobene Erdreich mischt man mit Sand. Bei Bleichspargel sollte der Abstand zwischen den Einzelpflanzen etwa 40 Zentimeter, bei Grünspargel 30 Zentimeter betragen. Pflanzt man dichter, ist der Ertrag in den ersten Jahren höher, die Stangen bleiben aber recht dünn. Zum Pflanzen (Anfang April) werden die Wurzeln der Jungpflanzen im vorbereiteten Graben flach ausgebreitet und so rasch wie möglich 5 bis 7 Zentimeter hoch mit der ausgehobenen Erde bedeckt. Parallel zum Wachstum der Pflanzen füllt man den Graben nach und nach auf. Über den Reihen mit Bleichspargel häuft man ab etwa Mitte April einen rund 40 Zentimeter hohen Erdhügel auf, dessen Oberfläche man glättet. Sobald die Erde über den Spitzen des Bleichspargels reißt, ist es Zeit, die Stangen zu ernten (der Fachmann spricht von Stechen). Über dem Grünspargel wird kein Erdwall aufgeschüttet, man lässt ihn hervorwachsen.

Weder Hitze noch Frost können

dem Spargel viel anhaben, aber er reagiert sehr empfindlich auf **Staunässe** und braucht eine ausreichende Düngung.

❧ Ernte und Pflege

Die erste Ernte sollte frühestens zwei, besser erst drei Jahre nach der Pflanzung erfolgen oder man sticht nur die jeweils dickste Stange der Einzelpflanze. Ab dem dritten Jahr kann man dann alle Stangen stechen. Der Zeitraum, in dem man den Spargel sticht, beträgt etwa 6 Wochen, nach dem 24. Juni sollte man nicht mehr ernten. Zum Stechen werden die Stangen des Bleichspargels freigelegt und mit dem Spargelmesser am Fuß abgeschnitten. Die Wälle werden sofort nach der Ernte wieder eingeebnet. Grünspargel wird geerntet, sobald die Stangen 15 bis 20 Zentimeter weit aus der Erde ragen. Man schneidet sie knapp 10 Zentimeter unter der Erde ab. Nach der Ernte wird gewässert und gedüngt. Dann lässt man die Spargelpflanzen wachsen, bis gegen Anfang November das Spargelkraut vergilbt. Die Stiele werden dann 2 bis 5 Zentimeter über dem Boden abgeschnitten. Im Frühjahr lockert man die Erde und arbeitet pro Quadratmeter etwa 120 Gramm organischen Dünger ein.

Spinat

Spinat (Spinacia oleracea) und Mangold (Beta vulgaris) sind **Blattgemüse, die sich sehr leicht kultivieren lassen**, da sie weder an den Boden noch an das Klima sonderliche Ansprüche stellen. Sowohl der Blatt- als auch der Stielmangold sind ganz besonders unempfindliche Pflanzen, die auch leichten Frost nicht verübeln. Außerdem gibt es Mangoldarten mit roten Stielen, die besonders attraktiv aussehen. Bei der Zubereitung verblasst die Farbe allerdings nahezu. Der Spinat ist ein bisschen heikler. Allzu große Temperaturstürze verkraftet er nicht sehr gut und auch zu starke Sonneneinstrahlung mag er nicht. Man schützt ihn davor, indem man ihn entweder zwischen anderen Gemüsearten anpflanzt, die für etwas Schatten sorgen, oder man pflanzt ihn von vornherein in einer schattigeren Ecke des Gartens. Bei vorzeitigem Frost schützt man ihn durch Abdeckung mit Stroh.

So viele positive Nährstoffe Spinat und vor allem Mangold enthalten – beide liefern Kalium, Kalzium Magnesium und Eisen sowie B-Vitamine und Vitamin C –, haben doch beide den Nachteil, viel Nitrat aus dem Boden zu speichern (besonders wenn er nicht im Freiland gezogen wird), das sich in gesundheitsschädliches Nitrit umwandelt. Außerdem enthält Spinat viel Oxalsäure, das die Resorption von Kalzium blockiert. Man sollte deshalb beide Blattgemüse nicht allzu häufig verzehren.

❧ Blattgemüse im Garten

Mit Frühspinat, der ab Februar im Gewächshaus gezogen wird und bereits nach rund 6 Wochen geerntet werden kann, hat man ein sehr früh im Jahr verfügbares Gemüse. Die zarten Blätter kann man auch roh als Salat verzehren. Im Freien sät man Spinat ab Ende März bis Mai aus. Herbstspinat sät man Anfang August und Winterspinat bis Mitte September. Mangold sät man im in der Zeit von April bis Juni.

❧ Böden, Aussaat, Dünger

Beide Blattgemüse mögen einen gut gelockerten, ausreichend feuchten Gartenboden. Um eine Anreicherung von Nitrat in den Blättern zu vermeiden, sollte man Kompost und Stallmist nur sehr zurückhaltend verwenden und eine reine Stickstoffdüngung ganz meiden. Spinat sät man in vorbereitete Saatrillen von 3 bis 4 Zentimetern Tiefe, die einen Abstand von etwa 30 Zentimeter haben sollten. Wenn die Sämlinge herangewachsen sind, dünnt man auf Abstände von etwa 20 Zentimetern zwischen den Einzelpflanzen aus. Stehen die Pflanzen nämlich zu dicht, begünstigt das eine vorzeitige Blüte, was die Qualität und Fülle der Blätter beeinträchtigt.

Für Mangold braucht man nur etwa 2,5 Zentimeter tiefe Saatrillen, die ebenfalls etwa 30 Zentimeter voneinander entfernt sein sollten. Auch hier dünnt man aus, sobald die Sämlinge sprießen. Der Abstand zwischen den Einzelpflanzen, die größer werden als der Spinat, sollte etwa 30 Zentimeter betragen.

❧ Bewässerung, Pflege, Ernte

Spinat sollte während seines ganzen Wachstums mäßig, aber regelmäßig gegossen werden, wobei man darauf achtet, dass die Blätter nicht nass werden, weil sie dann leicht faulen. Auch Staunässe ist unbedingt zu vermeiden. **Mangold braucht während seiner ganzen Wachstumszeit reichlich Wasser.** Sollte es nach der Aussaat unerwartete Kälteeinbrüche geben, muss man die Jungpflanzen mit aufgeschüttetem Stroh schützen. Man erntet den Spinat, indem man mit einem Messer nahe am Boden ein Büschel der Blätter abschneidet, dabei aber einige stehen lässt; die Pflanze treibt dann weiter aus. Wenn die Blätter zu welken drohen, erntet man sie ab. Kann man sie nicht gleich verwenden, blanchiert man sie und friert sie ein. Auch Mangold kann man den ganzen Sommer über ernten, wenn man immer nur die äußeren Blätter abschneidet und das Herz stehen lässt.

Tomaten

Vor allem in Italien hat die Tomate (dort pomodoro, also Goldapfel, genannt) nach ihrem Erstimport aus Mexiko und Peru im 16. Jahrhundert einen so triumphalen Siegeszug angetreten, dass sie **aus der italienischen Küche überhaupt nicht mehr wegzudenken** ist. Doch auch bei uns erfreut sich die rote Frucht dieses Nachtschattengewächses (das von den Atzteken tumatl genannt wurde) inzwischen großer Beliebtheit, obwohl man sie anfangs für ungenießbar hielt. Damals zog man sie ihrer schönen gelben Blüten wegen als reine Zierpflanze. Heute sind neben den roten auch gelbe und orangefarbene Früchte im Angebot und auch die Formenvielfalt ist groß. Neben den mittelgroßen runden Tomaten gibt es längliche Eier-, Pflaumen- oder Flaschentomaten, kleine Kirschtomaten und die sehr großen gerippten Fleischtomaten. Strauchtomaten sind schlicht normale, runde Tomaten, die an der Rispe belassen wurden. Grüne (also unreife) Tomaten sollte man nicht roh verzehren (oder nur in sehr geringen Mengen), sie eignen sich aber sehr gut zur Herstellung von Chutneys.

❦ Tomaten im Garten
Die Tomate ist eine ziemlich anspruchsvolle Pflanze, sowohl was den Boden anbelangt als auch was ihr Bedürfnis nach Wärme, Sonne und ausreichend Wasser angeht. Dennoch kann man sie recht gut im Kübel auf der Terrasse oder dem Balkon halten.

Im Garten baut man meist Stabtomaten an, die mannshoch werden und spätestens wenn die schweren Früchte heranreifen, einen Stab – oder auch eine Gartenmauer – als Stütze brauchen. Für die Zucht auf dem Balkon gibt es gekennzeichnete Balkon- oder Zwergtomaten, die nicht so groß werden. Für größere Terrassenkübel sind Buschtomaten geeignet. Einen Versuch ist es unbedingt wert, denn selbst gezogene Tomaten schmecken meist deutlich besser als Supermarktware.

❦ Böden, Aussaat, Dünger
Tomaten mögen einen lockeren, humosen, nährstoffreichen, neutralen oder leicht sauren Boden, der die Feuchtigkeit hält, sowie einen geschützten, sehr sonnigen Standort. Bereits im Winter vor der Aussaat sollte man daher reichlich gut verrotteten Stallmist oder Kompost in die Erde einarbeiten. Ehe man die im Gewächshaus angezogenen Pflanzen ins Freibeet setzt, arbeitet man dann mit dem Rechen nochmals etwa 90 Gramm Volldünger pro Quadratmeter in die Erde ein. Zwischen Januar und März sät man Samen in Anzuchtschalen, die man im Kleingewächshaus oder an einem hellen Fenster im Zimmer keimen und heranwachsen lässt. Oder man kauft bereits angezogene Jungpflanzen. Die Samen gibt man im Abstand von 2,5 Zentimetern in die Anzuchttöpfe, bedeckt sie leicht mit Komposterde, besprüht sie mit Wasser und deckt die Töpfe ab. Danach prüft man täglich, ob sich Keimlinge zeigen. Sobald sie erscheinen, stellt man die Töpfe ans Licht. Sind die ersten Blätter voll entwickelt, vereinzelt man die Pflänzchen und setzt sie in kleine Einzeltöpfe, in denen sie verbleiben, bis sie etwa 15 Zentimeter hoch sind und **nach den letzten Nachtfrösten, etwa ab Anfang Mai, ins Freibeet umgesetzt** werden. Dazu gräbt man ein Loch, das groß genug ist, den ganzen Wurzelballen, der sich im Topf gebildet hat, aufzunehmen. Zwischen den Einzelpflanzen sollte ein Abstand von mindestens 70 Zentimetern eingehalten werden. Dem Gießwasser sollte einmal wöchentlich ein Flüssigdünger zugesetzt werden.

❦ Bewässerung, Pflege, Ernte
Während der gesamten Wachstumsphase müssen Tomaten regelmäßig, aber moderat bewässert werden. Im Topf oder Kübel gezogene Tomaten brauchen mehr Wasser, in sehr heißen, trockenen Perioden muss man sie eventuell zweimal täglich gießen. Damit Stabtomaten nicht buschig werden, bricht man alle Seitentriebe aus, wenn sie 5 bis 10 Zentimeter lang sind. Im Spätsommer entfernt man alle Blütentrauben, die keine Früchte gebildet haben, damit sie den Früchten nicht die Nährstoffe rauben. Man pflückt die Früchte, wenn sie rot und voll ausgereift sind. Die im Spätsommer noch nicht voll ausgereiften Früchte werden dennoch geerntet, ehe es zu Nachtfrost kommt. In Zeitungspapier gewickelt reifen sie bei Zimmertemperatur nach oder man bereitet Chutney daraus.

Würzkräuter

Die meisten Küchenkräuter lassen sich problemlos im Blumentopf auf dem Balkon, der Terrasse oder der Küchenfensterbank selbst ziehen. Zusätzlich zu ihrem praktischen Nutzen verbreiten sie auch noch einen angenehmen Duft und sehen hübsch aus. **Selbstverständlich kann man sie auch im Garten kultivieren.** Um aber zu vermeiden, dass besonders die als „Unkraut" eingestuften Wildkräuter, wie etwa Minze oder Tanacetum, anderen umstehenden Pflanzen ins Gehege kommen, empfiehlt es sich, sie in ausreichend großen Töpfen zu ziehen und sie dann an geeigneter Stelle mitsamt Topf ins Beet zu setzen. Übrigens: Kräuter ziehen Insekten an, die gern den Nektar der duftenden Blüten trinken.

Böden, Aussaat, Dünger

Die meisten Kräuter sind im warmen, sonnigen Mittelmeerraum beheimatet. Daher lieben sie **nicht zu feuchte Böden, einen vor Kälte geschützten, möglichst sonnigen Standort**, doch vertragen einige auch Halbschatten. Man sät sie im Frühjahr aus oder setzt im Topf angezüchtete Jungpflanzen im April oder Mai ins Freibeet um. Hier ein paar hilfreiche Tipps, wie man im Einzelnen vorgeht:

Basilikum: Der einjährige, intensiv duftende Lippenblütler wird in etwa 65 Varietäten kultiviert, darunter Sorten mit violetten Stängeln und Blättern, die sehr dekorativ aussehen. Um Basilikum aus Samen zu ziehen, gibt man die Samen im März in Töpfe, die man so lange im Warmen behält, bis alle Frostgefahr vorüber ist. Einfacher ist, in Töpfen gekaufte Jungpflanzen ins Beet oder in den Balkonkasten umzusetzen. Basilikum braucht einen sonnigen Standort, muss im Sommer regelmäßig gegossen und ab einer Höhe von etwa 15 Zentimetern auch gedüngt werden. Will man das Blattwachstum anregen, bricht man die Blütenknospen aus, doch sind die Blüten ebenso essbar wie die Blätter.

Borretsch: Die einjährige Pflanze hat fleischige, behaarte, graugrüne Blätter und himmelblaue sternförmige Blüten, die essbar sind. Die Blätter gibt man fein geschnitten an Salate, man kann sie aber auch wie Spinat zubereiten oder durch Teig ziehen und frittieren. Wünscht man eine Blüte im Frühjahr, sät man im Herbst aus; die Samen sind kälteresistent.

Fenchel: Der anspruchslose mehrjährige Doldenblütler braucht gut entwässerte Böden und einen sonnigen, geschützten Standort. Er lässt sich leicht aus Samen vermehren und kann sich durch Verstreuung der Samen sehr weit verbreiten. Um das zu verhindern, ist ein schattiger, die Blüte behindernder Standort hilfreich. Alle oberirdischen Teile der Pflanze – Knolle, Stängel, Blätter, Samen – sind essbar und werden als Gemüse, Kraut und Gewürz genutzt.

Kamille: Die zart duftende Echte Kamille ist eine mehrjährige Pflanze, die sich problemlos von selbst vermehrt. Sie mag leichte, gut entwässerte Böden und einen sonnigen Standort. Die zarten Blättchen erntet man zu Beginn des Sommers, die Blütenköpfe im Sommer, sofort nach dem Erblühen. Man lässt sie trocknen und bereitet Tee daraus zu.

Kerbel: Die eigentlich zweijährige, aber nur einjährig kultivierte Pflanze wird bis zu 25 Zentimeter hoch und ähnelt im Aussehen der glatten Petersilie. Die Aussaat kann von März bis August erfolgen, so hat man lange frische Blätter, die man jeweils vor der Blüte erntet. Kerbel braucht leichte, feuchte, jedoch gut dränierte Böden und einen halbschattigen Standort.

Lavendel: Es gibt rund 25 Arten, die alle trockene, kalkreiche Böden und sonnige Standorte lieben. Damit er neu austreibt, muss man ihn im Frühjahr zurückschneiden.

Majoran: Er braucht einen geschützten, sonnigen Standort und humusreiche, sehr gut dränierte Erde. Da er keine Kälte verträgt, gedeiht er in unseren Breiten im Garten nur einjährig. Schon von den ganz jungen Pflanzen kann man für den Frischverbrauch Blätter ernten.

Melisse: Die mehrjährige Melisse ist sehr robust und überdauert auch auf feuchteren Böden im Halbschatten, bevorzugt jedoch gut dränierte, lockere Erde. Man kann sie durch Samen vermehren, im Frühjahr auch durch Stecklinge oder im Herbst durch Teilung. Die leicht behaarten Blätter duften angenehm nach Zitrone.

Minze: Die rund 25 Arten der Minze sind fast alle mehrjährig. Will man sie im Freien ziehen, sollte man bedenken, dass alle Minzearten ihrer kriechenden Wurzel wegen üppig

gedeihen und leicht zu Unkraut ausarten. Es empfiehlt sich daher, sie in einen Kübel zu pflanzen. Die Erde sollte feucht, aber gut dräniert sein, der Standort sonnig bis halbschattig. Das intensivste Aroma hat die Echte Pfefferminze (Mentha piperata), die Krauseminze (M. crispata) schmeckt eher süßlich-frisch.

Myrte: Die im Mittelmeerraum heimischen immergrünen Sträucher, die dort bis zu 4 Meter hoch werden, brauchen feuchte, gut dränierte Böden und einen sonnigen Standort. In unseren Breiten kann man die Myrte als Kübelpflanze halten. Sie entwickelt kleine weiße, duftende Blüten und daraus, bei günstigen Bedingungen, bläuliche Beeren.

Oregano: Das mehrjährige Kraut, das in etwa 20 Arten vorkommt, kann bis zu 90 Zentimeter hoch werden. Die von ihm bevorzugten Böden sind kalkreich, trocken, mäßig fruchtbar und gut dräniert. Er braucht wenig, aber regelmäßig Wasser und verträgt weder Staunässe noch Kälte, weshalb man ihn in unseren Breiten im Gewächshaus überwintern muss. Man sollte ihn deshalb lieber im Topf oder Kübel kultivieren, wo er auch gut gedeiht.

Petersilie: Das zweijährige Kraut, das es in einer glatt- und einer krausblättrigen Varietät gibt, mag fruchtbare, feuchte, gut entwässerte Böden und einen halbschattigen oder sonnigen Standort. Man erntet die Blätter frisch in der jeweils benötigten Menge. Die fleischige Wurzel der glatten Petersilie erntet man im Herbst. Man kann sie so vielfältig wie Karotten zubereiten.

Rosmarin: Der kälteempfindliche Rosmarin braucht viel Sonne und kommt mit wenig Wasser aus, darf aber nicht völlig austrocknen. Nach der Blüte schneidet man ihn um etwa ein Drittel zurück. Hält man ihn im Topf oder Kübel, muss man ihn im Sommer einmal im Monat organisch düngen.

Salbei: Der aus dem südlichen Europa stammende Salbei ist eine Gattung mit beinahe 900 Arten, von denen die meisten mehrjährig sind. Als Würzkraut am beliebtesten ist der Gewürz- oder Gartensalbei (Salvia officinalis), der nicht nur im Topf sehr gut gedeiht. Als Halbstrauch wächst er an sonnigen Standorten auf eher trockenem, lockerem und leichtem Boden auch in unseren Gärten. Im Winter muss man ihn durch Abdeckung vor Frost schützen.

Schnittlauch: Das mehrjährige Zwiebelgewächs liebt fruchtbare, feuchte, gut gelockerte Erde und bringt bis zu 25 Zentimeter hohe, runde, hohle Blätter hervor. Auf den Blütenschäften erscheinen im Frühjahr und Sommer rötlich-violette, kugelige Blütenstände. Zieht man ihn im Haus in einem Topf, kann man den stets frisch und roh verwendeten Schnittlauch ganzjährig nach Bedarf ernten.

Thymian: Der immergrüne Strauch gehört zu einer Gattung mit rund 350 Arten. Alle sind mehrjährig, lieben einen sonnigen Standort und stellen an den Boden keine Ansprüche, solange er gut dräniert ist. Nach der Blüte schneidet man die Stängel bis zum holzigen Ansatz zurück.

Ernte und Konservierung

Will man die Kräuter aus ästhetischen Gründen oder zur Samengewinnung nicht zur Blüte kommen lassen, **erntet man die Blätter am besten kurz vor der Blüte** und bricht die Blütenknospen aus, damit man den ganzen Sommer über Blätter ernten kann. Sofern man die Kräuter nicht sofort frisch verwendet, bindet man die geernteten Stängel zu kleinen Sträußen, die man kopfüber an einem luftigen, schattigen Ort zum Trocknen aufhängt. Völlig durchgetrocknete Kräuter bewahrt man in dunklen Schraubgläsern auf. Empfindliche Kräuter, die sich nicht zum Trocknen eignen, wie etwa Basilikum oder Schnittlauch, kann man frisch hacken und einfrieren.

Zucchini

Zucchini gehören zur Familie der Kürbispflanzen (Cucurbiten) und sind, wie der Speisekürbis, einjährige kriechende Pflanzen, doch gibt es auch nicht kriechende, kurzstämmige Züchtungen. Alle Zucchiniarten sind sehr frostempfindlich. Möchte man sie im Kübel auf der Terrasse ziehen, entscheidet man sich für eine kleinwüchsige Art. Auch bei den im Garten gezogenen sollte man die Früchte nicht zu groß werden lassen. Kleine, feste Früchte, die noch unreif scheinen, sind schmackhafter. Auch regt die frühe Ernte die Pflanze zu weiterer Produktion an. Eine vor allem in Italien geschätzte Spezialität sind die gelben – weiblichen – Zucchiniblüten, die man mit einer Farce auf Fleisch- oder Frischkäsebasis füllt und schmort. Oder man zieht die männlichen Blüten (sie sitzen an der Spitze kleiner Früchte) durch einen leichten Ausbackteig und frittiert sie anschließend.

❀ Böden, Aussaat, Dünger

Zucchini brauchen einen sonnigen Standort und lockeren, gut durchgearbeiteten, frischen Boden, der im Vorfeld reichlich organisch gedüngt wurde. Wie Kürbisse gedeihen auch Zucchini direkt auf dem Komposthaufen besonders gut. In klimatisch günstigen Regionen sät man die Samen zwischen März und Mai direkt ins Freibeet. Man gibt jeweils 3 bis 4 Samen in ein 2 bis 3 Zentimeter tiefes Pflanzloch, gießt Wasser an und vereinzelt die auskeimenden Sämlinge, indem man nur die kräftigste Pflanze stehen lässt. In unseren Breiten ist es besser, die Pflanzen im Gewächshaus oder auf der warmen Fensterbank anzuziehen und die Jungpflänzchen erst nach dem letzten Frost ins Freie zu setzen. Zwischen den Einzelpflanzen muss ein Abstand von etwa 80 Zentimetern liegen.

❀ Bewässerung, Pflege, Ernte

Die Zucchinipflanze benötigt viel Wasser, das ihr möglichst regelmäßig verabreicht werden sollte, vor allem sobald sie Früchte produziert. Dennoch ist Staunässe unbedingt zu vermeiden. Die Befruchtung erfolgt im Allgemeinen durch Insekten, kann aber auch von Hand vorgenommen werden. Man bringt den Pollen der männlichen Blüte direkt auf den Stempel einer weiblichen auf, indem man die beiden Blüten miteinander in Kontakt bringt. Schon nach etwa 4 Wochen beginnt die Pflanze, Früchte zu tragen, und liefert ständig Nachschub; in warmen Regionen bis in den November hinein. Man erntet, wie gesagt, möglichst früh, wenn die Früchte noch klein und kompakt sind. Da die Pflanze sehr produktiv ist, **muss man täglich prüfen**, ob erntbare Früchte vorhanden sind. Die Zucchinifrüchte immer mit einem Messer am Stiel abschneiden, nicht von Hand pflücken.

Zwiebelgemüse

Zu den Zwiebelgewächsen gehören in erster Linie die Zwiebel selbst (Allium cepa), der Knoblauch (A. sativum) und der Lauch oder Porree (A. porrum), aber auch Schalotten, Lauch- oder Frühlingszwiebeln und der Schnittlauch. All diese **Zwiebelgewächse lassen sich leicht auf nahezu allen Böden kultivieren** und gedeihen auch gut in Töpfen und Pflanzkübeln. Um den Bedarf der Familie an Zwiebeln und Porree aus eigenem Anbau zu decken, kann man Steckzwiebeln oder Samen erwerben. Bei Knoblauch genügt es, ältere, schon austreibende Zehen in die Erde oder in einen Blumentopf zu stecken. Oder man pflanzt sie im Gemüsegarten zwischen die Frühkarotten, was einige Parasiten von ihnen fernhält. Zwiebelgewächse selbst zu ziehen ist also vergleichsweise einfach, denn **sie haben keine sonderlichen Ansprüche**. Nur Düngung mit Stallmist mögen sie nicht. Sie brauchen nicht viel Wasser und sind kälteresistent (vor allem Schalotten und Porree), lediglich vor einigen Schädlingen, wie etwa der Zwiebelfliege, muss man sie schützen, beispielsweise mit feinmaschigen Netzen, die auch scharrende Vögel abhalten.

Böden, Aussaat, Dünger
Zwiebelgewächse lieben einen hellen, sonnigen, geschützten Standort und leicht sandige, im Jahr vor der Aussaat gut gedüngte, feste Böden. Auch sollte für eine gute Dränage gesorgt sein, besonders wenn man Zwiebeln im Topf oder Pflanzkübel anbaut. Im kommerziellen Anbau bevorzugt man die Aussaat von Samen, um ganzjährige Ernten zu garantieren. Für den Hobbygärtner sind gekaufte Steckzwiebeln die bessere Wahl. Je nach Zwiebelart, für die man sich entscheidet – die Sortenvielfalt ist bekanntlich sehr groß –, sind Unterschiede in der Zeit der Aussaat oder Pflanzung zu beachten, über die der Samenhändler aber Auskunft geben kann.

Alle Steckzwiebeln sollten etwa 10 Zentimeter tief eingesetzt werden – mit einem Abstand von 25 bis 35 Zentimetern zwischen den einzelnen Stecklingen. Wenn man sich doch für die Aussaat entscheidet, vielleicht weil es von der gewünschten Sorte keine Steckzwiebeln gibt, muss man beachten, dass die Samen nur etwa 1 Zentimeter tief in die Erde kommen. Man bedeckt sie locker mit Erde und wässert mit der Gießkanne mit aufgesetzter Brause, damit die Samen nicht weggespült werden.

Eine gewisse Ausnahme bildet der **Porree**. Auch er ist nicht anspruchsvoll, doch sollte man den Boden vor der Aussaat tiefgründig lockern und dabei Gartenkompost einarbeiten. Man zieht die Pflanzen im Gewächshaus an und pflanzt sie, wenn sie 20 bis 25 Zentimeter groß sind, ins Freibeet um. Dazu werden die Blätter mit Messer oder Schere um ein Viertel gekürzt. In das Beet bohrt man im Abstand von je 20 Zentimetern rund 15 Zentimeter tiefe Pflanzlöcher, in die man dann die jungen Porreepflanzen setzt. Das Pflanzloch wird nicht mit Erde aufgefüllt, man gießt lediglich Wasser an.

Bewässerung, Pflege, Ernte
Zwiebelgewächse brauchen nur wenig Wasser. Etwa 20 Tage vor der Ernte stellt man die Bewässerung ganz ein. Lediglich Porree sollte man bei anhaltender Trockenheit regelmäßig gießen. Wenn die äußeren Blätter der Speisezwiebeln gelb werden, knickt man das ganze aus der Erde ragende Grün um, das beschleunigt die Reifung der Zwiebeln. Bei anhaltendem Regen vor der Ernte zieht man die Zwiebeln heraus und lässt sie an einem trockenen, kühlen Ort auf Tabletts ausgebreitet nachreifen, ohne das Grün zu entfernen. Auch von den reif geernteten Zwiebeln und Knoblauchknollen entfernt man das Grün nicht. Man lässt es trocknen, um Zwiebeln und Knoblauch damit zu Zöpfen zu flechten, die man dann zum Trocknen aufhängt.

Kochen ohne Fleisch –

Kräuter, Gewürze und Blüten

Im Garten oder im Topf gezogene frische oder konservierte Kräuter, ein Gewürzregal, in dem auch „Exoten" ihren Platz haben, sowie essbare Blüten verleihen der grünen Küche Farbe und Geschmack.

Kräuter

Basilikum Unter den über 65 Varietäten des Basilikums gibt es auch Arten mit rot-violetten Blättern. Mit Basilikum bereitet man Pastasoßen (zum Beispiel Pesto genovese) und würzt Gemüsegerichte und -suppen sowie Zubereitungen mit Käse und Frischkäse. Basilikum immer ganz zum Schluss an ein Gericht geben und niemals mitkochen.

Bohnenkraut Seine Stängel und Blätter werden frisch oder getrocknet zum Würzen von Bohnen- und Hülsenfruchtgerichten verwendet. Es wird immer mitgegart.

Borretsch Die auch Gurkenkraut genannte Pflanze hat kleine hellblaue Blüten, die essbar sind. Die behaarten jungen Blätter verwendet man roh für Salatsoßen sowie für Kräutersoßen zu Fisch und Eiern, für Kräuterbutter und -quark. Ältere Blätter kann man wie Spinat – oder gemischt mit diesem – als Gemüse zubereiten oder in Füllungen geben.

Brunnenkresse Die kleinen, fleischigen Blätter haben einen scharfen, an Meerrettich erinnernden Geschmack. Man macht die Blätter allein als Salat an oder gibt sie an gemischte Salate beziehungsweise gehackt an kalte Soßen zu Eiern und Fisch. Brunnenkresse wird niemals mitgegart.

Dill Seine fadenförmigen Blätter und zarten Stängel dienen ebenso zum Würzen wie die Blüten und Samen. Dill wird für Salatsoßen, helle Soßen zu Fisch, warme und kalte Gurkengerichte, Kräuterbutter und -quark sowie zum Beizen von Lachs verwendet und niemals mitgekocht.

Estragon Er dient zum Aromatisieren von Weinessig, den man für Salatsoßen, Marinaden und feine helle Soßen wie die Sauce Béarnaise verwendet, sowie zum Würzen von Remoulade und Kräuterbutter. Sein Aroma entfaltet er erst, wenn er erhitzt wird.

Kerbel Die zarten, hellgrünen Blättchen, die an glatte Petersilie erinnern, verwendet man für Kerbelsuppe und helle Soßen zu Fisch sowie zum Würzen von Gemüsegerichten, Eierspeisen, Kräuterbutter und -quark. Kerbel gibt man immer erst zum Schluss an gegarte Gerichte.

Koriander Seine frischen Blätter sind als Cilantro bekannt und werden vor allem in Gerichten mit asiatischem Einschlag wie glatte Petersilie verwendet.

Kresse Die auf feuchtem Substrat sehr leicht keimenden Samen der Gartenkresse bringen schon nach einer Woche Sämlinge hervor, die man frisch unter Salate mischt oder an Kräuterbutter und -quark gibt.

Lavendel Vor allem in der französischen Küche verwendet man die jungen Blatttriebe und Blüten zum Aromatisieren von Essig und Öl oder gibt sie an Marmeladen, Kompotte und Süßspeisen. Getrockneter Lavendel entfaltet sein Aroma erst beim Garen.

Liebstöckel Seine Blätter erinnern geschmacklich an Sellerie und dienen zum Würzen von Gemüseeintöpfen, dicken Suppen, Hülsenfruchtgerichten, Brühen und Fleischsoßen. Nur getrockneten Liebstöckel mitkochen lassen, frischen nicht. Letzteren kann man zudem an Salate und Kräutersoßen geben.

Lorbeer Lorbeerblätter werden frisch oder getrocknet als Würze für kräftige Marinaden benutzt, an deftige Suppen und sauer eingelegte Gemüse gegeben. Man gart die Blätter mit, verzehrt sie aber nicht.

Majoran Mit seinen kleinen, graugrünen Blättchen würzt man deftige Suppen mit Kartoffeln, Hülsenfrüchten und Graupen. Sowohl das frische als auch das getrocknete Kraut gibt man erst im letzten Drittel der Garzeit an die Speisen. Darüber hinaus kommt es auch als Wurstgewürz zum Einsatz.

Meerrettich Seine jungen Blätter kann man frisch als Zutat für grüne Salate verwenden. Die frisch geriebene Wurzel gibt man zum Schluss an weiße Soße oder mischt sie unter frisch geschlagene Sahne oder Mayonnaise, die man als Dip verwendet.

Melisse Die leicht behaarten Blätter entwickeln bei kultivierten Pflanzen ein deutliches Zitronenaroma, daher auch der Name Zitronenmelisse. Man verwendet die Blättchen frisch und roh zum Würzen von Salat, Tomaten und Obstsalaten und gibt sie an pikante Kräutersoßen.

Minze Sie wird in mehr als 20 Sorten kultiviert, unter denen die Pfefferminze die bekannteste ist. Mit den frischen Blättern aromatisiert man cremige Süßspeisen, Fruchtsalate, Liköre, und Cocktails. Aus den – zum Kochen ungeeigneten – getrockneten Blättern bereitet man Tee.

Oregano Nicht nur im Aussehen, sondern auch im Geschmack erinnert er an den Majoran. Man verwendet seine Blätter frisch und getrocknet zum Würzen von Pizza, Tomatengerichten, Nudelsoßen, Fisch und Frischkäsezubereitungen. Sowohl der frische wie der getrocknete Oregano entfaltet sein Aroma erst beim Garen. Oregano wird vor allem in der italienischen Küche geschätzt.

Petersilie Sozusagen ein Universalkraut, das zum Würzen nahezu aller salzigen Speisen dient. Sowohl die glatte als auch die krause Petersilie passt frisch und roh gehackt zu gekochtem Gemüse, Kartoffeln, Eierspeisen und Fisch sowie zu frischen Kräutersoßen, zu Kräuterbutter und -quark.

Pimpernell Die auch Kleiner Wiesenknopf genannte Pimpernell wartet mit nussartig schmeckenden Blättchen auf, die immer frisch und roh verzehrt werden. Sie kommen an frische Kräutersoßen wie die „Frankfurter Grüne Soße", an Salate, Rührei, Kräuterbutter, -quark und -mayonnaise. An gegarte Gericht, Suppen, Eintöpfe, heiße Soßen gibt man sie immer erst ganz zum Schluss.

Rosmarin Die essbaren Blüten des stark duftenden Rosmarins kann man unter frische Salate mischen. Mit den frischen oder getrockneten Blättern, die immer mitgegart werden, würzt man Gemüsegerichte, vor allem wenn sie Tomaten enthalten. Außerdem nutzt man Rosmarin zum Aromatisieren von Öl und Essig.

Salbei Er wartet mit einer sehr großen Vielzahl von Arten auf. Die Blätter der Art Salvia officinalis dienen in der Volksheilkunde als Mittel gegen Entzündungen der Mund- und Rachenschleimhaut, finden aber auch in der Küche Verwendung als Würze. Man sollte die Blätter vorzugsweise frisch verwenden, aber immer kurz in Fett garen. Als besondere Spezialität kann man große frische Blätter durch Ausbackteig ziehen und frittieren.

Sauerampfer Die jungen Blätter kann man roh in Salaten verzehren und in kalte Kräutersoßen geben. Aus den nicht mehr ganz so zarten größeren Blättern bereitet man Sauerampfersuppe und heiße Soßen zu Fischgerichten, für die man die Blätter kurz andünstet.

Schnittlauch Ein beliebtes, vielseitiges Würzkraut, das man immer roh und frisch verwendet. Er passt in Kräuterquark und -butter, zu Eiergerichten, Salatsoßen, Suppen und Soßen. Schnittlauch immer erst ganz zum Schluss an gegarte Gerichte geben.

Thymian Man nutzt seine Blätter und jungen Triebe frisch und getrocknet zum Würzen von Nudelsoßen, Pizza, Gemüseeintöpfen und allen Gerichten, zu denen man Tomaten verwendet. Getrockneten Thymian lässt man mitgaren.

Waldmeister Er wird ausschließlich für die Waldmeisterbowle sowie zum Aromatisieren von Likören und Süßspeisen verwendet. Man lässt die jungen, kurz vor der Blüte geernteten Triebe leicht antrocknen und nie länger als 10 Minuten in der Bowle ziehen, damit nicht zu viel des gesundheitsschädlichen Cumarins in die Bowle gelangt.

Ysop Die leicht bitter schmeckenden Blätter werden frisch oder getrocknet zum Würzen von fetten Eintöpfen sowie zum Aromatisieren von Essigen verwendet. Man lässt sie mitgaren.

Konservierung von Gewürzkräutern

Die meisten der hier vorgestellten Kräuter kann man selbst im eigenen Garten ziehen und den Großteil von ihnen verwendet man auch gleich frisch. Da viele aber vor allem **im späten Frühjahr und im Sommer erntereif sind** und man nicht alles sofort verbrauchen kann, muss man sie auf die eine oder andere Art konservieren. Hier bieten sich verschiedene Methoden an: Man kann sie trocknen, in Öl, Essig oder Salz einlegen oder einfrieren. Doch nicht jede dieser Methoden ist für alle Kräuter gleichermaßen geeignet. Manche verlieren ihren Geschmack, wenn man sie trocknet, während andere ohnehin nur getrocknet verwendet werden.

Kräuter trocknen

Für diese Form der Konservierung eignen sich die robusteren Kräuter: Bohnenkraut, Estragon, Lavendel, Liebstöckel, Lorbeer, Majoran, Oregano, Rosmarin, Salbei, Thymian und Ysop. Man bindet die Kräuter zu einem Strauß, den man kopfüber an einem schattigen, luftigen Ort aufhängt. Oder man breitet sie auf Küchenpapier aus. Wenn sie völlig durchgetrocknet sind, zerrebelt man sie zwischen den Fingern, **füllt sie in absolut trockene, dunkle Schraubgläschen**

oder kleine Blechbüchsen und verbraucht sie im Lauf des Herbstes und Winters. Plastiktütchen eignen sich nicht, denn in ihnen kann sich Feuchtigkeit bilden. Helle Gläschen bewahrt man an einem dunklen Ort auf, denn das Sonnenlicht beeinträchtigt Farbe und Geschmack der getrockneten Kräuter.

Kräuter in Öl, Essig oder Salz einlegen

Zum **Einlegen in Öl** eignen sich vor allem die empfindlicheren Kräuter wie Basilikum, aber auch robustere mit intensivem Geschmack wie Thymian und Rosmarin. Als Gefäß benötigt man mit frischen Korken oder mit einem Bügelverschluss und Gummiring verschließbare Flaschen mit breiter Öffnung. Man spült die Flaschen gründlich und lässt sie vollständig trocknen. Die Kräuter werden gewaschen und sorgfältig trockengetupft, in die vorbereiteten Flaschen gegeben, mit bestem Öl, vorzugsweise nativem Olivenöl extra, bedeckt und verschlossen. Die Behälter an einem kühlen, dunklen Ort aufbewahren. Zum **Einlegen in Essig** bereitet man die Glasflaschen und Kräuter ebenfalls in der beschriebenen Weise vor, bedeckt die Kräuter mit einem neutralen Essig und bewahrt die Behälter kühl und dunkel auf.

Thymian, Rosmarin, Salbei und Basilikum kann man getrennt oder gemeinsam **in grobem Tafelsalz konservieren**. Man schichtet lagenweise Salz und fein gehackte Kräuter in gründlich gesäuberte Gläser, die man hermetisch verschließt. Das Salz wird als Würzsalz verwendet.

Kräuter einfrieren

Vor allem die empfindlicheren Kräuter eignen sich gut zum Einfrieren. Die gewaschenen, gut abgetupften Stängel werden in kleinen Portionen **in Gefrierbeutel gegeben und vorgefroren**. Sobald sie durchgefroren sind, herausnehmen und so rasch wie möglich die Blätter ohne die Stängel zerdrücken, in kleine Gefrierdosen füllen, beschriften und wieder in den Gefrierschrank stellen. Frisch gehackte Kräuter kann man auch einzeln oder gemischt in **die Schalen des Eiswürfelbereiters schichten, mit Wasser oder Brühe übergießen und einfrieren**. Gefrorene Kräuter immer direkt aus dem Eis an heiße Soßen und Gerichte geben, nicht erst vorher auftauen lassen.

Gewürze

Anis Die süßlich-würzigen Samen sind in der europäischen Küche seit Jahrhunderten als Würzmittel bekannt. Sie dienten hier vor allem zum Aromatisieren von Gebäck (Anisplätzchen) und Brot. Heute verwendet man Anis zudem gern in Fruchtkompott und Pflaumenmus, gibt ihn aber auch an Rotkohl und Karotten. Industriell wird Anis bei der Herstellung von alkoholischen Getränken wie Pernod, Ouzo und vielen anderen eingesetzt.

Bockshornklee Die ockergelben, bitteren und roh übelriechenden Samen des Bockshornklees (eigentlich eine nahrhafte Hülsenfrucht) sind ein wichtiges Gewürz in der indischen Küche. Geröstet und gemahlen sind sie Bestandteil vieler indischer Gewürzmischungen. Die rohen Samen keimen leicht, die Sprossen sind eine beliebte Zutat für Salate.

Cayennepfeffer Das auch Chili genannte paprikaähnliche Pulver wird aus den ganzen getrockneten, dann gemahlenen Schoten scharfer Sorten des Gewürzpaprikas (siehe auch Chilischote) gewonnen. Prisen des Pulvers dienen zum Abrunden heller Soßen. Zum Würzen dunkler Soßen und pikanter Eintöpfe verwendet man höhere Dosen.

Chilischote Es gibt mehr als 1000 Varietäten des Gewürzpaprikas. Die von ihm ausgebildeten Schoten, kurz Chilis genannt, können je nach Varietät eine unterschiedliche Farbe (von Grün über Gelb und Orange bis Rot und Violett), Form (länglich, rund, gebogen, glatt und gefaltet) und Größe haben. Auch die Schärfe variiert ganz beträchtlich, je nachdem, wie groß der Gehalt an Capsaicin ist. Meist sind die kleinen Chilis die schärferen Sorten, bei allen aber konzentriert sich das Capsaicin in den Kernen und den Scheidewänden, weshalb man diese aus frischen Schoten entfernen sollte. Zu den mittelscharfen Sorten gehört zum Beispiel die aus Mexiko stammende Jalapeño, eine kleine, glatte, Schote, die man gern mit Frischkäse gefüllt und durch Teig gezogen ausbackt (Tapas). Die Schoten werden frisch oder getrocknet – dann

am Stück oder zu Pulver gemahlen (Cayennepfeffer) – angeboten. Ehe man sie an ein Gericht gibt, immer erst die Schärfe prüfen!

Curry Eine indische Gewürzmischung in Pulverform aus 10 bis mehr als 30 Gewürzen, die in milder, mittelscharfer und scharfer Variante angeboten wird. Sie dient zum Würzen von vielen pikanten Gerichten sowie von Soßen und Suppen. Curry ist auch als Paste in unterschiedlichen Schärfegraden erhältlich.

Gewürznelke Diese getrockneten Blütenknospen eines in Indonesien heimischen Baums verströmen einen blumigen, aromatischen, lang anhaltenden Duft und haben einen brennend-würzigen Geschmack. Man verwendet sie als Ganzes, doch sind auch gemahlene Nelken als Pulver im Angebot. Mit Nelken aromatisiert man Fruchtkompotte, Gebäck, Desserts, Glühwein, Tees, Punschgetränke und Liköre. Sie gehören in unseren Breiten zu den „Weihnachtsgewürzen".

Ingwer Die fleischigen Rhizome der Ingwerpflanze liefern ein süßlich-pikantes, prickelnd-scharfes Gewürz, mit dem man sowohl Süßspeisen als auch salzige Gerichte verfeinert. Man gibt die frische Wurzel gerieben, in hauchdünne Scheiben oder winzige Würfel geschnitten an die entsprechenden Zubereitungen. Große, in Sirup eingelegte Stücke (Ingwerpflaumen) liebt man in China in süßsauren Gerichten. Kandiert und/oder mit Schokolade überzogen wird Ingwer als Konfekt angeboten. Auch getrocknete, zu Pulver gemahlene Ingwerwurzel ist als Gewürz im Handel.

Kardamom Man unterscheidet zwischen Grünem Kardamom, dessen Samen ein feines, süßlich-scharfes Aroma haben, und dem Braunen oder Schwarzen Kardamom, der bitterer ist und ein deutliches Kampferaroma hat. Vor allem in der indischen Küche dienen die ganzen Kapseln zum Würzen von salzigen Gerichten und Reis. In Nordeuropa kennt man Kardamom traditionell als Gewürz für Weihnachtsgebäck (Lebkuchen) und erwirbt ihn dafür meist bereits gemahlen.

Koriander Die herb-würzigen, kugeligen Samen haben einen süßlichen Nachgeschmack, weshalb man sie an salzige wie süße Speisen und Backwaren (Brot, Spekulatius), an Kohlgemüse und Fischgerichte gibt. Koriander ist Bestandteil vieler asiatischer Gewürzmischungen. Die frischen Blätter der Korianderpflanze (Cilantro) werden wie glatte Petersilie verwendet.

Kreuzkümmel (Cumin) Er hat ein intensives, bitterscharfes Aroma und kommt ganz oder gemahlen sehr häufig in der indischen, indonesischen, nordafrikanischen und mexikanischen Küche zum Einsatz. Er ist auch Bestandteil vieler Gewürzmischungen.

Kümmel Er hat ein leicht süßliches, an Anis erinnerndes Aroma und macht fette Speisen bekömmlicher. Ganze Kümmelsamen nimmt man zum Bestreuen von salzigem Backwerk, zum Würzen von Kohl, Fleischgerichten, Quark und manchen Sauermilchkäsen. Kümmel ist auch als Pulver im Handel erhältlich. Anders als der Kreuzkümmel ist der dominante Kümmel nicht für Würzmischungen geeignet.

Kurkuma (Gelbwurz) Meist als intensiv gelbes, aus der getrockneten Wurzel gewonnenes Pulver im Angebot, hat Kurkuma einen herben, leicht pfeffrigem Geschmack und dient zum Würzen wie zum Färben. Er wird vor allem in der indischen Küche verwendet und findet sich in vielen als Curry bezeichneten Gewürzmischungen.

Macis Bei diesem manchmal auch Muskatblüte genannten Gewürz handelt es sich nicht um die Blüte, sondern um die getrocknete Samenschale der Muskatnuss. Sie ist am Stück und als Pulver im Handel erhältlich. Macis wird wie Muskatnuss verwendet, hat aber ein feineres Aroma.

Mohn Schmeckt nussartig und leicht bitter, wird ganz zum Bestreuen von Brot, Brötchen und Käsegebäck, gemahlen als Füllung von Kuchen verwendet.

Muskatnuss Die nur gerieben und sparsam verwendete Nuss dient zum Würzen von Suppen und hellen Saucen, Rosen- und Blumenkohl, Spinat und Kartoffelpüree, aber auch von Süßspeisen, Kuchen und Plätzchen sowie Glühwein und manchen Puscharten. Es gibt auch bereits geriebene Muskatnuss zu kaufen, doch verliert das Pulver rasch an Aroma.

Paprika Das rote Pulver ist das typische Gulaschgewürz, das universell in der pikanten Küche eingesetzt werden kann. Man unterscheidet milden Delikatess-, schärferen Edelsüß- und scharfen Rosen-Paprika.

Pfeffer Ein Universalgewürz, das sowohl als ganzes Korn als auch gemahlen im Handel erhältlich ist. Es empfiehlt sich, ganze Pfefferkörner in einer Mühle bereitzuhalten und nach Bedarf immer frisch gemahlen an die Speisen zu geben. Ganze Körner verwendet man für Marinaden und Kochsud. Man unterscheidet folgende Arten:
Schwarzer Pfeffer (unreife, getrocknete Beere): aromatisch, würzig-scharf.
Weißer Pfeffer (reife, geschälte getrocknete Beere): weniger aromatisch, dafür etwas schärfer als schwarzer Pfeffer.
Grüner Pfeffer (unreife, in Lake eingelegte oder gefriergetrocknete Beere): fruchtig-aromatisch, eher mild; sofern er eingelegt war, säuerlich oder salzig.
Rosa Pfeffer (die getrockneten Früchte des peruanischen Pfefferbaums): süßlich-aromatisch und geringe Schärfe; ideal zu Fischen wie Seezunge und Lachs.

Piment (Nelkenpfeffer) Das nach Pfeffer, Zimt, Muskat und Nelken schmeckende Gewürz dient sowohl zum Aromatisieren von Gebäck (Lebkuchengewürz) als auch zum Würzen von Marinaden, Suppen und Fischgerichten.

Safran Die Blütennarben einer Krokusart sind ein intensiv wirkendes Färbemittel, das zugleich Aroma und Duft verleiht. Man gibt Safran an Reisegerichte wie Risotto und Paella, an Fischsuppen wie die französische Bouillabaisse, an Soßen für Krustentiere sowie an Kuchenteig, Eiscreme und süße Cremespeisen. Safran ist in Form getrockneter Narbenfäden und als Pulver in kleinen Döschen im Handel erhältlich. Da das Pulver oft mit Kurkuma gestreckt wird, ist es besser, die Fäden zu kaufen.

Sternanis Mit dem Anis nicht verwandt, ihm in Geschmack und Duft aber ähnlich, dient er in der chinesischen Küche vor allem zum Würzen von Gerichten mit Schweine-, Hühner- und Entenfleisch (man kocht eine ganze getrocknete Frucht oder Stücke davon mit). In der europäischen Küche verwendet man Sternanis gern frisch zu Pulver gemahlen, um süße Gebäckteige damit zu aromatisieren, aber auch am Stück zum Würzen von Fruchtkompott, Fruchtmus und Marmeladen.

Vanille Die als getrocknete „Stange" (eigentlich handelt es sich um die getrocknete, fermentierte Schote einer Orchideenart), als Essenz und Pulver im Handel erhältliche Vanille wird vor allem zum Aromatisieren von Süßspeisen und Gebäck benutzt. In jüngster Zeit wird sie aber auch immer häufiger in der pikanten Küche verwendet, etwa im Kochsud von Krustentieren, für Kartoffelpüree oder helle Ragouts. Die ganzen Schoten werden immer der Länge nach aufgeschlitzt und dann in der Flüssigkeit, die man aromatisieren möchte (meist Milch oder Sahne) mitgegart. Man kann auch das Mark auskratzen und in die Flüssigkeit geben. So benutzte Schoten nicht wegwerfen, sondern abspülen, abtupfen und in hochprozentigen Rum oder in ein kleines Glas mit Zucker stecken; beide nehmen den Vanillegeschmack hervorragend an und können anschließend zum Süßen beziehungsweise Würzen verwendet werden.

Wacholder Die Beeren, aus denen Gin und Jenever hergestellt wird, haben ein bitterharziges Aroma und würzen deftige Eintöpfe und Krautgerichte. Sie werden vor der Verwendung leicht zerdrückt, damit sie möglichst viel Aroma abgeben.

Zimt Bei diesem Gewürz handelt es sich um die getrocknete innere Rinde des Zimtbaums, wobei man zwischen dem helleren, geschätzteren Kaneel und dem weniger feinen Chinazimt unterscheidet. Beide Arten sind als ganze Stange und als Pulver im Handel erhältlich. Mit seinem süßlich-würzigen Aroma geht Zimt mit Zucker eine ideale Kombination ein. Man benutzt ihn vor allem zum Würzen von Gebäck, Süßspeisen, Fruchtkompotten und Getränken (Glühwein).

Senf Man unterscheidet zwischen den größeren gelben Senfkörnern, die man ganz an Marinaden, sauren Einmachsud und Tunken gibt, und den etwas kleineren schwarzen Senfkörnern. Schwarze Senfkörner werden zu dem gelben Senfpulver vermahlen, das als Grundlage für den Tafelsenf dient, das man aber auch selbst mit Wasser, Essig oder Wein zu einer scharfen Würzpaste anrühren kann. In der indischen Küche werden ganze schwarze Senfkörner zum Würzen von vegetarischen Currygerichten genutzt.

Blüten

Schon vor Jahrhunderten wurden die Knospen und Blüten vieler Blumen und Kräuter kulinarisch genutzt, denn sie schmeicheln nicht nur dem Auge, sondern auch dem Gaumen. Nachdem diese Sitte ein wenig in Vergessenheit geraten war, entdecken viele Köche – auch und gerade die der gehobenen Gastronomie – diese alte Tradition wieder und beleben sie neu, indem sie frische und getrocknete Blüten verwenden.

Wissenswertes aus der Geschichte

Schon bei den alten Römern war es Sitte, die bei Festmählern gereichten Getränke mit Veilchen und Rosenblüten zu aromatisieren. Von Karl dem Großen wird berichtet, dass er nur Wein zu sich nahm, der mit einer Essenz aus Nelkenblüten verfeinert war. Zur Zeit Shakespeares pflegte man in London die während der Theateraufführungen kredenzten Getränke ebenfalls mit Rosen und Nelken zu würzen. Am Hof von Königin Elizabeth I. durften am Obstsalat niemals die Blüten von Schlüsselblumen fehlen. Auch begann man während der Zeit ihrer Herrschaft, aus den Samen der Sonnenblume Öl zu gewinnen.

Doch bereits im Alten Testament, im Koran und anderen alten religiösen Schriften werden die gastronomischen Vorzüge mancher Blüten gepriesen und auch im alten China und Japan schätzte man das Aroma von Lilien-, Chrysanthemen- und Lotosblüten an zahlreichen Gerichten.

Essbare Blüten

In der Küche stellen Blüten in vielerlei Hinsicht eine Bereicherung dar: Ihr Duft betört den Geruchssinn, ihr Anblick erfreut das Auge und ihr Geschmack, der von honig- über moschusartig und fruchtig bis zu einer gewissen Schärfe reichen kann, kitzelt den Gaumen. Auf diese Weise bereichern sie Salate, Suppen, Fruchtsalate, Süßspeisen und Tees. Hier eine Reihe von Pflanzen, die leicht zu finden und deren Blüten kulinarisch zu verwenden sind:

Akazie Die Blüten der Bäume, aus denen Bienen den Nektar für den Akazienhonig sammeln, kann man in Teig ausbacken.

Bärlauch Der von April bis Juni blühende Bärlauch riecht und schmeckt nach Knoblauch. Er eignet sich zum Aromatisieren von Essig und Öl sowie zum Anmachen von Salaten.

Beifuß Man verwendet die frischen Blütenrispen, solange die Knospen noch geschlossen sind (geöffnete Blüten werden bitter) und gibt sie an Kohlsalate.

Begonie In Teig ausgebacken oder frisch verleihen die Blüten Salaten mit Reis und Gemüsesuppen einen säuerlichen Geschmack.

Chrysantheme Die Blüten haben einen herben bis bitteren Geschmack, der zu Salaten und Gemüsesuppen passt.

Dahlie Je nach Blütenfarbe variiert der Geschmack; sie eignen sich zum Würzen von Essig und Aromatisieren von Fruchtmus.

Gänseblümchen Die etwas herb schmeckenden ganzen Blüten heben den Geschmack von Gemüsesuppen; Knospen und Blüten bereichern aber auch gemischte Salate.

Gardenie Mit wenigen Blütenblättern, nicht der ganzen Blüte, aromatisiert man die Milch, die man für Cremespeisen verwendet.

Geißblatt Die nektarreichen Blüten ergänzen hervorragend cremige Süßspeisen. Achtung: Die Beeren nicht verwenden, sie sind giftig!

Geranie Der volkstümliche Name der Pelargonie, deren leicht herb schmeckende Blüten viele Gerichte ästhetisch und geschmacklich bereichern.

Glyzinie Die süß schmeckenden Blüten werden in Ausbackteig frittiert oder an Zubereitungen mit Frischkäse gegeben.

Heidekraut Mit ihrem charakteristischen Duft nach frischem Heu passen die Blüten besonders gut zu Fischgerichten. Man gießt sie getrocknet auch zu Tee auf, der bei Harnwegsinfektionen helfen soll.

Holunder Im Frühjahr erntet man die ganzen Blütendolden, zieht sie durch dünnen, süßen Ausbackteig und frittiert sie.

Jasmin Die stark duftenden Blüten dienen zum Aromatisieren von Süßspeisen, man gibt sie an Obstsalate und parfümiert Tee damit.

Kapuzinerkresse Mit ihrem leicht pikanten Geschmack passen die frischen Blüten zu gemischten Salaten und Gemüsesuppen. Darüber hinaus eignen sie sich als essbare Dekoration.

Löwenzahn Die fest geschlossenen Knospen legt man in Essig ein und verwendet sie wie Kapern. Die frisch aufgegangenen gelben Blüten gibt man an gemischte Salate.

Malve Mit den frischen Blüten bereichert man Obstsalate, Risottos und gekochtes Gemüse, aus den getrockneten bereitet man Tee.

Nelke Man verwendet die Blütenblätter zum Aromatisieren von Cremes und Flammeris.

Orange und Zitrone In der orientalischen Küche beliebt zum Aromatisieren von Süßspeisen und Tees.

Petunie Die im Sommer reich blühende Petunie liefert bunte Blüten, die gemischte Salate bereichern.

Pfingsrose Der Geschmack variiert je nach der Farbe der Blüten. Ganze Blüten gart man wie zartes Gemüse, die Blütenblätter kann man an Füllungen geben.

Ringelblume Bereichert vor allem Salate mit Fisch.

Rose Ihre zart duftenden Blütenblätter passen zu Süßspeisen. Man parfümiert Fruchtgelees mit ihnen, Speiseeis und Cremes und nutzt die kandierten Blütenblätter auch gern als essbare Dekoration.

Schlüsselblume Die gelben Blüten der auch Primel oder Himmelsschlüssel genannten Blume eignen sich als schmackhafte Dekoration von Salaten. Die Blume steht unter Naturschutz, deshalb nur Blüten von im Garten gezogenen Exemplaren verwenden.

Taglilie Die ganzen Blüten werden gefüllt oder ungefüllt durch Ausbackteig gezogen und frittiert. Eine Einzelblüte kann auch ein Pastagericht dekorieren.

Veilchen Die duftenden violetten Blüten werden kandiert und als essbare Dekoration von Süßspeisen und Torten verwendet.

Blüten ernten und konservieren

Grundsätzlich sollte man nur solche Blüten sammeln und verwenden, von denen man mit Sicherheit weiß, dass sie nicht mit chemischen Pestiziden behandelt wurden. Das ist bei selbst im Garten und auf dem Balkon gezogenen, unbehandelten Blüten der Fall. Blüten von Blumen aus dem Handel sollte man besser nicht verwenden. Man pflückt die Blüten möglichst unmittelbar vor dem Verbrauch, wäscht sie – falls nötig – sehr vorsichtig in gesalzenem Wasser und legt sie dann für 1 Minute in Eiswasser. Anschließend auf Küchenpapier abtropfen lassen. Die Fruchtknoten größerer Blüten entfernt man, da sie sehr bitter sein können. Nur Blüten, aus denen man Tee bereiten will, lässt man trocknen. Zur Dekoration von Süßspeisen verwendete Blüten kann man kandieren und so eine Zeit lang aufbewahren.

Ringelblume

Jasmin

Lauch

Sonnenblume

Rose

Begonie

Ginster

Gänseblümchen

Veilchen

Nelke

Petunie

Orangenblüte

Kapuzinerkresse

Holunderblüte

Kornblume

Gardenie

Pfingstrose

Beifuß

Meerrettich

Ysop

Dill

Schnittlauch

Fenchel

Oregano

Kamille

Borretsch

Minze

Thymian

Lorbeer

Katzenminze

Zimt

Curry

Weißer Pfeffer

Rosa Pfeffer

Paprika

Sternanis

Mohn

Kardamom

Schwarzer Pfeffer

Glossar

Abgießen

Koch- oder Garflüssigkeit zusammen mit dem Gargut in einen Durchschlag (Sieb) gießen und abtropfen lassen. Nicht immer sollte man die Garflüssigkeit einfach wegschütten. Bei Spargel beispielsweise fängt man die Garflüssigkeit auf, stellt sie in den Kühlschrank (oder gibt sie ins Gefrierfach) und gart mehrfach Spargel in derselben Brühe. Zum Schluss filtert man die Brühe und nimmt sie als Grundlage für eine Spargelsuppe oder -soße.

Ablöschen

Eine Flüssigkeit zu etwas Angebratenem geben und damit Röststoffe vom Boden des Bratgeschirrs lösen.

Abschrecken

Heiße gegarte Nahrungsmittel (Gemüse, Eier) kurz mit kaltem Wasser übergießen, um den Garprozess zu unterbrechen. Abgeschreckte gekochte Eier können auch besser geschält werden.

Aceto Balsamico (Balsamessig)

Eine dickflüssige, dunkelbraune Essigspezialität aus der Gegend um Modena. Bester eingekochter und mit einer speziellen Essigmutter vergorener Weißwein wird zur Reifung in immer kleinere, aus unterschiedlichen Holzarten (Kastanie, Kirsche, Esche, Maulbeerholz) bestehende Fässer gegeben. Krönenden Abschluss bildet die Reifung in nur noch etwa 10 Liter fassenden Wacholderholzfässern. Die Reifung muss mindesten 6 Jahre betragen. Edelste Sorten reifen bis zu 100 Jahren und länger.

Agar-Agar

Ein pflanzliches, aus verschiedenen Algen gewonnenes Geliermittel aus der ostasiatischen Küche, das man statt Gelatine verwenden kann. Während Gelatine niemals kochen darf – sie schmeckt sonst wie Leim – muss Agar-Agar aufkochen, um sich zu lösen.

Al dente (ital.)

Bissfest gegart, was man in Italien vor allem auf Nudeln (Pasta) bezieht, aber auch auf Gemüse und Risottos.

Algen

Die in mehr als 5000 Arten vorkommenden niederen, blütenlosen Meerespflanzen gehören verschiedenen Familien an, von denen vor allem drei – nämlich Grün-, Braun- und Rotalgen – als Nahrungsmittel dienen. In den Küchen Ostasiens, vor allem in der japanischen, sind sie sehr geschätzt, denn sie sind reich an Proteinen und Mineralstoffen. Große Algen (manche können bis zu 15 Meter lang werden) bezeichnet man als Tang. Algen werden als Gemüse, Suppeneinlage und Gewürz verwendet. Zu den auch im Westen erhältlichen Algen gehören Arame, eine fadenförmige Braunalge mit zartem Aroma. Die etwas grobere Hijika verfügt über ein intensives Meeresaroma. Bei Nori handelt es sich um einen Sammelbegriff, mit dem man rund 30 verschiedene Rot- und Grünalgen bezeichnet, die frisch als Gemüse und getrocknet verwendet werden. Zu schwarzen papierdünnen Blättern gepresste, getrocknete Nori ist in unseren Breiten roh und geröstet (deutlich aromatischer) im Handel erhältlich. Man muss die Blätter luftdicht abgeschlossen oder im Gefrierschrank aufbewahren. Sie dienen als Hülle für Sushi sowie als Gewürz. Wakame, eine Grünalge, und Meeressalat werden ebenso wie die grünen und weißen Blätter des Kombu frisch als Gemüse sowie getrocknet als Würzmittel verwendet. Die Dulse, eine in den kalten Küstengewässern des Atlantiks und Pazifiks gedeihende Rotalge, wird an der bretonischen Küste kultiviert. In Island und Nordamerika, aber auch in den Mittelmeerländern verzehrt man sie frisch als ein spinatartiges Gemüse.

Anschwitzen

Mehl, aber auch Zwiebeln, Knoblauch, Gemüse in heißem Fett andünsten.

Ausflocken

Zersetzung von Substanzen durch zu hohe Temperatur, etwa Gorgonzola in kochender Sahne. Kann durch Speisestärke oder andere Bindemittel verhindert werden. (Siehe auch: Gerinnen.)

Bain-marie

Ein aus zwei übereinander sitzenden, genau aufeinander passenden Töpfen bestehendes Kochgeschirr, in dem empfindliche Speisen durch das heiße Wasser im unteren Topf gegart oder erwärmt werden. (Siehe auch: Wasserbad.)

Binden

Soßen, Suppen und Cremes durch Einrühren von Speisestärke, Pfeilwurzmehl, Mehl, Ei, Mehlbutter oder anderen Bindemitteln sämig machen oder andicken.

Blanchieren

Durch Übergießen mit kochendem Wasser „weiß machen". Man blanchiert Gemüse (etwa Kohlblätter), um sie zum Füllen geschmeidiger zu machen, Tomaten, Pfirsiche und Mandeln blanchiert man, um die Haut abziehen zu können.

Blindbacken

Mürbe- oder Pastetenteigböden ohne Belag oder Füllung vorbacken. Damit die Böden dabei die Form halten und sich nicht aufwölben, sticht man sie zunächst mehrfach mit einer Gabel ein. Dann bedeckt man sie mit Backpapier oder Alufolie und gibt zum Beschweren Hülsenfrüchte darauf. Die Hülsenfrüchte niemals direkt auf den Teig geben, er nimmt sonst deren Geschmack an.

Daikon

Ein weißer, länglicher Rettich, der in der japanischen und chinesischen Küche viel Verwendung findet. Im Geschmack ist er dem europäischen Rettich ähnlich. Er wird frisch verzehrt oder geraspelt und getrocknet als Gewürz verwendet.

Dämpfen

Über Dampf garen. Das Gargut dazu in einen Dämpfeinsatz (Siebeinsatz) geben, der in einen Topf gestellt wird, dessen Boden mit Wasser bedeckt ist. Der aufsteigende Wasserdampf gart das Lebensmittel, ohne dass es direkt mit dem Wasser in Kontakt kommt.

Dünsten

Im eigenen Saft oder unter Zugabe von ganz wenig Flüssigkeit bei nicht zu schwacher Hitze garen.

Eischnee

Um Eiweiß zu schnittfestem Schnee zu schlagen, müssen sowohl das Gefäß als auch das Gerät, mit dem man schlägt, absolut sauber und fettfrei sein. Außerdem darf das Eiweiß keinerlei Eigelb enthalten. Deshalb trennt man alle Eier einzeln über einem separaten Gefäß, nicht gleich über der größeren Schüssel, in der man mehrere Eiweiße sammelt. Dem Eiweiß für ein salziges Soufflé fügt man eine Prise Weinsteinpulver (aus der Apotheke) hinzu, dadurch wird es fester und luftiger.

Filetieren

Aus geschälten Zitrusfrüchten die einzelnen Segmente zwischen den dünnen Trennhäutchen herausschneiden.

Flambieren

Gegarte Speisen oder Desserts mit einem hochprozentigen alkoholischen Getränk (Rum, Weinbrand) übergießen und anzünden. Der Alkohol verflüchtigt sich, es bleibt nur das Aroma zurück. Damit das Flambieren funktioniert, muss das alkoholische Getränk mindesten 45 Prozent Alkohol haben. Wärmt man den Alkohol vorher ein wenig an, entzündet er sich leichter. Auf keinen Fall darf man, wenn die Flamme schon brennt, aus der Flasche Alkohol nachgießen! Der ganze Flascheninhalt kann sich entzünden und die Flasche in der Hand explodieren.

Kartoffeln schneiden

Die Bilder zeigen, wie man Kartoffeln schneiden kann:

1. Geschält und appetitlich **tourniert** für Salz- und Rissoler-Kartoffeln.

2. Gewürfelt als Suppeneinlage und für Aufläufe.

3. Dicke Stifte für Pommes frites.

4. Fein gestiftelt für frittierte Streichholzkartoffeln, die vor allem auch zur Dekoration dienen können.

5. Hauchfeine Scheiben zum Frittieren (Chips) oder für überbackene Aufläufe.

Garprobe

Test, um festzustellen ob ein Lebensmittel gar ist. Kartoffeln und Gemüse sind gar, wenn man mit einem spitzen Messer hineinstechen kann, ohne Widerstand zu spüren. Kuchen und Ähnliches sind gar, wenn an einem tief hineingestochenen Holzspieß beim Herausziehen keine Teigreste mehr hängen.

Gelatine

Reiner, geschmackloser Knochenleim in Blatt- oder Pulverform zum Festigen von Flüssigkeiten (Aspik) oder Cremespeisen. Sie muss vor der Verwendung immer erst in kaltem Wasser eingeweicht werden und darf niemals kochen, weil sonst der Leimgeschmack auflebt.

Gerinnen

Zersetzung von Nahrungsmitteln aufgrund einer unverträglichen Kombination (Milch und Zitronensaft) oder zu rascher Vermengung von Heißem und Kaltem. Kann durch Bindemittel (Speisestärke, Mehl) und richtiges Temperieren vermieden werden.

Glasig dünsten

So lange dünsten, bis das Gargut (meist Zwiebeln), etwas durchsichtig erscheint.

Gratinieren

Ein Gericht im Ofen mit Oberhitze oder unter dem Grill überbacken, damit es eine Kruste bekommt.

Julienne

Mit dem Messer in streichholzlange und -dünne Stifte geschnittenes Gemüse als Suppeneinlage, Gemüsebett oder Beilage.

Kandieren

Früchte, Zitrusschalen, Blüten oder Nüsse in heiße, dicke Zuckerlösung tauchen und dann trocknen lassen, sodass sie mit einer dicken Zuckerschicht überzogen sind.

Karamellisieren

Zucker bei einer Temperatur von etwa 200 °C schmelzen und goldgelb oder hellbraun werden lassen. Auch: Gemüse wie Karotten oder Perlzwiebeln nach dem Garen in Butter mit Zucker überstreuen und den Zucker leicht braun werden lassen.

Köcheln

Gargut bei geringer Hitzezufuhr knapp unter dem Siedepunkt garen.

Legieren (oder Abziehen)

Eine heiße Soße oder Creme mit rohem Eigelb binden, ohne sie aufzukochen.

Malz

Produkt aus Getreide (meist Gerste), das zum Keimen gebracht und dann gedarrt wurde. Malz wird zur Herstellung von Bier und Nährpräparaten verwendet. Malzzucker (Maltose) ist der in Malz und Biermaische enthaltene Zucker, der aus Stärke und Glykogen entsteht und ein starkes Malzaroma hat. Es gibt ihn in Reformhäusern zu kaufen.

Mehlschwitze (auch Einbrenne oder fachsprachlich Roux genannt)

Mehl, das in Fett (meist Butter) angedünstet wird und als Grundlage für eine weiße oder dunkle Soße dient. Um zu vermeiden, dass sich bei der Herstellung der Soße Klümpchen bilden, muss eine der beiden Komponenten, entweder die Schwitze oder die zugefügte Flüssigkeit, heiß, die jeweils andere kalt sein.

Mille-feuilles („Tausend Blätter")

Französische Bezeichnung für Blätterteig.

Mirepoix (Begriff aus der Haute Cuisine)

Röstgemüse zum Würzen von Soßen, bestehend aus sehr fein geschnittenem Wurzelgemüse (zum Beispiel Karotten, Sellerie, Petersilienwurzel) und Zwiebeln, das mit Kräutern und Lorbeer leicht angeröstet wird.

Mirin

Ein aus fermentiertem Reis gewonnener goldfarbener japanischer Süßwein, der ausschließlich zum Kochen verwendet wird. Ersatzweise kann man süßen Sherry nehmen, jedoch eine geringere Menge, als man von dem leichteren Mirin verwenden würde.

Miso

Eiweißreiche, aus fermentierten Sojabohnen, Getreide (vor allem Weizen, Reis oder Gerste) und anderen Zutaten zubereitete japanische Würzpaste, die je nach Ingredienzen rot oder braun, aber auch beige, gelb oder weiß sein kann. Die helleren Misoarten sind meist milder und süßlicher im Geschmack.

Montieren

Eine heiße Soße mit eiskalten Butterflöckchen aufschlagen und ihre so eine leichte Bindung verleihen.

Nappieren

Mit Soße beträufeln oder mit Gelee (Aspik) überziehen.

Olivenöl

Ein wirklich gutes Olivenöl kann nicht billig sein, dafür ist der Herstellungsprozess zu aufwendig. Aus Italien importierte Öle tragen auf dem Etikett oft die Bezeichnung „Olio extra vergine", was keine Garantie ist, dass es sich wirklich um Öle aus erster Pressung handelt. Findet sich auf der Halsbanderole oder dem Etikett jedoch zusätzlich die Abkürzung D.O.P. (Denominazione d'Origine Protetta), dann ist garantiert, dass die Herkunftsbezeichnung kontrolliert und geschützt ist. Da für dieses Buch nicht davon ausgegangen wurde, dass ausschließlich italienisches Olivenöl verwendet wird (auch aus Griechenland – vor allem aus Kreta – und Spanien kommen hervorragende Qualitäten), wurde die in Deutschland geltende offizielle Bezeichnung für Öle der höchsten Qualitätsstufe gewählt: natives Olivenöl extra. Ein so bezeichnetes Öl darf nicht durch Lösungsmittelextraktion gewonnen sein. Auch das beste Olivenöl kann erhitzt und zum Kochen, Braten und Frittieren verwendet werden, es „verbrennt" nicht. Die Schlieren, die sich bei guten Ölen am Flaschenboden absetzen, zeigen keinen beginnenden Verderb an, sie sind vielmehr ein Hinweis, dass das Öl nicht raffiniert wurde. Gute Öle immer dunkel und kühl aufbewahren.

Passieren

Gegarte oder pürierte Lebensmittel durch ein Sieb streichen.

Plinse

Auf beiden Seiten gebackener kleiner Pfannkuchen.

Pochieren

Empfindliche Nahrungsmittel (meist Eier) in heißer Flüssigkeit (höchstens 80 bis 90 °C) vorsichtig garziehen lassen.

Prise

Eine Menge, die man eben zwischen Daumen und Zeigefinger nehmen kann.

Reduzieren

Eine Flüssigkeit durch starkes Erhitzen auf einen Teil der ursprünglichen Menge einkochen lassen.

Rissoler-Kartoffeln

Kleine, geschälte, tournierte, am Stück gekochte und dann in der Pfanne angebratene Frühlingskartoffeln.

Sake

Diese aus Reis hergestellte japanische „Wein" wird angewärmt aus sehr kleinen Schälchen zum Essen getrunken, aber auch als Würzmittel verwendet.

Savarin

Ein feiner, in manchen Regionen auch Baba (Baba au Rhum) genannter, in einer Ringform gebackener Hefekuchen, der noch heiß mit leichtem Sirup und/oder Spirituosen völlig durchtränkt wird.

Schlagkessel

Eine Metallschüssel mit zwei seitlichen Griffen und rundem Boden, die man als normale Rührschüssel verwenden kann (man stellt sie dann auf den zugehörigen Setzring), die man aber vor allem nutzt, um Zutaten über heißem Wasserdampf zu erhitzen und dabei meist zusätzlich luftig aufzuschlagen.

Stocken lassen

Durch Erkalten oder Erhitzen fest werden lassen, etwa eine mit Gelatine zubereitete Speise oder eine mit Eiern zubereitete Creme.

Stürzen

Gelee, Cremes, Timbales oder Ähnliches nach dem Stocken kopfüber auf einen Servierteller gleiten lassen. Kalte, mit Gelatine gebundene Speisen lassen sich leichter stürzen, wenn man die Form vorher kurz in heißes Wasser taucht. Mit Stärke gebundene Speisen lassen sich leichter Stürzen, wenn man die Form vor dem Einfüllen der heißen Masse mit kaltem Wasser ausspült, sodass ein leichter Wasserfilm in der Form verbleibt.

Tahin

Zähe Paste aus leicht gerösteten, gemahlenen Sesamsamen, die es in Gläsern zu kaufen gibt. Sie ist ungewürzt, weshalb man sie zu süßen wie salzigen Zubereitungen verwenden kann. Taratoor beispielsweise ist eine arabische Soße aus Tahin, Knoblauch, Salz und Zitronensaft oder Wasser. Aus Tahin und Kichererbsenpüree ertsteht der Hummus genannte Dip.

Timbale

In Becherförmchen im Wasserbad (siehe dort) gegarte Zubereitungen aus gebundenen Grundsoßen mit Gemüsepüree.

Tournieren

Durch Zuschneiden formen, etwa rohen Kartoffeln eine gleichmäßige ovale Form geben.

Unterheben

Eine Zutat sorgfältig, locker und langsam mit einem Gummispatel unter eine Masse mischen, etwa Eischnee unter einen Teig, sodass die luftige Konsistenz erhalten bleibt.

Vin Santo

„Heiliger Wein" genannter toskanischer Dessertwein aus getrockneten Trebbiano- und Malvasiatrauben mit hohem Alkoholgehalt.

Wasabi

Auch als japanischer Meerrettich bekannt, ist die grüne Paste, die aus der Wasibiwurzel (Eutrema wasabi) gewonnen wird, deutlich schärfer als der europäische Meerrettich. Als Pulver oder gebrauchsfertig angerührte Paste im Handel erhältlich.

Wasserbad

Sowohl ein spezieller Topf, der auch Bain-marie (siehe dort) genannt wird, als auch eine Garmethode, bei der die Zutaten in einem Schlagkessel (siehe dort) über heißem Wasserdampf gegart, geschmolzen (Butter, Schokolade) oder aufgeschlagen werden (Zabaione) beziehungsweise bei der Cremes und Eierspeisen in Töpfchen in ein großes Gefäß gestellt werden, in das heißes Wasser gegossen wird. Das Gefäß kommt dann in den Backofen, wo die Masse in den Töpfen sanft gart, weil das umgebende Wasser sie vor zu großer direkter Hitze schützt.

Zeste

Die dünn abgeschälte äußere Rinde von Zitrusfrüchten. Man kann zum Abschälen einen Sparschäler nehmen (ergibt breite Streifen) oder einen Zestenreißer, der gleichzeitig mehrere hauchdünne Streifen abschält. Man kann diese auf Küchenpapier trocknen lassen und in einem luftdicht schließenden dunklen Glas aufbewahren.

Kochen ohne Fleisch – Register

Register

A

Artischockenflan mit Sesam-Ziegenkäse 134
Artischockentorte 218
Aubergine mit Mozzarella 333
Auberginenauflauf 227
Auflauf mit frittierten Artischocken 238
Auflauf mit Porree und Fenchel 319
Ausgebackener Fenchel 317

B

Bavette mit gelben Kirschtomaten
    und Minzepesto 167
Blattmangold mit Tomaten 312
Blumenkohl und Brokkoli in würziger Soße 310
Bohnen mit Pfefferschoten 304
Bohnensuppe mit Dinkel und Espresso 163
Brotklößchen mit Käse und Petersilie 226
Brotterrine mit Groviera 228
Bruschetta mit grüner Olivenpaste 80
Bruschetta mit Kräutertomaten 84
Bruschetta mit Paprika 81
Bruschetta mit weißen Bohnen 79
Bunte Gemüsespieße 290
Bunter Salat mit Grapefruit 263

C

Cannelloni mit würziger Kartoffelfüllung 174
Couscous mit Kichererbsen, Tomaten
    und Zwiebeln 204
Couscous mit Kräutertofu und Gemüse 270
Couscous mit Rucola, Tomaten
    und Mozzarella 222
Couscous mit Zitrusfrüchten
    und Grillgemüse 223
Crêpes mit Käsefüllung und Tomaten 187

D

Deftiges Wintergemüse 296
Dicke Bohnen mit Erbsen und Artischocken 292
Dips zu rohem Gemüse 112

E

Erbsenterrine mit Karottenmus 97

F

Farfalle mit Soße von grünen Bohnen 168
Farfalle mit Tomaten aus dem Ofen 180
Feldsalat mit Radieschen 262
Fenchel und Karotten in Orangenmarinade 318
Fenchel, Mangold und Mozzarella
    im Förmchen 96
Fenchelomelett mit Feldsalat 212
Fenchelsalat mit Grapefruit und Asagio 266
Frische Tortelli mit Robiolafüllung 183
Frittierte Paprika mit Ziegenfrischkäse 106
Frittierte Polentabällchen mit Käse 115
Frittierte Spinatklößchen 232
Frittierte Tofuwürfel mit Szechuanpfeffer 275
Frühkartoffeln mit Würzsalz 322
Fusilli mit Artischockenherzen 166

G

Gebackene Auberginen mit Basilikum 336
Gebratener Tofu mit Pilzen 271
Gedämpfte Gemüselasagne
    mit Basilikumcreme 126
Gedämpfter Spargel mit Zabaione 306
Gefüllte Eierkuchenrolle 215
Gefüllte Kartoffelkroketten mit Feldsalat 326
Gefüllte Wirsingpäckchen mit Käsesoße 116
Gefüllte Zucchini mit frittierten Kürbisblüten 88
Gegartes Gemüse mit Algen 93
Gegrilltes Gemüse mit scharfem Dip 287
Gemischter Salat mit Borlottibohnen 256
Gemüsepäckchen mit Joghurtmayonnaise 289
Gemüsesalat mit Croûtons und Sprossen 261
Gemüsesalat mit gekochtem Weizen 246
Gemüsesuppe nach toskanischer Art 162
Geschmorter Spargel mit Balsamicosoße 307
Gratinierte Eiernudeln mit Artischocken 197
Gratinierte weiße Rüben 314
Gratinierter Kartoffelauflauf 229

Graupensuppe mit Bohnen und Mangold 154
Graupensuppe mit Hülsenfrüchten 160
Grüne Gemüsesuppe mit Basilikum 159
Grüner Spargel mit Joghurtsoße 308
Gurken mit Joghurtsoße und Fenchelgrün 295

I

In der Folie gegartes Gemüse 286
Indisches Kartoffelgemüse
   mit Gewürzsamen 323

K

Kamut, Äpfel, Nüsse und Pilze
   im Lauchmantel 237
Kardensuppe mit Mandeln 153
Karottencreme mit Sternanis 139
Karottensuppe mit Orangensaft 149
Kartoffelauflauf mit Tomaten 302
Kartoffelcreme im Wirsingmantel 100
Kartoffeln mit Käsesoße 327
Kartoffeln mit Kräutern und Zitrone 328
Kartoffeln mit Staudensellerie 297
Kartoffelomeletts mit grünem Spargel 105
Kartoffelpüree mit Fenchel und Dill 329
Kartoffelring mit roten Linsen und Currysoße 131
Käseklößchen mit Paprikasoße 236
Käseomelett mit Radicchio 209
Käsesavarins mit Tomaten und Rucola 82
Käseschmarren mit Petersilie 206
Kichererbsencurry mit Champignons 284
Kichererbsenfladen mit Ziegenfrischkäse 117
Kräuterklößchen mit Parmesan 113
Kürbissuppe mit Porree 161

L

Lasagne mit Brokkoli 198
Linguine mit Auberginenpüree 175
Linguine mit Paprika und Zucchini 192
Linsensuppe 147
Löwenzahnsalat mit Karotten 267

M

Mangoldauflauf mit Ricotta und Pinienkernen 103
Mangoldröllchen mit Cannellinibohnen 111
Mangoldrouladen mit Tofufüllung 278
Mangoldsuppe mit Cannellinibohnen 151
Marinierte Zucchini 89
Marokkanischer Karottensalat 260
Mediterrane Gemüsemischung 285
Mediterrane Gemüsesuppe 150
Minestrone mit Pesto 142
Miniomeletts mit Stängelkohl 214
Mit Brokkoli gefülltes Kamut-Brot 203
Mit Gemüse gefüllte Auberginen 85
Mit Graupensalat gefüllte Tomaten 252
Mit Käse gratiniertes Gemüse 293
Mit Kichererbsencreme gefüllte Rondini 114
Mit Mozzarella überbackener Fenchel 316
Mit Robiola gefüllte Zucchiniröllchen 121
Mit Spinat und Feta gefüllte Brotrollen 133
Mit Ziegenkäse gefüllte Weinblätter 130

N

Nudelsalat mit gegrilltem Gemüse 169

O

Omelett mit Artischocken und Pilzen 208
Omelett mit Aubergine und Zwiebeln 210
Omelett mit roten Zwiebeln 207
Omeletts mit Zucchini, Kürbis
   und Schnittlauch 78

P

Penne mit Steinpilzen und Zucchini 170
Pikant gefüllte Trockenpflaumen
   und Aprikosen 125
Pikante Torte mit Käse und Gemüse 220

Q

Quiche mit Kartoffeln, Radicchio und Kürbis 231
Quiche mit Käse, Radicchio und Kartoffeln 239
Quiche mit Porree, Paprika und Nüssen 104

R

Ravioli mit Auberginenfüllung und Tomaten 173
Ravioli mit Pilzfüllung 193
Reginette mit Rucola und Kirschtomaten 176
Reisbällchen mit Spinat 101
Reiskroketten mit Champignons 123
Reisnudeln mit Shiitakepilzen in Brühe 182
Reissalat mit buntem Gemüse 255
Reissalat mit gebratenen Steinpilzen 253
Reissuppe mit Porree und Kartoffeln 141
Röstbrot mit Rührei und Spargel 205
Rote Bete mit Löwenzahn
    und Frischkäsesoße 309

S

Salat mit Äpfeln, Karotten, Radieschen
    und Pistazien 265
Salat mit Bulgur, Brokkoli und Linsen 243
Salat mit Bulgur, Kichererbsen
    und Kürbisblüten 242
Salat mit gegrillter Aubergine 264
Salat mit Quinoa, Rucola, Nüssen
    und Pecorino 248
Sauer marinierte Zucchini 330
Scharfer Gemüseeintopf 298
Schneller Bohnensalat mit Zwiebeln
    und Äpfeln 257
Spaghetti mit Frühlingszwiebeln 164
Spaghetti mit Gemüse in drei Farben 171
Spargel mit Gorgonzolasoße 305
Spinat mit süßsaurer Zwiebel 338
Spinatcreme mit Maismehl 140
Spinatrührei mit Büffelmozzarella 213
Staudenselleriegemüse mit Polentaecken 315
Strudel mit Gemüsefüllung 233
Suppe mit gemischten Hülsenfrüchten
    und Getreide 152
Süßsauer eingelegte Perlzwiebeln 320

T

Tagliatelle mit Spargelcreme 190
Toastecken mit Birnen-Käse-Creme 91
Toastecken mit Ei 92
Toastecken mit Frischkäse und Karotten 90
Tofukroketten mit Sesam 281
Tofuwürfel auf Brokkolicreme 280
Trenette mit Radicchio und Knoblauch 181

U

Überbackene Artischocken 313
Überraschungstomaten 339

V

Vegetarischer Auflauf 202
Vegetarischer Braten 274
Vollkornkuchen mit Brokkoli 219
Vollkorntaler mit Champignons
    auf Karottencreme 135

W

Weiße Bohnen in Tomatensoße 337
Wildpilzsuppe 155
Wildreis mit Mozzarella und Zucchini 249
Wirsing mit Steinpilzen 94
Würzig gegarter Blumenkohl 311

Z

Ziegenkäse und Rucola auf dem Hirsebett 132
Zucchiniomelett 211
Zucchiniplinsen 110
Zucchinispieße mit Blumenkohlfüllung 331
Zucchinisuppe mit Croûtons 138
Zucchinitimbale mit Basilikum 122
Zwiebelgemüse mit Vin Santo 321
Zwiebelsuppe mit Kartoffeln 146

Kapitelregister

Vorspeisen

Artischockenflan mit Sesam-Ziegenkäse 134
Bruschetta mit grüner Olivenpaste 80
Bruschetta mit Kräutertomaten 84
Bruschetta mit Paprika 81
Bruschetta mit weißen Bohnen 79
Dips zu rohem Gemüse 112
Erbsenterrine mit Karottenmus 97
Fenchel, Mangold und Mozzarella
  im Förmchen 96
Frittierte Paprika mit Ziegenfrischkäse 106
Frittierte Polentabällchen mit Käse 115
Gedämpfte Gemüselasagne
  mit Basilikumcreme 126
Gefüllte Wirsingpäckchen mit Käsesoße 116
Gefüllte Zucchini mit frittierten Kürbisblüten 88
Gegartes Gemüse mit Algen 93
Kartoffelcreme im Wirsingmantel 100
Kartoffelomeletts mit grünem Spargel 105
Kartoffelring mit roten Linsen und Currysoße 131
Käsesavarins mit Tomaten und Rucola 82
Kichererbsenfladen mit Ziegenfrischkäse 117
Kräuterklößchen mit Parmesan 113
Mangoldauflauf mit Ricotta
  und Pinienkernen 103
Mangoldröllchen mit Cannellinibohnen 111
Marinierte Zucchini 89
Mit Gemüse gefüllte Auberginen 85
Mit Kichererbsencreme gefüllte Rondini 114
Mit Robiola gefüllte Zucchiniröllchen 121
Mit Spinat und Feta gefüllte Brotrollen 133
Mit Ziegenkäse gefüllte Weinblätter 130
Omeletts mit Zucchini, Kürbis
  und Schnittlauch 78
Pikant gefüllte Trockenpflaumen
  und Aprikosen 125
Quiche mit Porree, Paprika und Nüssen 104
Reisbällchen mit Spinat 101

Reiskroketten mit Champignons 123
Toastecken mit Birnen-Käse-Creme 91
Toastecken mit Ei 92
Toastecken mit Frischkäse und Karotten 90
Vollkorntaler mit Champignons
  auf Karottencreme 135
Wirsing mit Steinpilzen 94
Ziegenkäse und Rucola auf dem Hirsebett 132
Zucchiniplinsen 110
Zucchinitimbale mit Basilikum 122

Suppen und Pastagerichte

Bavette mit gelben Kirschtomaten
  und Minzepesto 167
Bohnensuppe mit Dinkel und Espresso 163
Cannelloni mit würziger Kartoffelfüllung 174
Crêpes mit Käsefüllung und Tomaten 187
Farfalle mit Soße von grünen Bohnen 168
Farfalle mit Tomaten aus dem Ofen 180
Frische Tortelli mit Robiolafüllung 183
Fusilli mit Artischockenherzen 166
Gemüsesuppe nach toskanischer Art 162
Gratinierte Eiernudeln mit Artischocken 197
Graupensuppe mit Bohnen und Mangold 154
Graupensuppe mit Hülsenfrüchten 160
Grüne Gemüsesuppe mit Basilikum 159
Kardensuppe mit Mandeln 153
Karottencreme mit Sternanis 139
Karottensuppe mit Orangensaft 149
Kürbissuppe mit Porree 161
Lasagne mit Brokkoli 198
Linguine mit Auberginenpüree 175
Linguine mit Paprika und Zucchini 192
Linsensuppe 147
Mangoldsuppe mit Cannellinibohnen 151
Mediterrane Gemüsesuppe 150

Minestrone mit Pesto 142
Nudelsalat mit gegrilltem Gemüse 169
Penne mit Steinpilzen und Zucchini 170
Ravioli mit Auberginenfüllung und Tomaten 173
Ravioli mit Pilzfüllung 193
Reginette mit Rucola und Kirschtomaten 176
Reisnudeln mit Shiitakepilzen in Brühe 182
Reissuppe mit Porree und Kartoffeln 141
Spaghetti mit Frühlingszwiebeln 164
Spaghetti mit Gemüse in drei Farben 171
Spinatcreme mit Maismehl 140
Suppe mit gemischten Hülsenfrüchten
  und Getreide 152
Tagliatelle mit Spargelcreme 190
Trenette mit Radicchio und Knoblauch 181
Wildpilzsuppe 155
Zucchinisuppe mit Croûtons 138
Zwiebelsuppe mit Kartoffeln 146

Hauptgerichte

Artischockentorte 218
Auberginenauflauf 227
Auflauf mit frittierten Artischocken 238
Brotklößchen mit Käse und Petersilie 226
Brotterrine mit Groviera 228
Couscous mit Kichererbsen, Tomaten
  und Zwiebeln 204
Couscous mit Rucola, Tomaten
  und Mozzarella 222
Couscous mit Zitrusfrüchten
  und Grillgemüse 223
Fenchelomelett mit Feldsalat 212
Frittierte Spinatklößchen 232
Gefüllte Eierkuchenrolle 215
Gratinierter Kartoffelauflauf 229
Kamut, Äpfel, Nüsse und Pilze
  im Lauchmantel 237
Käseklößchen mit Paprikasoße 236
Käseomelett mit Radicchio 209
Käseschmarren mit Petersilie 206
Miniomeletts mit Stängelkohl 214
Mit Brokkoli gefülltes Kamut-Brot 203
Omelett mit Artischocken und Pilzen 208
Omelett mit Aubergine und Zwiebeln 210
Omelett mit roten Zwiebeln 207
Pikante Torte mit Käse und Gemüse 220
Quiche mit Kartoffeln, Radicchio
  und Kürbis 231
Quiche mit Käse, Radicchio und Kartoffeln 239
Röstbrot mit Rührei und Spargel 205
Spinatrührei mit Büffelmozzarella 213
Strudel mit Gemüsefüllung 233
Vegetarischer Auflauf 202
Vollkornkuchen mit Brokkoli 219
Zucchiniomelett 211

Sättigende Salate

Bunter Salat mit Grapefruit 263
Feldsalat mit Radieschen 262
Fenchelsalat mit Grapefruit und Asagio 266
Gemischter Salat mit Borlottibohnen 256
Gemüsesalat mit Croûtons und Sprossen 261
Gemüsesalat mit gekochtem Weizen 246
Löwenzahnsalat mit Karotten 267
Marokkanischer Karottensalat 260
Mit Graupensalat gefüllte Tomaten 252
Reissalat mit buntem Gemüse 255
Reissalat mit gebratenen Steinpilzen 253

Salat mit Äpfeln, Karotten, Radieschen
    und Pistazien 265
Salat mit Bulgur, Brokkoli und Linsen 243
Salat mit Bulgur, Kichererbsen
    und Kürbisblüten 242
Salat mit gegrillter Aubergine 264
Salat mit Quinoa, Rucola, Nüssen
    und Pecorino 248
Schneller Bohnensalat mit Zwiebeln
    und Äpfeln 257
Wildreis mit Mozzarella und Zucchini 249

Gerichte mit Tofu

Couscous mit Kräutertofu und Gemüse 270
Frittierte Tofuwürfel mit Szechuanpfeffer 275
Gebratener Tofu mit Pilzen 271
Mangoldrouladen mit Tofufüllung 278
Tofukroketten mit Sesam 281
Tofuwürfel auf Brokkolicreme 280
Vegetarischer Braten 274

Gemüse

Aubergine mit Mozzarella 333
Auflauf mit Porree und Fenchel 319
Ausgebackener Fenchel 317
Blattmangold mit Tomaten 312
Blumenkohl und Brokkoli in würziger Soße 310
Bohnen mit Pfefferschoten 304
Bunte Gemüsespieße 290
Deftiges Wintergemüse 296
Dicke Bohnen mit Erbsen und Artischocken 292
Fenchel und Karotten in Orangenmarinade 318
Frühkartoffeln mit Würzsalz 322

Gebackene Auberginen mit Basilikum 336
Gedämpfter Spargel mit Zabaione 306
Gefüllte Kartoffelkroketten mit Feldsalat 326
Gegrilltes Gemüse mit scharfem Dip 287
Gemüsepäckchen mit Joghurtmayonnaise 289
Geschmorter Spargel mit Balsamicosoße 307
Gratinierte weiße Rüben 314
Grüner Spargel mit Joghurtsoße 308
Gurken mit Joghurtsoße und Fenchelgrün 294
In der Folie gegartes Gemüse 286
Indisches Kartoffelgemüse
    mit Gewürzsamen 323
Kartoffelauflauf mit Tomaten 302
Kartoffeln mit Käsesoße 327
Kartoffeln mit Kräutern und Zitrone 328
Kartoffeln mit Staudensellerie 297
Kartoffelpüree mit Fenchel und Dill 329
Kichererbsencurry mit Champignons 284
Mediterrane Gemüsemischung 285
Mit Käse gratiniertes Gemüse 293
Mit Mozzarella überbackener Fenchel 316
Rote Bete mit Löwenzahn
    und Frischkäsesoße 309
Sauer marinierte Zucchini 330
Scharfer Gemüseeintopf 298
Spargel mit Gorgonzolasoße 305
Spinat mit süßsaurer Zwiebel 338
Staudenselleriegemüse mit Polentaecken 315
Süßsauer eingelegte Perlzwiebeln 320
Überbackene Artischocken 313
Überraschungstomaten 339
Weiße Bohnen in Tomatensoße 337
Würzig gegarter Blumenkohl 311
Zucchinispieße mit Blumenkohlfüllung 331
Zwiebelgemüse mit Vin Santo 321

Erstveröffentlichung 2009 unter dem Titel
CUCINA VERDE (ISBN 978-88-6154-244-0)
von FOOD Editore Parma,
ein Imprint von Food S.r.l.
Via Mazzini 6, 43121 Parma, Italien
Telefon: +39(0)521 388510
Telefax: +39(0)521 388517
www.gruppofood.com

Genehmigte Lizenzausgabe
EDITION XXL GmbH
Fränkisch-Crumbach 2011
www.edition-xxl.de

ISBN (13) 978-3-89736-024-2
ISBN (10)   3-89736-024-1

Fotos: Davide Di Prato
Rezepte: Licia Cagnoni, Simone Rugiati
Übersetzung: Inge Uffelmann